令和3年度版

最低賃金決定要覧

刊 行 の こ と ば

　我が国の最低賃金制は、昭和34年に最低賃金法が制定されて以来、賃金の低廉な労働者について、事業若しくは職業の種類又は地域に応じ賃金の最低額を保障することにより、その労働条件の改善が図られてきました。今日、最低賃金は、主として都道府県ごとに、すべての産業を包括的に対象とする地域別最低賃金と、特定の産業を対象とする特定最低賃金の二本立てで設定されており、法令で別段の定めのあるものを除き、全国のすべての労働者とその使用者に適用されています。

　最低賃金は、賃金、物価の動向等に応じてそのほとんどが毎年改正されており、労働者の労働条件の改善に重要な役割を果たしています。

　令和２年度の地域別最低賃金の改正については、令和２年10月９日までにすべて改正発効し、昭和61年の中央最低賃金審議会答申（末尾資料に掲載）に基づく特定最低賃金も、地域別最低賃金の改正後に、順次改正されました。

　この要覧は、令和３年３月末日現在において効力を有するすべての最低賃金について掲載するとともに、関係法令、答申等を収録しておりますので、広く関係者の参考になれば幸いです。

　　令和３年３月

　　　　　　　　　　　　　　　　　　　　　　　　　　　　　　　　　　　　　編　者

目　　　　　次

資　料

4

I　最低賃金制度の概要

1　最低賃金制とは

　最低賃金制とは、一般に国が法的強制力をもって賃金の最低額を定め、使用者は、その金額以上の賃金を労働者に支払わなければならないとする制度をいいます。

　賃金は、本来、労使が自主的に対等の立場で話合いによって決定すべきものですが、中小零細企業等に多く存在する賃金の低い労働者は、その多くが未組織であるなど、使用者との対等な交渉によって労働条件、とりわけ賃金を決定することがほとんど期待できない実情にあります。

　このため、このような労働者の不公正な低賃金については、国が積極的に介入して、賃金の最低額を保障し、その改善を図る必要があります。

　このように、最低賃金制は、第一義的には一定水準を下回る低賃金を解消して、労働条件の改善を図ることが目的ですが、あわせて、労働力の質的向上や企業間の公正競争を確保する機能なども期待され、国民経済の健全な発展に寄与することもねらいとしています。

2　最低賃金の決定方式及び決定状況

　我が国では、最低賃金審議会の調査審議に基づき最低賃金を決定する「審議会方式」がとられています。

　審議会方式では、厚生労働大臣又は都道府県労働局長が、一定の事業、職業又は地域について、賃金の低廉な労働者の労働条件の改善を図るため必要があると認めるときに、公益、労働者及び使用者の各側を代表する同数の委員で構成する最低賃金審議会に調査審議を求め（諮問）、その意見（答申）を聴いて決定します。

　また、審議会方式による最低賃金のうち、厚生労働大臣が決定し、全国を適用地域とするものは鉱業関係の１件のみで、他はすべて都道府県労働局長が決定し、各都道府県内を適用地域とするものです（**第1－1・2表：9、10頁参照**）。

3　最低賃金の決定基準

　審議会方式により最低賃金を決定する場合、最低賃金額をいくらにするか、また、適用範囲をどうするかなどの内容は、実質的にはそれぞれの最低賃金を審議する最低賃金審議会の審議の場で決められ、これに基づいて厚生労働大臣又は都道府県労働局長が決定公示の手続きをとることになります。

最低賃金決定の仕組み

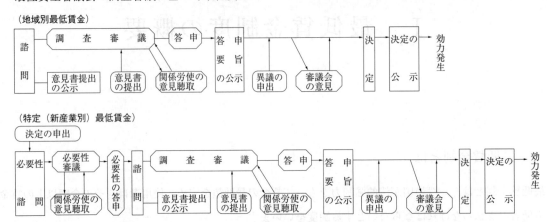

(注) 労働者又は使用者が異議を申し出る場合には、異議の内容および理由を記載した異議
申出書を公示のあった日から15日以内（審議会方式による場合）に都道府県労働局長（又
は厚生労働大臣）に提出することにより行うこととされている。

　地域別最低賃金は、最低賃金法（以下「法」という。）第9条第2項によって、①労働者の生計費、②労働者の賃金、③通常の事業の賃金支払能力の三要素を総合的に勘案して定めることとされており、①を考慮するに当たっては、労働者が健康で文化的な最低限度の生活を営むことができるよう、生活保護に係る施策との整合性に配慮することとされています（法第9条第3項）。

　実際の審議の場では、当該最低賃金の適用対象となる労働者の賃金実態について、事務局である都道府県労働局が実施した「最低賃金に関する基礎調査結果」等の資料をもとに、その状況をつぶさに検討し、また、最低賃金審議会の委員自らが事業場等に赴いて、作業実態、賃金実態等を視察し、さらに、関係労働者や使用者から最低賃金の内容がどうあるべきかについて意見を聴くなどして金額の検討が進められます。

　そして、当該地域の生計費、学卒初任給、労使間で協定した企業内の最低賃金、賃金階級別の労働者分布、あるいは決定しようとする最低賃金額未満の賃金を支給されている労働者数からみた影響の度合等を考慮し、審議が尽くされたところで結論が出されます。

　なお、地域別最低賃金については、昭和53年度から全国的な整合性を図るため、毎年、中央最低賃金審議会が地方最低賃金審議会に対し金額改定のための引上げ額の目安を示しています。地方最低賃金審議会は、この中央最低賃金審議会が示した目安を参考にしながら地域の実情に応じた適正な地域別最低賃金の改正のための審議を行っています。

4　最低賃金の種類

　審議会方式による最低賃金には、地域別最低賃金と特定最低賃金の2種類があります。

　地域別最低賃金は、都道府県ごとに1件「○○県最低賃金」の名称で決定され、産業や職業の種類を問

わず、原則として、当該都道府県内の事業場で働くすべての労働者と労働者を1人でも使用しているすべての使用者に適用されます（**第1－1・2・3表：9～11頁参照**）。

特定最低賃金は、「○○県○○業最低賃金」の名称で、当該都道府県内の特定の産業について決定されているものと、「全国○○業最低賃金」の名称で、全国を適用地域として特定の産業について決定されているものとがあり、それぞれ該当する産業に属する事業場の労働者とその使用者に限定して適用されています。

また、特定最低賃金については、昭和61年2月14日の中央最低賃金審議会の答申「現行産業別最低賃金の廃止及び新産業別最低賃金への転換等について」（**資料208頁参照**）に基づき、特定の産業の関係労使が労働条件の向上又は事業の公正競争の確保の観点から、その産業の基幹的労働者について地域別最低賃金より金額水準の高い最低賃金を必要と認める場合に、その労使の申出により設定することとされた「新産業別最低賃金」と、同答申に基づき、平成元年度以降改正を行わないこととされた「旧産業別最低賃金」（昭和61年当時の現行産業別最低賃金）とに分けられ、旧産業別最低賃金については、その金額水準が当該都道府県の地域別最低賃金の金額水準を下回った段階で、随時、廃止の手続がとられています（**第1－1・2・3表：9～11頁参照**）。

5 最低賃金と実際に支払われる賃金との比較方法

実際に支払われる賃金額が最低賃金額以上となっているかどうかを調べるには、精皆勤手当等の除外賃金※を差し引いた後の賃金額と適用される最低賃金額とを賃金支払形態に応じて、以下の方法で比較します（最低賃金施行規則（以下「則」という。）第2条）。

① 時間給の場合………時間給≧最低賃金（時間額）

② 日給の場合…………日給÷1日の所定労働時間≧最低賃金（時間額）

（特定最低賃金の日額が適用される場合には、日給≧最低賃金の日額）

③ 月給等の場合………賃金額を「時間当たりの金額」に換算して最低賃金（時間額）と比較します。

※最低賃金額との比較に当たって、算入しない賃金（法第4条第3項、則第1条）

ア 臨時に支払われる賃金（結婚手当等）

イ 1か月を超える期間ごとに支払われる賃金（賞与等）

ウ 所定労働時間を超える時間の労働に対して支払われる賃金（時間外割増賃金等）

エ 所定労働日以外の日の労働に対して支払われる賃金（休日割増賃金等）

オ 午後10時から午前5時までの間の労働に対して支払われる賃金のうち、通常の労働時間の賃金の計算額を超える部分（深夜割増賃金等）

カ 当該最低賃金において算入しないことを定める賃金

ア～オについては、則第1条で定められていますが、カについては、個々の最低賃金の決め方によってその算入しない賃金の範囲が決定されることとなっています。現行の最低賃金は、いずれも精皆勤手当、通勤手当及び家族手当の3手当を算入しないことを定めています。

6　最低賃金の適用対象となる労働者及び使用者

　最低賃金法は、原則として、事業場で働く常用、臨時、パートタイマーなどすべての労働者と、労働者を1人でも使用しているすべての使用者に適用されます。ただし、公務員については、国家公務員法等の法律によって最低賃金法の適用が除外されているものがあり、また、船員法の適用を受ける船員については、最低賃金法は適用されますが、個々の最低賃金の決定は国土交通省が所管することとなっているため、本要覧に掲げる最低賃金の適用はありません（法第35条）。

　これらの適用関係の詳細は、後掲の表（**第1－4表：12～14頁参照**）のとおりです。

7　最低賃金の減額の特例許可

　最低賃金法の規定に基づいて決定される個々の最低賃金については、原則として、その適用範囲にあるすべての労働者及び使用者に適用されますが、一般の労働者と労働能力などが異なるため最低賃金を一律に適用すると、かえって雇用機会を狭める可能性がある労働者については、使用者が都道府県労働局長の許可を受けることを条件として、個別に最低賃金の減額の特例が認められています（法第7条、則第3条）。

　最低賃金の減額の特例許可の対象となる労働者は、以下のとおりです。

① 　精神又は身体の障害により著しく労働能力の低い者
② 　試の使用期間中の者
③ 　職業能力開発促進法に基づく認定職業訓練を受ける者のうちの一定のもの
④ 　軽易な業務に従事する者
⑤ 　断続的労働に従事する者

8　最低賃金の効力

　使用者は、最低賃金の適用を受ける労働者に、その最低賃金で定める最低賃金額以上の賃金を支払わなければなりません（法第4条第1項）。

　仮に、最低賃金額より低い賃金額を労働者と使用者が合意の上で定めても、それは無効となり、最低賃金額と同額の定めをしたものとみなされます（法第4条第2項）。

　また、実際に最低賃金額以上の賃金を支払わなかった場合には、法第4条第1項違反として、50万円以下の罰金に処せられることとなります（法第40条）（特定最低賃金の不払については最低賃金法の罰則は適用されませんが、労働基準法の賃金全額払違反の罰則（30万円以下の罰金）が適用されます。）。

　なお、労働者が同時に2以上の最低賃金の適用を受ける場合は、これらにおいて定める最低賃金額のうち最も高いものが適用されることとなります（法第6条第1項）。

第1－1表　最低賃金の決定方式別件数

令和3年3月末日現在

- 最低賃金　274件
  - 地域別最低賃金　47件
  - 特定最低賃金　227件
    - 新産業別最低賃金　225件
      - 都道府県労働局長決定分　225件
        （労働協約ケース：130件）
        （公正競争ケース：95件）
      - 厚生労働大臣決定分　0件
    - 旧産業別最低賃金　2件
      - 都道府県労働局長決定分　1件
      - 厚生労働大臣決定分　1件

(注1)　労働協約ケース：同種の基幹的労働者の1／2以上に最低賃金に関する労働協約が適用されており、協約締結当事者である労使の全部の合意による申出によるもの。

　　　　公正競争ケース：事業の公正競争を確保する観点からの必要性を理由とする場合であって、当該特定最低賃金が適用される労使の全部又は一部を代表するものによる申出によるもの。

(注2)　令和3年3月末日現在にて、特定最低賃金額が地域別最低賃金額を下回っているものは49件（いずれも新産業別最低賃金）。

第1-2表　決定方式別の件数及び適用労働者数の推移

事項別／年度	合計		最低賃金審議会の調査審議に基づく最低賃金					労働協約に基づく地域的最低賃金	
			地域別最低賃金		特定最低賃金				
	件数(件)	適用労働者数(千人)	件数(件)	適用労働者数(千人)	件数(件)	うち旧産業別最低賃金(件)		適用労働者数(千人)	件数(件)	適用労働者数(千人)
平成21	299	51,196	47	51,196	250	3	(0)	3,820	2	1
22	297		47		250	3	(0)	3,739	-	-
23	293		47		246	3	(0)	3,694	-	-
24	290	49,418	47	49,418	243	3	(0)	3,654	-	-
25	289		47		242	3	(0)	3,594	-	-
26	282	49,422	47	49,422	235	3	(0)	3,235	-	-
27	282		47		235	3	(0)	3,163	-	-
28	280	51,332	47	51,332	233	3	(0)	3,186	-	-
29	280		47		233	3	(0)	3,236	-	-
30	276	51,116	47	51,116	229	2	(1)	2,890	-	-
令和元	275		47		228	2	(0)	2,906	-	-
2	271		47		227	2	(0)	2,920	-	-

(注)　1　当該年度末現在において効力を有する最低賃金の決定件数及びその適用労働者数である。
　　　2　特定最低賃金については、厚生労働大臣決定分を含む。
　　　3　適用労働者数は、経済センサス等の結果に基づき推計した適用労働者数である。
　　　4　旧産業別最低賃金欄の（　）内は、当該年度中に廃止された件数である。

第1－3表　特定最低賃金の件数、適用使用者数及び適用労働者数

(1)　新産業別最低賃金 (令和3年3月末日現在)

業　　　　種	件数（件）	適用使用者数(百人)	適用労働者数(百人)
食 料 品 ・ 飲 料 製 造 業 関 係	7	4	175
繊 維 工 業 関 係	5	7	144
木 材 ・ 木 製 品 製 造 業 関 係	1	1	7
パ ル プ ・ 紙 ・ 紙 加 工 品 製 造 業 関 係	2	1	88
印 刷 ・ 同 関 連 産 業 関 係	2	11	112
塗 料 製 造 業 関 係	4	2	59
ゴ ム 製 品 製 造 業 関 係	1	1	47
窯 業 ・ 土 石 製 品 製 造 業 関 係	4	3	99
鉄 鋼 業 関 係	20	32	1,379
非 鉄 金 属 製 造 業 関 係	9	9	422
金 属 製 品 製 造 業 関 係	4	8	118
一 般 機 械 器 具 製 造 業 関 係	25	232	5,038
精 密 機 械 器 具 製 造 業 関 係	7	7	219
電 気 機 械 器 具 製 造 業 等 関 係	45	219	8,651
輸 送 用 機 械 器 具 製 造 業 関 係	33	139	8,500
小　　　　　計	169	676	25,058
新 聞 ・ 出 版 業 関 係	1	1	7
各 種 商 品 小 売 業 関 係	30	16	2,015
自 動 車 小 売 業 関 係	23	219	2,039
自 動 車 整 備 業 関 係	1	10	32
道 路 貨 物 自 動 車 運 送 業 関 係	1	3	17
小　　　　　計	56	249	4,110
合　　　　　計	225	925	29,168

(2)　旧産業別最低賃金

業　　　　種	件数（件）	適用使用者数(百人)	適用労働者数(百人)
木 材 ・ 木 製 品 ・ 家 具 ・ 装 備 品 製 造 業 関 係	1	4	25
全 国 非 金 属 鉱 業 （ 厚 生 労 働 大 臣 決 定 ） 関 係	1	1	4
合　　　　　計	2	5	29

業　　　　種	件数（件）	適用使用者数(百人)	適用労働者数(百人)
総　　合　　計	227	930	29,197

(注)
1　複数の業種にまたがって設定されているものについては、主な業種に計上している。
2　適用使用者数及び適用労働者数は、平成28年経済センサス－活動調査等に基づき推計した適用使用者数及び適用労働者数である。
3　適用使用者数及び適用労働者数は、100人未満の数値を四捨五入した数値。ただし、合計が50人未満の場合は全て「1（百人）」としている。

第1－4表　最低賃金法の適用関係

(1)　国家公務員及び公団等関係職員に対する適用関係

職員の種類	適用の有無	根拠条文	備　　　考
①　一般職に属する職員 　イ　下記ロ以外の職員	適用なし	国公法附則16条	（国公法附則16条） 　労働基準法、最低賃金法等及びこれらの法律に基づいて発せられる命令は、国公法2条の一般職に属する国家公務員には適用しない。
ロ　特定独立行政法人等（特労法2条4号の法人）の職員	全面適用	特労法37条1項1号	（特労法37条1項1号） 　次に掲げる法律の規定は、職員については適用しない。 1.　国公法附則16条の規定
②　特別職に属する職員 　イ　裁判所職員（裁判官及び裁判官の秘書官を除く。）	適用なし	裁判所職員臨時措置法1号	（裁判所職員臨時措置法1号） 　裁判所職員（裁判官及び裁判官の秘書官を除く。）の給与等については当分の間国家公務員法の規定（国公法附則16条を含む。）を準用する。
ロ　国会職員	適用なし	国会職員法45条1項	（国会職員法45条1項） 　労働基準法、最低賃金法等及びこれらに基づく命令は、国会職員についてはこれを適用しない。
ハ　自衛隊員	適用なし	自衛隊法108条	（自衛隊法108条） 　労働基準法、最低賃金法等及びこれらに基づく命令の規定は、自衛隊員については適用しない。
ニ　上記以外の職員	全面適用 （注）上記以外の特別職に属する国家公務員（大臣、議員、裁判官、各種委員、秘書官等）については、職務の性格上からも、また給与が法定されている点からも、最低賃金の適用を論ずる余地はない。	国公法2条5項	（国公法2条5項） 　国家公務員法の規定は特別職に属する職には、これを適用しない。
③　公団等関係職員	全面適用		

(2)　地方公務員に対する適用関係

職員の種類	適用の有無	根拠条文	備　　　考
①　一般職に属する職員 イ　下記ロ及びハ以外の職員	適用なし	地公法58条1項	（地公法58条1項） 　最低賃金法等及びこれらに基づく命令の規定は、地公法3条の一般職に属する職員には適用しない。
ロ　地方公営企業（地公労法3条1号の企業）及び特定地方独立行政法人（地公労法3条2号）の職員	全面適用	地公企法39条1項（本法は、地公労法17条の規定によって、簡易水道事業の職員に準用される。）及び地独法53条	（地公企法39条1項） 　企業職員については、地方公務員法58条の規定は適用しない。 （地独法53条） 　次に掲げる法律の規定は特定地方独立行政法人の職員には適用しない。 1　地方公務員法（中略）第58条（中略）の規定 (注)　地方公共団体は、条例によってその経営する企業に地公企法の規定の全部又は一部を適用することができる。（地公企法2条3項）
ハ　地公法57条に規定する地方公営企業の職員以外の単純労働者	全面適用	地公労法附則5項	（地公労法附則5項） 　地公法第57条に規定する単純な労務に雇用される一般職に属する地方公務員で第3条第4号の職員（地方公営企業に勤務する一般職に属する地方公務員）以外の者に係る労働関係については、特別法が制定されるまでの間、この法律（17条を除く。）及び地公企法37条から39条までの規定を準用する。
②　特別職に属する職員	全面適用 (注)　特別職に属する地方公務員のうち、知事、副知事、議員、委員等については、(1)の特別職の国家公務員である大臣、議員等と同様に職の性格上も、また給与が条例で定められる点からも、最低賃金の適用を論ずる余地はない。	地公法4条2項（地公法58条参照）	（地公法4条2項） 　この法律の規定は、法律に特別の定がある場合を除く外、特別職に属する地方公務員には適用しない。

(3)　船員に対する適用関係

職員の種類	適用の有無	根拠条文	備　　　考
①　船員法1条に規定する船員	最賃法は全面適用されるが最賃法35〜37条の規定により、その施行については国土交通省が所管する。このため、本要覧に掲げる最低賃金の適用はない。	船員法59条	（船員法59条） 　給料その他の報酬の最低基準に関しては、最低賃金法（昭和34年法律第137号）の定めるところによる。 （船員法1条） 　この法律で船員とは、日本船舶又は日本船舶以外の国土交通省令の定める船舶に乗り組む船長及び海員並びに予備船員をいう。 ②　前項に規定する船舶には、次の船舶を含まない。 　1　総トン数5トン未満の船舶 　2　湖、川又は港のみを航行する船舶 　3　政令の定める総トン数30トン未満の漁船 ③　前項第2号の港の区域は、港則法（昭和23年法律第174号）に基づく港の区域の定めのあるものについては、その区域によるものとする。ただし、国土交通大臣は、政令で定めるところにより、特に港を指定し、これと異なる区域を定めることができる。
②　上記以外の船員	全面適用	適用除外の規定なし	

(注) 引用した法令名の略称は次のとおりである。
　　　国 公 法 ……… 国家公務員法
　　　特 労 法 ……… 特定独立行政法人等の労働関係に関する法律
　　　地 公 法 ……… 地方公務員法
　　　地公労法 ……… 地方公営企業等の労働関係に関する法律
　　　地公企法 ……… 地方公営企業法
　　　地 独 法 ……… 地方独立行政法人法

9　最低賃金の周知と監督指導結果

　最低賃金の決定は関係労使の権利義務に重大な影響を及ぼすので、適当な方法でその決定内容の周知を図る必要があります。

　最低賃金法では、厚生労働大臣又は都道府県労働局長は、最低賃金の決定をしたときは、決定事項を官報に公示しなければならず、さらに、公示した事項について適当な方法により関係者に周知させるよう努めなければならないこととされています（法第14、19条、則第16条）。

　また、使用者に対しては、その適用を受ける最低賃金の主な事項を常時職場内の見やすい場所に掲示する等の方法により、労働者にその内容を周知させるための措置をとらなければならないことを義務づけています（法第8条、則第6条）。

　最低賃金の履行確保を主眼とする監督指導結果の推移は、**第1－5表**(1)のとおりです。

　適用される最低賃金額を知っているにもかかわらず違反している事業場が約5割あるなど、その履行状況はなお十分とは言い難い実情にあります。

　なお、平成31年の最低賃金の履行確保を主眼とする監督指導結果の詳細は、**第1－5表**(2)(3)のとおりです。

第1－5表　最低賃金の履行確保を主眼とする監督指導結果

(1)　監督指導結果の推移（平成23～令和2年　全国計）

事項別／年	法違反の状況			法違反事業場の認識状況（%）			最賃未満労働者の状況		
	監督実施事業場数	最賃支払義務違反事業場数	違反率（%）	適用される最賃額を知っている	金額は知らないが、最賃が適用されることを知っている	最賃が適用されることを知らなかった	監督実施事業場の労働者数	最低賃金未満労働者数	最低賃金未満労働者数の比率（%）
平成23	14,298	1,481	10.4	41.3	51.8	6.9	201,362	5,275	2.6
平成24	13,644	1,139	8.3	36.9	55.4	7.7	185,260	4,056	2.2
平成25	13,946	1,343	9.6	40.9	50.7	8.4	190,386	4,079	2.1
平成26	13,975	1,491	10.7	39.6	51.5	8.9	182,548	5,716	3.1
平成27	13,295	1,545	11.6	40.1	52.2	7.6	161,377	5,262	3.3
平成28	12,925	1,715	13.3	39.4	51.7	8.9	166,570	5,590	3.4
平成29	15,413	2,166	14.1	41.8	52.3	5.9	196,039	6,853	3.5
平成30	15,602	1,985	12.7	47.3	48.2	4.6	195,606	6,386	3.3
平成31	15,671	2,145	13.7	52.4	42.6	5.0	198,108	7,213	3.6
令和2	15,600	2,080	13.3	55.9	38.6	5.5	185,239	5,910	3.2

（注）各年とも1～3月の結果である。

(2)　監督指導結果の業種別内訳（令和2年1～3月　全国計）

業種	合　計			地域別最低賃金適用事業場			特定最低賃金適用事業場		
	監督実施事業場数	違反事業場数	違反率%	監督実施事業場数	違反事業場数	違反率%	監督実施事業場数	違反事業場数	違反率%
01　製造業	5,689	753	13.2	5,231	703	13.4	468	50	10.7
01　食料品製造業	1,693	206	12.2	1,680	204	12.1	13	2	15.4
02　繊維工業	417	59	14.1	412	59	14.3	5	0	0.0
03　衣服その他の繊維製品製造業	613	74	12.1	613	74	12.1	0	0	0.0
04　木材・木製品製造業	164	15	9.1	164	15	9.1	0	0	0.0
05　家具・装備品製造業	86	12	14.0	86	12	14.0	0	0	0.0
06　パルプ・紙・紙加工品製造業	171	23	13.5	171	23	13.5	0	0	0.0
07　印刷・製本業	179	18	10.1	178	18	10.1	1	0	0.0
08　化学工業	433	58	13.4	432	57	13.2	1	1	100.0
09　窯業土石製品製造業	158	19	12.0	134	14	10.4	24	5	20.8
10　鉄鋼業	24	2	8.3	16	1	6.3	8	1	12.5
11　非鉄金属製造業	32	5	15.6	24	4	16.7	8	1	12.5
12　金属製品製造業	320	40	12.5	320	38	11.9	10	2	20.0
13　一般機械器具製造業	207	25	12.1	107	14	13.1	100	11	11.0
14　電気機械器具製造業	332	66	19.9	96	42	43.8	236	24	10.2
15　輸送用機械等製造業	66	8	12.1	24	6	25.0	42	2	4.8
16　電気・ガス・水道業	1	0	0.0	1	0	0.0	0	0	0.0
17　その他の製造業	793	123	15.5	773	122	15.8	20	1	5.0
02　鉱業	2	0	0.0	2	0	0.0	0	0	0.0
03　建設業	157	24	15.3	157	24	15.3	0	0	0.0
04　運輸交通業	40	10	25.0	40	10	25.0	0	0	0.0
01　鉄道・軌道・水運・航空業	1	0	0.0	1	0	0.0	0	0	0.0
02　道路旅客運送業	11	4	36.4	11	4	36.4	0	0	0.0
03　道路貨物運送業	27	6	22.2	27	6	22.2	0	0	0.0
04　その他の運輸交通業	1	0	0.0	1	0	0.0	0	0	0.0
05　貨物取扱業	4	0	0.0	4	0	0.0	0	0	0.0
1号～5号　計	5,892	787	13.4	5,434	737	13.6	468	50	10.7
06　農林業	88	22	25.0	88	22	25.0	0	0	0.0
07　畜産・水産業	39	5	12.8	39	5	12.8	0	0	0.0
08　商業	5,140	606	11.8	5,093	599	11.8	47	7	14.9
01　卸売業	854	95	11.1	854	95	11.1	0	0	0.0
02　小売業	3,536	437	12.4	3,489	430	12.3	47	7	14.9
03　理美容業	643	60	9.3	643	60	9.3	0	0	0.0
04　その他の商業	107	14	13.1	107	14	13.1	0	0	0.0
09　金融・広告業	83	10	12.0	83	10	12.0	0	0	0.0
10　映画・演劇業	6	0	0.0	6	0	0.0	0	0	0.0
11　通信業	4	0	0.0	4	0	0.0	0	0	0.0
12　教育・研究業	72	10	13.9	72	10	13.9	0	0	0.0
13　保健衛生業	707	100	14.1	707	100	14.1	0	0	0.0
01　医療保健業	113	19	16.8	113	19	16.8	0	0	0.0
02　社会福祉施設	565	77	13.6	565	77	13.6	0	0	0.0
03　その他の保健衛生業	29	4	13.8	29	4	13.8	0	0	0.0
14　接客娯楽業	2,929	457	15.6	2,929	467	15.9	0	0	0.0
01　旅館業	625	104	16.6	625	104	16.6	0	0	0.0
02　飲食店	2,142	341	15.9	2,142	341	15.9	0	0	0.0
03　その他の接客娯楽業	162	22	13.6	162	22	13.6	0	0	0.0
15　清掃・と畜業	366	36	9.8	366	36	9.8	0	0	0.0
16　官公署	1	0	0.0	1	0	0.0	0	0	0.0
17　その他の事業	273	37	13.6	273	37	13.6	0	0	0.0
01　派遣業	20	3	15.0	20	3	15.0	0	0	0.0
02　その他の事業	253	34	13.4	253	34	13.4	0	0	0.0
6号～17号　計	9,708	1,283	13.2	9,661	1,286	13.3	47	7	14.9
合計	15,600	2,080	13.3	15,095	2,023	13.4	515	57	11.1

(3)　監督指導時における最低賃金未満労働者の状況（令和2年1～3月　全国計）

監督実施事業場労働者数	うち女性	最低賃金未満労働者数	うち女性	うちパート・アルバイト	うち障害者	うち外国人	うち技能実習生	うち派遣労働者
185,239人	108,434人	6,056人	4,680人	4,787人	80人	153人	45人	8人
	①58.5%	②3.3%	③77.3%	④79.0%	⑤1.3%	⑥2.5%	⑦0.7%	⑧0.1%

（注）　1　①及び②は、監督実施事業場労働者数に対する割合（%）である。
　　　　2　③～⑧は、最低賃金未満労働者数に占める割合（%）である。

Ⅱ　令和2年度最低賃金の改正等の状況

1　地域別最低賃金の改正状況

　地域別最低賃金の改正に当たっては、前述（Ⅰの3「最低賃金の決定基準」参照）のとおり、中央最低賃金審議会から示される地域別最低賃金額改定の目安を参考としつつ、当該都道府県内の賃金実勢等に即して審議が行われますが、令和2年度は、前年度に引き続き目安に対する公労使の意見が一致せず、公益委員見解が示されました。その内容は、「令和2年度地域別最低賃金額については、（中略）引上げ額の目安を示すことは困難であり、現行水準を維持することが適当」となっています。

　これを受けて、地方最低賃金審議会で改正審議が進められ、令和2年8月21日までにすべての都道府県で改正審議を終了し、改正決定の公示を経て、10月9日までに改正発効しました。令和2年度は、地域別最低賃金の最高は1,013円、最低は792円、全国加重平均は902円となっています（**第1－6表：18、19頁参照**）。

2　特定最低賃金の改正等の状況

　都道府県労働局長決定分の新産業別最低賃金については、令和2年度に144件の改正、1件の廃止の決定が行われ、225件となりました（**第1－7・8表：20、21頁参照**）。

　一部の新産業別最低賃金を除いてほとんどの新産業別最低賃金は、平成14年度以降それまでの日額・時間額併用方式から時間額単独方式に移行しています。

　令和2年度末現在における都道府県労働局長決定分の特定最低賃金の全国加重平均額は、905円となっています。

第1−6表　地域別最低賃金の年次別推移

	23 年 度		24 年 度		25 年 度		26 年 度		27 年 度	
	最低賃金額	発効年月日	最低賃金額	発効年月日	最低賃金額	発効年月日	最低賃金額	発効年月日	最低賃金額	発効年月日
全国加重平均額（時間額）	737		749※1		764		780		798	
北 海 道	705	23.10. 6	719	24.10.18	734	25.10.18	748	26.10. 8	764	27.10. 8
青　　森	647	23.10.16	654	24.10.12	665	25.10.24	679	26.10.24	695	27.10.18
岩　　手	645	23.11.11	653	24.10.20	665	25.10.27	678	26.10. 4	695	27.10.16
宮　　城	675	23.10.29	685	24.10.19	696	25.10.31	710	26.10.16	726	27.10. 3
秋　　田	647	23.10.30	654	24.10.13	665	25.10.26	679	26.10. 5	695	27.10. 7
山　　形	647	23.10.29	654	24.10.24	665	25.10.24	680	26.10.17	696	27.10.16
福　　島	658	23.11. 2	664	24.10. 1	675	25.10. 6	689	26.10. 4	705	27.10. 3
茨　　城	692	23.10. 8	699	24.10. 6	713	25.10.20	729	26.10. 4	747	27.10. 4
栃　　木	700	23.10. 1	705	24.10. 1	718	25.10.19	733	26.10. 1	751	27.10. 1
群　　馬	690	23.10. 7	696	24.10.10	707	25.10.13	721	26.10. 5	737	27.10. 8
埼　　玉	759	23.10. 1	771	24.10. 1	785	25.10.20	802	26.10. 1	820	27.10. 1
千　　葉	748	23.10. 1	756	24.10. 1	777	25.10.18	798	26.10. 1	817	27.10. 1
東　　京	837	23.10. 1	850	24.10. 1	869	25.10.19	888	26.10. 1	907	27.10. 1
神 奈 川	836	23.10. 1	849	24.10. 1	868	25.10.20	887	26.10. 1	905	27.10.18
新　　潟	683	23.10. 7	689	24.10. 5	701	25.10.26	715	26.10. 4	731	27.10. 3
富　　山	692	23.10. 1	700	24.11. 4	712	25.10. 6	728	26.10. 1	746	27.10. 1
石　　川	687	23.10.20	693	24.10. 6	704	25.10.19	718	26.10. 5	735	27.10. 1
福　　井	684	23.10. 1	690	24.10. 6	701	25.10.13	716	26.10. 4	732	27.10. 1
山　　梨	690	23.10.20	695	24.10. 1	706	25.10.18	721	26.10. 1	737	27.10. 1
長　　野	694	23.10. 1	700	24.10. 1	713	25.10.19	728	26.10. 1	746	27.10. 1
岐　　阜	707	23.10. 1	713	24.10. 1	724	25.10.19	738	26.10. 1	754	27.10. 1
静　　岡	728	23.10.14	735	24.10.12	749	25.10.12	765	26.10. 5	783	27.10. 3
愛　　知	750	23.10. 7	758	24.10. 1	780	25.10.26	800	26.10. 1	820	27.10. 1
三　　重	717	23.10. 1	724	24. 9.30	737	25.10.19	753	26.10. 1	771	27.10. 1
滋　　賀	709	23.10.20	716	24.10. 6	730	25.10.25	746	26.10. 9	764	27.10. 8
京　　都	751	23.10.16	759	24.10.14	773	25.10.24	789	26.10.22	807	27.10. 7
大　　阪	786	23. 9.30	800	24. 9.30	819	25.10.18	838	26.10. 5	858	27.10. 1
兵　　庫	739	23.10. 1	749	24.10. 1	761	25.10.19	776	26.10. 1	794	27.10. 1
奈　　良	693	23.10. 7	699	24.10. 6	710	25.10.20	724	26.10. 3	740	27.10. 7
和 歌 山	685	23.10.13	690	24.10. 1	701	25.10.19	715	26.10.17	731	27.10. 2
鳥　　取	646	23.10.29	653	24.10.20	664	25.10.25	677	26.10. 8	693	27.10. 4
島　　根	646	23.11. 6	652	24.10.14	664	25.11. 6	679	26.10. 5	696	27.10. 4
岡　　山	685	23.10.27	691	24.10.24	703	25.10.30	719	26.10. 5	735	27.10. 2
広　　島	710	23.10. 1	719	24.10. 1	733	25.10.24	750	26.10. 1	769	27.10. 1
山　　口	684	23.10. 6	690	24.10. 1	701	25.10.10	715	26.10. 1	731	27.10. 1
徳　　島	647	23.10.15	654	24.10.19	666	25.10.30	679	26.10. 1	695	27.10. 4
香　　川	667	23.10. 5	674	24.10. 5	686	25.10.24	702	26.10. 1	719	27.10. 1
愛　　媛	647	23.10.20	654	24.10.24	666	25.10.31	680	26.10.12	696	27.10. 3
高　　知	645	23.10.26	652	24.10.26	664	25.10.26	677	26.10.26	693	27.10.18
福　　岡	695	23.10.15	701	24.10.13	712	25.10.18	727	26.10. 5	743	27.10. 4
佐　　賀	646	23.10. 6	653	24.10.21	664	25.10.26	678	26.10. 4	694	27.10. 4
長　　崎	646	23.10.12	653	24.10.24	664	25.10.20	677	26.10. 1	694	27.10. 7
熊　　本	647	23.10.20	653	24.10. 1	664	25.10.30	677	26.10. 1	694	27.10.17
大　　分	647	23.10.20	653	24.10. 4	664	25.10.20	677	26.10. 4	694	27.10.17
宮　　崎	646	23.11. 2	653	24.10.26	664	25.11. 2	677	26.10.16	693	27.10.16
鹿 児 島	647	23.10.29	654	24.10.13	665	25.10.27	678	26.10.19	694	27.10. 8
沖　　縄	645	23.11. 6	653	24.10.25	664	25.10.26	677	26.10.24	693	27.10. 9

28年度 最低賃金額	発効年月日	29年度 最低賃金額	発効年月日	30年度 最低賃金額	発効年月日	令和元年度 最低賃金額	発効年月日	2年度 最低賃金額	発効年月日	全国加重平均額（時間額）
823※2		848		874		901		902		
786	28.10. 1	810	29.10. 1	835	30.10. 1	861	1.10. 3	861	1.10. 3	北 海 道
716	28.10.20	738	29.10. 6	762	30.10. 4	790	1.10. 4	793	2.10. 3	青　　森
716	28.10. 5	738	29.10. 1	762	30.10. 1	790	1.10. 4	793	2.10. 3	岩　　手
748	28.10. 5	772	29.10. 1	798	30.10. 1	824	1.10. 1	825	2.10. 1	宮　　城
716	28.10. 6	738	29.10. 1	762	30.10. 1	790	1.10. 3	792	2.10. 1	秋　　田
717	28.10. 7	739	29.10. 6	763	30.10. 1	790	1.10. 1	793	2.10. 3	山　　形
726	28.10. 1	748	29.10. 1	772	30.10. 1	798	1.10. 1	800	2.10. 2	福　　島
771	28.10. 1	796	29.10. 1	822	30.10. 1	849	1.10. 1	851	2.10. 1	茨　　城
775	28.10. 1	800	29.10. 1	826	30.10. 1	853	1.10. 1	854	2.10. 1	栃　　木
759	28.10. 6	783	29.10. 7	809	30.10. 6	835	1.10. 6	837	2.10. 3	群　　馬
845	28.10. 1	871	29.10. 1	898	30.10. 1	926	1.10. 1	928	2.10. 1	埼　　玉
842	28.10. 1	868	29.10. 1	895	30.10. 1	923	1.10. 1	925	2.10. 1	千　　葉
932	28.10. 1	958	29.10. 1	985	30.10. 1	1,013	1.10. 1	1,013	1.10. 1	東　　京
930	28.10. 1	956	29.10. 1	983	30.10. 1	1,011	1.10. 1	1,012	2.10. 1	神 奈 川
753	28.10. 1	778	29.10. 1	803	30.10. 1	830	1.10. 6	831	2.10. 1	新　　潟
770	28.10. 1	795	29.10. 1	821	30.10. 1	848	1.10. 1	849	2.10. 1	富　　山
757	28.10. 1	781	29.10. 1	806	30.10. 1	832	1.10. 2	833	2.10. 7	石　　川
754	28.10. 1	778	29.10. 1	803	30.10. 1	829	1.10. 4	830	2.10. 2	福　　井
759	28.10. 1	784	29.10.14	810	30.10. 3	837	1.10. 1	838	2.10. 9	山　　梨
770	28.10. 1	795	29.10. 1	821	30.10. 1	848	1.10. 4	849	2.10. 1	長　　野
776	28.10. 1	800	29.10. 1	825	30.10. 1	851	1.10. 1	852	2.10. 1	岐　　阜
807	28.10. 5	832	29.10. 4	858	30.10. 3	885	1.10. 4	885	1.10. 4	静　　岡
845	28.10. 1	871	29.10. 1	898	30.10. 1	926	1.10. 1	927	2.10. 1	愛　　知
795	28.10. 1	820	29.10. 1	846	30.10. 1	873	1.10. 1	874	2.10. 1	三　　重
788	28.10. 6	813	29.10. 5	839	30.10. 1	866	1.10. 3	868	2.10. 1	滋　　賀
831	28.10. 2	856	29.10. 1	882	30.10. 1	909	1.10. 1	909	1.10. 1	京　　都
883	28.10. 1	909	29. 9.30	936	30.10. 1	964	1.10. 1	964	1.10. 1	大　　阪
819	28.10. 1	844	29.10. 1	871	30.10. 1	899	1.10. 1	900	2.10. 1	兵　　庫
762	28.10. 6	786	29.10. 1	811	30.10. 4	837	1.10. 5	838	2.10. 1	奈　　良
753	28.10. 1	777	29.10. 1	803	30.10. 1	830	1.10. 1	831	2.10. 1	和 歌 山
715	28.10.12	738	29.10. 6	762	30.10. 5	790	1.10. 5	792	2.10. 2	鳥　　取
718	28.10. 1	740	29.10. 1	764	30.10. 1	790	1.10. 1	792	2.10. 1	島　　根
757	28.10. 1	781	29.10. 1	807	30.10. 3	833	1.10. 2	834	2.10. 3	岡　　山
793	28.10. 1	818	29.10. 1	844	30.10. 1	871	1.10. 1	871	1.10. 1	広　　島
753	28.10. 1	777	29.10. 1	802	30.10. 1	829	1.10. 5	829	1.10. 5	山　　口
716	28.10. 1	740	29.10. 5	766	30.10. 1	793	1.10. 1	796	2.10. 4	徳　　島
742	28.10. 1	766	29.10. 1	792	30.10. 1	818	1.10. 1	820	2.10. 1	香　　川
717	28.10. 1	739	29.10. 1	764	30.10. 1	790	1.10. 1	793	2.10. 3	愛　　媛
715	28.10.16	737	29.10.13	762	30.10. 5	790	1.10. 5	792	2.10. 3	高　　知
765	28.10. 1	789	29.10. 1	814	30.10. 1	841	1.10. 1	842	2.10. 1	福　　岡
715	28.10. 2	737	29.10. 6	762	30.10. 4	790	1.10. 4	792	2.10. 2	佐　　賀
715	28.10. 6	737	29.10. 6	762	30.10. 6	790	1.10. 3	793	2.10. 3	長　　崎
715	28.10. 1	737	29.10. 1	762	30.10. 1	790	1.10. 1	793	2.10. 1	熊　　本
715	28.10. 1	737	29.10. 1	762	30.10. 1	790	1.10. 1	792	2.10. 1	大　　分
714	28.10. 1	737	29.10. 6	762	30.10. 5	790	1.10. 4	793	2.10. 3	宮　　崎
715	28.10. 1	737	29.10. 1	761	30.10. 1	790	1.10. 3	793	2.10. 3	鹿 児 島
714	28.10. 1	737	29.10. 1	762	30.10. 3	790	1.10. 3	792	2.10. 3	沖　　縄

※1　平成23年度と平成24年度の差額12円には、全国加重平均額の算定に用いる労働者数の更新による影響分（2円）が含まれている。

※2　平成27年度と平成28年度の差額25円には、全国加重平均額の算定に用いる労働者数の更新による影響分（1円）が含まれている。

第1－7表 最低賃金時間額の全国加重平均額

令和3年3月末日現在

事項別　　　　　　　　　　　　　　　　年　度				令和2年度		（参考：令和元年度）	
地　域　別　最　低　賃　金				円　　件 901 (47)		円　　件 901 (47)	
			対前年度上昇率（％）	1		3.09	
特定最低賃金（※1、2）	新産業別最低賃金	製造業	食　料　品・飲　料　製　造　業　関　係	801 (7)		796 (7)	
			繊　　維　　工　　業　　関　　係	798 (5)		797 (5)	
			木　材・木　製　品　製　造　業　関　係	875 (1)		873 (1)	
			パルプ・紙・紙加工品製造業関係	831 (2)		831 (2)	
			印　刷・同　関　連　産　業　関　係	792 (2)		792 (2)	
			塗　　料　　製　　造　　業　　関　　係	955 (4)		951 (4)	
			ゴ　ム　製　品　製　造　業　関　係	897 (1)		897 (1)	
			窯　業・土　石　製　品　製　造　業　関　係	895 (4)		893 (4)	
			鉄　　　鋼　　　業　　　関　　　係	953 (20)		952 (20)	
			非　鉄　金　属　製　造　業　関　係	877 (9)		875 (9)	
			金　属　製　品　製　造　業　関　係	908 (4)		909 (4)	
			一　般　機　械　器　具　製　造　業　関　係	917 (25)		916 (25)	
			精　密　機　械　器　具　製　造　業　関　係	899 (7)		898 (7)	
			電　気　機　械　器　具　製　造　業　等　関　係	890 (45)		888 (45)	
			輸　送　用　機　械　器　具　製　造　業　関　係	934 (33)		932 (33)	
			小　　　　　　　　　計	912 (169)		911 (169)	
		非製造業	新　　聞・出　版　業　関　係	835 (1)		835 (1)	
			各　種　商　品　小　売　業　関　係	837 (30)		836 (30)	
			自　動　車　小　売　業　関　係	893 (23)		884 (24)	
			自　動　車　整　備　業　関　係	865 (1)		862 (1)	
			道　路　貨　物　自　動　車　運　送　業　関　係	910 (1)		910 (1)	
			小　　　　　　　　　計	865 (56)		860 (57)	
		合　　　　　　　　　　　　計		906 (225)		903 (226)	
			対前年度上昇率（％）	0.33		1.8	
	旧　産　業　別　最　低　賃　金			816 (1)		816 (1)	
総　　　　合　　　　計				905 (226)		903 (227)	

※1　本表の金額は、各都道府県に設定されている特定最低賃金の全国加重平均時間額であり、（　）内は設定件数である。
※2　複数の業種にまたがって設定されているものについては、主な業種に計上している。

全国を適用地域とする新産業別最低賃金（厚　生　労　働　大　臣　決　定）	(0)		(0)	
全国を適用地域とする旧産業別最低賃金（厚　生　労　働　大　臣　決　定）	5,772 (1)		5,772 (1)	

第 1 − 8 表　令和 2 年度に新設又は廃止された特定最低賃金

(1)　廃止された特定最低賃金

（令和 3 年 3 月末現在）

都道府県名	件　名	廃止決定公示年月日	廃止年月日
京都	京都府自動車小売業最低賃金	R2.12.24	R2.12.23

Ⅲ　中央又は都道府県の
地域別・特定最低賃金

利用上の注意

1　最低賃金法に基づいて決定され、令和3年3月末日現在で効力を有する最低賃金について、それぞれの件名、適用範囲、最低賃金額、効力発生年月日（新設・改正）、適用使用者数、適用労働者数を収録したものである。

2　特定最低賃金については、新産業別最低賃金及び旧産業別最低賃金の順にそれぞれについて日本標準産業分類の分類項目の配列順によって収録している。

3　新産業別最低賃金の直近の改定時に係る申出ケースについて、労働協約ケースによるものは㊆、公正競争ケースによるものは㊒を付している。

4　「最低賃金件名」欄の末尾に◎を付したものは、旧産業別最低賃金である。

5　「最低賃金件名、適用範囲」欄の特定最低賃金の件名及び適用範囲における業種名は、日本標準産業分類（平成25年10月改定）によっている。

6　「最低賃金額」欄の金額の末尾に→㊉を付したものは、地域別最低賃金額が当該特定最低賃金額を上回っており、地域別最低賃金が実質的に適用されることを示す。

7　「適用使用者数、適用労働者数」欄は、地域別最低賃金については、平成28年経済センサス－活動調査等に基づき推計した適用使用者数、適用労働者数である。また、特定最低賃金については、実質的な適用使用者数、適用労働者数であり、適用労働者数については、1の位を四捨五入している。

1　全国に適用される特定最低賃金

最　低　賃　金　件　名 〔新設発効年月日〕 適　用　範　囲	最　低　賃　金　額 （改正発効年月日）	適用使用者数（人） 適用労働者数（人） （※）
全国非金属鉱業最低賃金　◎ 　主として鉱業法（昭和25年法律第289号）第3条に規定するりん鉱、黒鉛、硫黄、石こう、重晶石、明ばん石、ほたる石、石綿、石灰石、ドロマイト、けい石、長石、ろう石、滑石又は耐火粘土（ゼーゲルコーン番号31以上の耐火度を有するものに限る。）を試掘し、又は採掘する事業を営む事業場において坑内作業に従事する労働者。ただし、次に掲げる者を除く。 　(1) 65歳以上の者 　(2) 雇入れ後3月未満の者であって、技能習得中のもの 　(3) 清掃又は片付けの業務に主として従事する者	5,772円 （H1. 5.17）	54 362

※　適用使用者数及び適用労働者数は平成元年の数値

2　都道府県の地域別・特定最低賃金

北海道────❶

区分	最　低　賃　金　件　名 〔新 設 発 効 年 月 日〕 適　用　範　囲	最　低　賃　金　額 時 間 額（日　額） （改正発効年月日）	適用使用者数 適用労働者数（人）
地域別最低賃金	**北　海　道　最　低　賃　金** 〔S47.11.15〕 北海道の区域内の事業場で働くすべての労働者とその使用者	861円 （R1.10. 3）	167,823 1,961,100
特定最低賃金	北海道**処理牛乳・乳飲料、乳製品、糖類製造業**最低賃金㋕ 〔H2.12.26〕 　1　適用する使用者 　　北海道の区域内で処理牛乳・乳飲料製造業、乳製品製造業（処理牛乳，乳飲料を除く）、糖類製造業、これらの産業において管理，補助的経済活動を行う事業所又は純粋持株会社（管理する全子会社を通じての主要な経済活動が処理牛乳・乳飲料製造業、乳製品製造業（処理牛乳，乳飲料を除く）又は糖類製造業に分類されるものに限る。）を営む使用者 　2　適用する労働者 　　前号の使用者に使用される労働者。ただし、次に掲げる者を除く。 　(1)　18歳未満又は65歳以上の者 　(2)　雇入れ後3月未満の者であって、技能習得中のもの 　(3)　次に掲げる業務に主として従事する者 　　イ　清掃、片付け、整理、雑役又は炊事の業務 　　ロ　手作業による洗浄、皮むき、選別、包装又は箱詰めの業務	893円 （R2.12. 6）	95 4,910
	北　海　道　鉄　鋼　業　最　低　賃　金㋦ 〔H2.12. 1〕 　1　適用する使用者 　　北海道の区域内で鉄鋼業（鉄素形材製造業、その他の鉄鋼業及びこれらの産業において管理，補助的経済活動を行う事業所を除く。以下同じ。）又は純粋持株会社（管理する全子会社を通じての主要な経済活動が鉄鋼業に分類されるものに限る。）を営む使用者 　2　適用する労働者 　　前号の使用者に使用される労働者。ただし、次に掲げる者を除く。 　(1)　18歳未満又は65歳以上の者 　(2)　雇入れ後6月未満の者であって、技能習得中のもの 　(3)　次に掲げる業務に主として従事する者 　　イ　清掃、片付け、整理、雑役又は炊事の業務 　　ロ　みがき又は塗油の業務	967円 （R1.12. 1）	38 3,680

（注）最低賃金との比較については、7頁の5を参照。

1 ────── 北 海 道

区 分	最 低 賃 金 件 名 〔新 設 発 効 年 月 日〕 適 用 範 囲	最 低 賃 金 額 時 間 額（日 額） （改正発効年月日）	適用使用者数 適用労働者数（人）
特 定 最 低 賃 金	北海道**電子部品・デバイス・電子回路、電気機械器具、情報通信機械器具製造業**最低賃金㊅ 〔H3. 1. 3〕 1　適用する使用者 　　北海道の区域内で電子部品・デバイス・電子回路製造業、電気機械器具製造業（発電用・送電用・配電用電気機械器具製造業、産業用電気機械器具製造業、電球・電気照明器具製造業、医療用計測器製造業（心電計製造業を除く。）及びこれらの産業において管理，補助的経済活動を行う事業所を除く。以下同じ。）、情報通信機械器具製造業又は純粋持株会社（管理する全子会社を通じての主要な経済活動が電子部品・デバイス・電子回路製造業、電気機械器具製造業又は情報通信機械器具製造業に分類されるものに限る。）を営む使用者 2　適用する労働者 　　前号の使用者に使用される労働者。ただし、次に掲げる者を除く。 （1）18歳未満又は65歳以上の者 （2）雇入れ後6月未満の者であって、技能習得中のもの （3）次に掲げる業務に主として従事する者 　イ　清掃、片付け、整理、雑役又は炊事の業務 　ロ　みがき又は塗油の業務 　ハ　手作業による検品、検数、選別、材料若しくは部品の送給若しくは取りそろえ、運搬、洗浄、包装、袋詰め、箱詰め、ラベルはり、メッキのマスキング又は脱脂の業務（これらの業務のうち、流れ作業の中で行う業務を除く。） 　ニ　熟練を要しない手作業又は手工具若しくは操作が容易な小型電動工具を用いて行う曲げ、切り、組線、巻き線、かしめ、バリ取りの業務（これらの業務のうち、流れ作業の中で行う業務は除く。）	895円 （R2.12. 1）	90 6,720
	北海道**船舶製造・修理業、船体ブロック製造業**最低賃金㊅ 〔H13.12. 1〕 1　適用する使用者 　　北海道の区域内で船舶製造・修理業（木造船製造・修理業及び木製漁船製造・修理業を除く。以下同じ。）、船体ブロック製造業、これらの産業において管理，補助的経済活動を行う事業所又は純粋持株会社（管理する全子会社を通じての主要な経済活動が船舶製造・修理業又は船体ブロック製造業に分類されるものに限る。）を営む使用者 2　適用する労働者 　　前号の使用者に使用される労働者。ただし、次に掲げる者を除く。 （1）18歳未満又は65歳以上の者 （2）雇入れ後6月未満の者であって、技能習得中のもの （3）次に掲げる業務に主として従事する者 　イ　清掃、片付け、整理、雑役又は炊事の業務 　ロ　みがき又は塗油の業務	889円 （R2.12. 2）	65 940

区　分	最　低　賃　金　件　名 〔新 設 発 効 年 月 日〕 適　　用　　範　　囲	最　低　賃　金 時　間　額 （改正発効年月日）	適用使用者数 適用労働者数（人）
地域別最低賃金	青　森　県　最　低　賃　金 〔S48. 1. 1〕 青森県の区域内の事業場で働くすべての労働者とその使用者	793円 （R2.10. 3）	40,296 440,900
特　定　最　低　賃　金	青 森 県 鉄 鋼 業 最 低 賃 金㊡ 〔H2. 1.13〕 1　適用する使用者 　　青森県の区域内で鉄鋼業（高炉による製鉄業、表面処理鋼材製造業及びこれらの産業において管理,補助的経済活動を行う事業所を除く。以下同じ。）又は純粋持株会社（管理する全子会社を通じての主要な経済活動が鉄鋼業に分類されるものに限る。）を営む使用者 2　適用する労働者 　　前号の使用者に使用される労働者。ただし、次に掲げる者を除く。 （1）18歳未満又は65歳以上の者 （2）雇入れ後6月未満の者であって、技能習得中のもの （3）清掃、片付け又は賄いの業務に主として従事する者	903円 （R2.12.21）	28 1,260
	青森県電子部品・デバイス・電子回路、電気機械器具、情報通信機械器具製造業最低賃金㊗ 〔S63.12.22〕 1　適用する使用者 　　青森県の区域内で電子部品・デバイス・電子回路製造業、電気機械器具製造業（電球・電気照明器具製造業、医療用計測器製造業（心電計製造業を除く。）及びこれらの産業において管理,補助的経済活動を行う事業所を除く。以下同じ。）、情報通信機械器具製造業（電子計算機・同附属装置製造業及び当該産業において管理,補助的経済活動を行う事業所を除く。以下同じ。）又は純粋持株会社（管理する全子会社を通じての主要な経済活動が電子部品・デバイス・電子回路製造業、電気機械器具製造業又は情報通信機械器具製造業に分類されるものに限る。）を営む使用者 2　適用する労働者 　　前号の使用者に使用される労働者。ただし、次に掲げる者を除く。 （1）18歳未満又は65歳以上の者 （2）雇入れ後6月未満の者であって、技能習得中のもの （3）部分品・機器等の組立て又は加工業務のうち、小型電動工具又は手工具を用いて行うかしめ、バリ取り、巻線、穴あけ、部分品の取付け又は小型機器の簡易な操作に主として従事する者 （4）清掃、片付け、賄い、運搬又は警備の業務に主として従事する者	833円 （R2.12.21）	125 6,620
	青 森 県 各 種 商 品 小 売 業 最 低 賃 金㊗ 〔H11.12.21〕 1　適用する使用者 　　青森県の区域内で各種商品小売業又は純粋持株会社（管理する全子会社を通じての主要な経済活動が各種商品小売業に分類されるものに限る。）を営む使用者 2　適用する労働者 　　前号の使用者に使用される労働者。ただし、次に掲げる者を除く。 （1）18歳未満又は65歳以上の者 （2）雇入れ後3月未満の者であって、技能習得中のもの （3）清掃、片付け又は賄いの業務に主として従事する者	825円 （R2.12.21）	29 2,460

（注）最低賃金との比較については、7頁の5を参照。

◆2 ──────── 青　森

区　分	最　低　賃　金　件　名 〔新 設 発 効 年 月 日〕 適　　用　　範　　囲	最　低　賃　金 時　　間　　額 （改正発効年月日）	適用使用者数（人） 適用労働者数
特　定　最　低　賃　金	青森県 自動車小売業 最低賃金㊙ 〔H11.12.21〕 1　適用する使用者 　　青森県の区域内で自動車小売業（二輪自動車小売業（原動機付自転車を含む）を除く。以下同じ。）、当該産業において管理,補助的経済活動を行う事業所又は純粋持株会社（管理する全子会社を通じての主要な経済活動が自動車小売業に分類されるものに限る。）を営む使用者 2　適用する労働者 　　前号の使用者に使用される労働者。ただし、次に掲げる者を除く。 （1）18歳未満又は65歳以上の者 （2）雇入れ後3月未満の者であって、技能習得中のもの （3）清掃、片付け、洗車又は賄いの業務に主として従事する者	864円 （R2.12.21）	572 4,580

岩　手————◆3

区　分	最　低　賃　金　件　名 〔新設発効年月日〕 適　用　範　囲	最　低　賃　金　額 時　間　額 （改正発効年月日）	適用使用者数 適用労働者数（人）
地域別最低賃金	**岩　手　県　最　低　賃　金** 〔S48. 9. 1〕 岩手県の区域内の事業場で働くすべての労働者とその使用者	793円 （R2.10. 3）	41,178 467,300
特定最低賃金	**岩手県鉄鋼業、金属線製品、その他の金属製品製造業最低賃金**㊙ 〔H15. 8.17〕 1　適用する使用者 　岩手県の区域内で次に掲げるいずれかの産業を営む使用者 　(1)　鉄鋼業（高炉による製鉄業、銑鉄鋳物製造業（鋳鉄管，可鍛鋳鉄を除く）、可鍛鋳鉄製造業、鉄鋼シャースリット業、鋳鉄管製造業、他に分類されない鉄鋼業及びこれらの産業において管理，補助的経済活動を行う事業所を除く。） 　(2)　金属線製品製造業（ねじ類を除く） 　(3)　その他の金属製品製造業 　(4)　(2)又は(3)に掲げる産業において管理，補助的経済活動を行う事業所 　(5)　純粋持株会社（管理する全子会社を通じての主要な経済活動が(1)から(3)までに掲げる産業に分類されるものに限る。） 2　適用する労働者 　前号の使用者に使用される労働者。ただし、次に掲げる者を除く。 　(1)　18歳未満又は65歳以上の者 　(2)　雇入れ後6月未満の者であって、技能習得中のもの 　(3)　清掃又は片付けの業務に主として従事する労働者	852円 （R2.12.31）	41 1,670
	岩手県光学機械器具・レンズ、時計・同部分品製造業最低賃金㊁ 〔S63.12.31〕 1　適用する使用者 　岩手県の区域内で次に掲げるいずれかの産業を営む使用者 　(1)　光学機械器具・レンズ製造業 　(2)　時計・同部分品製造業 　(3)　(1)又は(2)に掲げる産業において管理，補助的経済活動を行う事業所 　(4)　純粋持株会社（管理する全子会社を通じての主要な経済活動が(1)又は(2)に掲げる産業に分類されるものに限る。） 2　適用する労働者 　前号の使用者に使用される労働者。ただし、次に掲げる者を除く。 　(1)　18歳未満又は65歳以上の者 　(2)　雇入れ後6月未満の者であって、技能習得中のもの 　(3)　次に掲げる業務に主として従事する者 　　イ　清掃又は片付けの業務 　　ロ　手作業による包装、袋詰め又はバリ取り若しくは検品の業務	829円 （R2.12.31）	30 2,330

（注）最低賃金との比較については、7頁の5を参照。

3 ━━━ 岩　手

区　分	最　低　賃　金　件　名 〔新 設 発 効 年 月 日〕 適　　用　　範　　囲	最 低 賃 金 額 時　　間　　額 （改正発効年月日）	適用使用者数 適用労働者数（人）
特 定 最 低 賃 金	岩手県**電子部品・デバイス・電子回路、電気機械器具、情報通信機械器具**製造業最低賃金㊂ 　　　　　　　　　　　　　　　　　　〔S63.12.31〕 1　適用する使用者 　　岩手県の区域内で次に掲げるいずれかの産業を営む使用者 （1）電子部品・デバイス・電子回路製造業 （2）電気機械器具製造業（民生用電気機械器具製造業、電球・電気照明器具製造業、電池製造業、医療用計測器製造業（心電計製造業を除く。）、その他の電気機械器具製造業及びこれらの産業において管理，補助的経済活動を行う事業所を除く。） （3）情報通信機械器具製造業 （4）純粋持株会社（管理する全子会社を通じての主要な経済活動が(1)から(3)までに掲げる産業に分類されるものに限る。） 2　適用する労働者 　　前号の使用者に使用される労働者。ただし、次に掲げる者を除く。 （1）18歳未満又は65歳以上の者 （2）雇入れ後6月未満の者であって、技能習得中のもの （3）次に掲げる業務に主として従事する者 　イ　清掃又は片付けの業務 　ロ　手作業による包装又は袋詰めの業務 　ハ　手作業により又は手工具若しくは小型動力機を用いて行う組線、かしめ、取付け、巻線又はバリ取りの業務	820円 （R2.12.31）	190 11,900
	岩 手 県 **百 貨 店，総 合 ス ー パ ー** 最 低 賃 金 ㊂ 　　　　　　　　　　　　　　　　　　〔H29.12.30〕 1　適用する使用者 　　岩手県の区域内で百貨店，総合スーパー、当該産業において管理，補助的経済活動を行う事業所又は純粋持株会社（管理する全子会社を通じての主要な経済活動が百貨店，総合スーパーに分類されるものに限る。）を営む使用者 2　適用する労働者 　　前号の使用者に使用される労働者。ただし、次に掲げる者を除く。 （1）18歳未満又は65歳以上の者 （2）雇入れ後6月未満の者であって、技能習得中のもの （3）清掃又は片付けの業務に主として従事する者	800円 （H30.12.28）	19 2,620
	岩 手 県 **各 種 商 品 小 売 業** 最 低 賃 金 ㊂ 　　　　　　　　　　　　　　　　　　〔H2. 2.15〕 1　適用する使用者 　　岩手県の区域内で各種商品小売業又は純粋持株会社（管理する全子会社を通じての主要な経済活動が各種商品小売業に分類されるものに限る。）を営む使用者 2　適用する労働者 　　前号の使用者に使用される労働者。ただし、次に掲げる者を除く。 （1）18歳未満又は65歳以上の者 （2）雇入れ後6月未満の者であって、技能習得中のもの （3）清掃又は片付けの業務に主として従事する者	767円 → ㊵ （H28.12.11）	43 2,720

区　分	最　低　賃　金　件　名 〔新　設　発　効　年　月　日〕 適　用　範　囲	最　低　賃　金　額 時　間　額 （改正発効年月日）	適用使用者数 適用労働者数（人）
特 定 最 低 賃 金	岩 手 県 **自 動 車 小 売 業** 最 低 賃 金㊤ 　　　　　　　　　　　　　　　〔H2. 3. 3〕 1　適用する使用者 　岩手県の区域内で自動車小売業（二輪自動車小売業（原動機付自転車を含む）を除く。以下同じ。）、当該産業において管理，補助的経済活動を行う事業所又は純粋持株会社（管理する全子会社を通じての主要な経済活動が自動車小売業に分類されるものに限る。）を営む使用者 2　適用する労働者 　前号の使用者に使用される労働者。ただし、次に掲げる者を除く。 　(1)　18歳未満又は65歳以上の者 　(2)　雇入れ後 6 月未満の者であって、技能習得中のもの 　(3)　清掃又は片付けの業務に主として従事する者	863円 （R2.12.31）	572 5,160

（注）最低賃金との比較については、7 頁の 5 を参照。

32

4 ───── 宮　城

区分	最　低　賃　金　件　名〔新設発効年月日〕適　用　範　囲	最　低　賃　金時　間　額（改正発効年月日）	適用使用者数適用労働者数（人）
地域別最低賃金	宮　城　県　最　低　賃　金〔S51. 2. 5〕宮城県の区域内の事業場で働くすべての労働者とその使用者	825円（R2.10. 1）	73,018909,900
特定最低賃金	宮　城　県　鉄　鋼　業　最　低　賃　金㊙〔H2. 6.21〕1　適用する使用者　　宮城県の区域内で鉄鋼業（高炉による製鉄業、銑鉄鋳物製造業（鋳鉄管，可鍛鋳鉄を除く）、可鍛鋳鉄製造業、その他の鉄鋼業及びこれらの産業において管理，補助的経済活動を行う事業所を除く。以下同じ。）又は純粋持株会社（管理する全子会社を通じての主要な経済活動が鉄鋼業に分類されるものに限る。）を営む使用者2　適用する労働者　　前号の使用者に使用される労働者。ただし、次に掲げる者を除く。　(1)　18歳未満又は65歳以上の者　(2)　雇入れ後3月未満の者であって、技能習得中のもの　(3)　清掃又は片付けの業務に主として従事する者	925円（R2.12.15）	161,780
	宮城県電子部品・デバイス・電子回路、電気機械器具、情報通信機械器具製造業最低賃金㊣〔H2. 3.10〕1　適用する使用者　　宮城県の区域内で電子部品・デバイス・電子回路製造業、電気機械器具製造業、情報通信機械器具製造業又は純粋持株会社（管理する全子会社を通じての主要な経済活動が電子部品・デバイス・電子回路製造業、電気機械器具製造業又は情報通信機械器具製造業に分類されるものに限る。）を営む使用者2　適用する労働者　　前号の使用者に使用される労働者。ただし、次に掲げる者を除く。　(1)　18歳未満又は65歳以上の者　(2)　雇入れ後6月未満の者であって、技能習得中のもの　(3)　次に掲げる業務に主として従事する者　　イ　清掃又は片付けの業務　　ロ　手作業による包装、袋詰め、箱詰め又は運搬の業務　　ハ　手作業による部品の差し、曲げ若しくは切りの業務　　　又は目視による検査の業務　　ニ　部品の組立て又は加工の業務のうち、手作業により　　　又は手工具若しくは小型電動工具を用いて行う組線、　　　巻線、かしめ、取付け又は穴あけの業務	864円（R2.12.20）	27615,620
	宮　城　県　自　動　車　小　売　業　最　低　賃　金㊣〔H2. 5.20〕1　適用する使用者　　宮城県の区域内で自動車小売業（二輪自動車小売業（原動機付自転車を含む）を除く。以下同じ。）、当該産業において管理，補助的経済活動を行う事業所又は純粋持株会社（管理する全子会社を通じての主要な経済活動が自動車小売業に分類されるものに限る。）を営む使用者2　適用する労働者　　前号の使用者に使用される労働者。ただし、次に掲げる者を除く。　(1)　18歳未満又は65歳以上の者　(2)　雇入れ後3月未満の者であって、技能習得中のもの　(3)　清掃又は片付けその他これらに準ずる軽易な業務に主として従事する者	891円（R2.12.24）	9578,320

秋　田────◆5

区　分	最　低　賃　金　件　名 〔新 設 発 効 年 月 日〕 適　用　範　囲	最　低　賃　金 時　間　額 （改正発効年月日）	適用使用者数 適用労働者数（人）
地域別最低賃金	秋　田　県　最　低　賃　金 〔S48.12. 1〕 秋田県の区域内の事業場で働くすべての労働者とその使用者	792円 （R2.10. 1）	32,468 361,700
特 定 最 低 賃 金	秋田県**非鉄金属製錬・精製業**最低賃金㊜ 〔H2. 3.18〕 1　適用する使用者 　　秋田県の区域内で非鉄金属第1次製錬・精製業、非鉄金属第2次製錬・精製業（非鉄金属合金製造業を含む）、これらの産業において管理，補助的経済活動を行う事業所又は純粋持株会社（管理する全子会社を通じての主要な経済活動が非鉄金属第1次製錬・精製業又は非鉄金属第2次製錬・精製業（非鉄金属合金製造業を含む）に分類されるものに限る。）を営む使用者 2　適用する労働者 　　前号の使用者に使用される労働者。ただし、次に掲げる者を除く。 　（1）18歳未満又は65歳以上の者 　（2）雇入れ後6月未満の者であって、技能習得中のもの 　（3）清掃、片付けその他これらに準ずる軽易な業務に主として従事する者	895円 （R2.12.25）	14 1,010
	秋田県**電子部品・デバイス・電子回路、電池、電子応用装置、その他の電気機械器具、映像・音響機械器具、電子計算機・同附属装置製造業**最低賃金㊜ 〔S63.12.29〕 1　適用する使用者 　　秋田県の区域内で次に掲げるいずれかの産業を営む使用者 　（1）電子部品・デバイス・電子回路製造業（光ディスク・磁気ディスク・磁気テープ製造業及び当該産業において管理，補助的経済活動を行う事業所を除く。） 　（2）電池製造業 　（3）電子応用装置製造業 　（4）その他の電気機械器具製造業 　（5）映像・音響機械器具製造業（電気音響機械器具製造業を除く。） 　（6）電子計算機・同附属装置製造業 　（7）（2）から（6）までに掲げる産業において管理，補助的経済活動を行う事業所 　（8）純粋持株会社（管理する全子会社を通じての主要な経済活動が（1）から（6）までに掲げる産業に分類されるものに限る。） 2　適用する労働者 　　前号の使用者に使用される労働者。ただし、次に掲げる者を除く。 　（1）18歳未満又は65歳以上の者 　（2）雇入れ後6月未満の者であって、技能習得中のもの 　（3）次に掲げる業務に主として従事する者 　　イ　清掃、片付けその他これらに準ずる軽易な業務 　　ロ　電気部品の組立て又は加工の業務のうち、主として卓上において行う組線、巻線、はんだ付け、取付け又は検査の業務	836円 （R2.12.25）	112 7,360

（注）最低賃金との比較については、7頁の5を参照。

5 ── 秋　田

区　分	最　低　賃　金　件　名 〔新 設 発 効 年 月 日〕 適　用　範　囲	最　低　賃　金 時　間　額 （改正発効年月日）	適用使用者数 適用労働者数（人）
特 定 最 低 賃 金	秋田県**自動車・同附属品製造業**最低賃金㉟ 〔H2. 3.30〕 1　適用する使用者 　秋田県の区域内で自動車・同附属品製造業、当該産業において管理，補助的経済活動を行う事業所又は純粋持株会社(管理する全子会社を通じての主要な経済活動が自動車・同附属品製造業に分類されるものに限る。）を営む使用者 2　適用する労働者 　前号の使用者に使用される労働者。ただし、次に掲げる者を除く。 （1）18歳未満又は65歳以上の者 （2）雇入れ後6月未満の者であって、技能習得中のもの （3）清掃、片付けその他これらに準ずる軽易な業務に主として従事する者	877円 （R2.12.25）	35 2,680
	秋田県**自動車（新車）、自動車部分品・附属品小売業**最低賃金㉟ 〔H3. 3.22〕 1　適用する使用者 　秋田県の区域内で自動車（新車）小売業、自動車部分品・附属品小売業、これらの産業において管理，補助的経済活動を行う事業所又は純粋持株会社（管理する全子会社を通じての主要な経済活動が自動車（新車）小売業又は自動車部分品・附属品小売業に分類されるものに限る。）を営む使用者 2　適用する労働者 　前号の使用者に使用される労働者。ただし、次に掲げる者を除く。 （1）18歳未満又は65歳以上の者 （2）雇入れ後6月未満の者であって、技能習得中のもの （3）清掃、片付けその他これらに準ずる軽易な業務に主として従事する者	864円 （R2.12.25）	200 2,230

山　形 ─────◆ 6

区　分	最　低　賃　金　件　名 〔新　設　発　効　年　月　日〕 適　用　範　囲	最　低　賃　金 時　間　額 （改正発効年月日）	適用使用者数 適用労働者数（人）
地域 別最 低賃 金	山　形　県　最　低　賃　金 〔S48. 5. 1〕 山形県の区域内の事業場で働くすべての労働者とその使用者	793円 （R2.10. 3）	37,509 411,800
特 定 最 低 賃 金	山形県ポンプ・圧縮機器、一般産業用機械・装置、他に分類されないはん用機械・装置、化学機械・同装置、真空装置・真空機器製造業最低賃金公 〔H3. 2. 3〕 1　適用する使用者 　山形県の区域内でポンプ・圧縮機器製造業、一般産業用機械・装置製造業（家庭用エレベータ製造業及び冷凍機・温湿調整装置製造業を除く。以下同じ。）、他に分類されないはん用機械・装置製造業、建設機械・鉱山機械製造業のうち建設用クレーン製造業、化学機械・同装置製造業、真空装置・真空機器製造業、これらの産業において管理，補助的経済活動を行う事業所又は純粋持株会社（管理する全子会社を通じての主要な経済活動がポンプ・圧縮機器製造業、一般産業用機械・装置製造業、他に分類されないはん用機械・装置製造業、建設機械・鉱山機械製造業のうち建設用クレーン製造業、化学機械・同装置製造業又は真空装置・真空機器製造業に分類されるものに限る。）を営む使用者 2　適用する労働者 　前号の使用者に使用される労働者。ただし、次に掲げる者を除く。 （1）18歳未満又は65歳以上の者 （2）雇入れ後 6 月未満の者であって、技能習得中のもの （3）清掃、片付け、賄い又は手作業による包装の業務に主として従事する者	862円 （R2.12.25）	69 2,350
	山形県電子部品・デバイス・電子回路、電気機械器具、情報通信機械器具製造業最低賃金公 〔S63.12.24〕 1　適用する使用者 　山形県の区域内で電子部品・デバイス・電子回路製造業、電気機械器具製造業（民生用電気機械器具製造業、電池製造業、医療用計測器製造業（心電計製造業を除く。）、その他の電気機械器具製造業及びこれらの産業において管理，補助的経済活動を行う事業所を除く。以下同じ。）、情報通信機械器具製造業又は純粋持株会社（管理する全子会社を通じての主要な経済活動が電子部品・デバイス・電子回路製造業、電気機械器具製造業又は情報通信機械器具製造業に分類されるものに限る。）を営む使用者 2　適用する労働者 　前号の使用者に使用される労働者。ただし、次に掲げる者を除く。 （1）18歳未満又は65歳以上の者 （2）雇入れ後 6 月未満の者であって、技能習得中のもの （3）次に掲げる業務に主として従事する者 　イ　清掃、片付け又は賄いの業務 　ロ　手工具若しくは小型電動工具を用いて行う組線、巻線、かしめ、取付け又は穴あけの業務 　ハ　手作業による包装、袋詰め、箱詰め、塗布、選別又は部品の差し、曲げ若しくは切りの業務	846円 （R2.12.25）	324 16,220

（注）最低賃金との比較については、7 頁の 5 を参照。

6————— 山　形

区　分	最　低　賃　金　件　名 〔新 設 発 効 年 月 日〕 適　用　範　囲	最　低　賃　金 時 間 額（日　　額） （改正発効年月日）	適用使用者数 適用労働者数（人）
特 定 最 低 賃 金	山形県**自動車・同附属品製造業**最低賃金㊒ 　　　　　　　　　　　　　　　　〔H3. 2. 3〕 　1　適用する使用者 　　山形県の区域内で自動車・同附属品製造業、当該産業に おいて管理，補助的経済活動を行う事業所又は純粋持株会 社（管理する全子会社を通じての主要な経済活動が自動車・ 同附属品製造業に分類されるものに限る。）を営む使用者 　2　適用する労働者 　　前号の使用者に使用される労働者。ただし、次に掲げる 者を除く。 　(1)　18歳未満又は65歳以上の者 　(2)　雇入れ後６月未満の者であって、技能習得中のもの 　(3)　清掃、片付け、賄い又は手作業による包装の業務に主 　　として従事する者	861円 （R2.12.25）	106 4,910
	山　形　県　**自　動　車　整　備　業**　最　低　賃　金㊒ 　　　　　　　　　　　　　　　　〔H2. 5. 4〕 　1　適用する使用者 　　山形県の区域内で自動車整備業（原動機付自転車に係る ものを除く。以下同じ。）、純粋持株会社（管理する全子会 社を通じての主要な経済活動が自動車整備業に分類される ものに限る。）又は道路運送車両法（昭和26年法律第185号） 第77条の自動車特定整備事業（道路運送車両法施行規則第 ３条の分解整備を行うものに限る。）を営む使用者 　2　適用する労働者 　　前号の使用者に使用される労働者であって、前号の自動 車の分解整備の業務に従事する者に限る。ただし、次に掲 げる者を除く。 　(1)　18歳未満又は65歳以上の者 　(2)　雇入れ後６月未満の者であって、技能習得中のもの	865円 （R2.12.25）	1,014 3,240

区　分	最　低　賃　金　件　名 〔新　設　発　効　年　月　日〕 適　用　範　囲	最　低　賃　金 時　間　額 （改正発効年月日）	適用使用者数 適用労働者数（人）
地域別最低賃金	福　島　県　最　低　賃　金 〔S49. 8. 7〕 福島県の区域内の事業場で働くすべての労働者とその使用者	800円 （R2.10. 2）	60,446 708,500
特定最低賃金	福　島　県　非　鉄　金　属　製　造　業　最　低　賃　金㉝ 〔H2. 2.19〕 1　適用する使用者 　　福島県の区域内で次に掲げるいずれかの産業を営む使用者 （1）非鉄金属製造業 （2）純粋持株会社（管理する全子会社を通じての主要な経済活動が(1)の産業に分類されるものに限る。） 2　適用する労働者 　　前号の使用者に使用される労働者。ただし、次に掲げる者を除く。 （1）18歳未満又は65歳以上の者 （2）雇入れ後3月未満の者であって、技能習得中のもの （3）清掃、片付けその他これらに準ずる軽易な業務に主として従事する者	866円 （R2.12.18）	76 3,620
	福　島　県計量器・測定器・分析機器・試験機・測量機械器具・理化学機械器具、時計・同部品、眼鏡製造業最低賃金㉛ 〔H2. 2.19〕 1　適用する使用者 　　福島県の区域内で次に掲げるいずれかの産業を営む使用者 （1）計量器・測定器・分析機器・試験機・測量機械器具・理化学機械器具製造業 （2）時計・同部品製造業 （3）眼鏡製造業（枠を含む） （4）(1)から(3)までの産業において管理，補助的経済活動を行う事業所 （5）純粋持株会社（管理する全子会社を通じての主要な経済活動が(1)から(3)までの産業に分類されるものに限る。） 2　適用する労働者 　　前号の使用者に使用される労働者。ただし、次に掲げる者を除く。 （1）18歳未満又は65歳以上の者 （2）雇入れ後3月未満の者であって、技能習得中のもの （3）清掃、片付けその他これらに準ずる軽易な業務に主として従事する者	868円 （R2.12.20）	38 1,730

（注）最低賃金との比較については、7頁の5を参照。

7 ──── 福　島

区　分	最　低　賃　金　件　名 〔新 設 発 効 年 月 日〕 適　　用　　範　　囲	最　低　賃　金 時　間　額 （改正発効年月日）	適用使用者数 適用労働者数（人）
特 定 最 低 賃 金	福島県**電子部品・デバイス・電子回路、電気機械器具、情報通信機械器具製造業**最低賃金㊒ 　　　　　　　　　　　　　　　〔S63.12.20〕 　1　適用する使用者 　　　福島県の区域内で次に掲げるいずれかの産業を営む使用者 　(1)　電子部品・デバイス・電子回路製造業 　(2)　電気機械器具製造業（医療用計測器製造業（心電計製造業を除く。）及び同産業において管理，補助的経済活動を行う事業所を除く。） 　(3)　情報通信機械器具製造業 　(4)　純粋持株会社（管理する全子会社を通じての主要な経済活動が(1)から(3)までの産業に分類されるものに限る。） 　2　適用する労働者 　　　前号の使用者に使用される労働者。ただし、次に掲げる者を除く。 　(1)　18歳未満又は65歳以上の者 　(2)　雇入れ後３月未満の者であって、技能習得中のもの 　(3)　清掃、片付けその他これらに準ずる軽易な業務に主として従事する者 　(4)　小型電動工具若しくは手工具を用いて行う穴あけ、かしめ、巻線、組線、取付け又は小物部品の包装若しくは箱入れの業務に主として従事する者	834円 （R2.12.17）	493 27,390
	福島県**輸送用機械器具製造業**最低賃金㊹ 　　　　　　　　　　　　　　　〔H2. 2.19〕 　1　適用する使用者 　　　福島県の区域内で次に掲げるいずれかの産業を営む使用者 　(1)　輸送用機械器具製造業 　(2)　純粋持株会社（管理する全子会社を通じての主要な経済活動が(1)の産業に分類されるものに限る。） 　2　適用する労働者 　　　前号の使用者に使用される労働者。ただし、次に掲げる者を除く。 　(1)　18歳未満又は65歳以上の者 　(2)　雇入れ後３月未満の者であって、技能習得中のもの 　(3)　清掃、片付けその他これらに準ずる軽易な業務に主として従事する者	870円 （R2.12.12）	141 9,850
	福　島　県　**自　動　車　小　売　業**　最　低　賃　金㊒ 　　　　　　　　　　　　　　　〔H2. 5. 5〕 　1　適用する使用者 　　　福島県の区域内で次に掲げるいずれかの産業を営む使用者 　(1)　自動車小売業（二輪自動車小売業（原動機付自転車を含む）を除く。） 　(2)　(1)の産業において管理，補助的経済活動を行う事業所 　(3)　純粋持株会社（管理する全子会社を通じての主要な経済活動が(1)の産業に分類されるものに限る。） 　2　適用する労働者 　　　前号の使用者に使用される労働者。ただし、次に掲げる者を除く。 　(1)　18歳未満又は65歳以上の者 　(2)　雇入れ後３月未満の者であって、技能習得中のもの 　(3)　清掃、片付けその他これらに準ずる軽易な業務に主として従事する者	868円 （R2.12.24）	883 5,870

区　分	最　低　賃　金　件　名 〔新 設 発 効 年 月 日〕 適　用　範　囲	最 低 賃 金 額 時 間 額（日　額） （改正発効年月日）	適用使用者数 適用労働者数（人）
地域別最低賃金	茨　城　県　最　低　賃　金 〔S47. 8.20〕 茨城県の区域内の事業場で働くすべての労働者とその使用者	851円 （R2.10. 1）	82,406 1,109,800
特　定　最　低　賃　金	茨 城 県 鉄 鋼 業 最 低 賃 金㊯ 〔H2. 5. 7〕 1　適用する使用者 　茨城県の区域内で鉄鋼業又は純粋持株会社（管理する全子会社を通じての主要な経済活動が鉄鋼業に分類されるものに限る。）を営む使用者 2　適用する労働者 　前号の使用者に使用される労働者。ただし、次に掲げる者を除く。 （1）18歳未満又は65歳以上の者 （2）雇入れ後 6 月未満の者であって、技能習得中のもの （3）次に掲げる業務に主として従事する者 　イ　清掃又は片付けの業務 　ロ　手作業による製品の洗浄又は包装の業務	945円 （R2.12.31）	180 9,000
	茨城県はん用機械器具、生産用機械器具、業務用機械器具製造業最低賃金㊯ 〔H12.12.24〕 1　適用する使用者 　茨城県の区域内で次に掲げるいずれかの産業を営む使用者 （1）はん用機械器具製造業 （2）生産用機械器具製造業（建設機械・鉱山機械製造業のうち建設用ショベルトラック製造業、繊維機械製造業（毛糸手編機械製造業（同附属品製造業を含む）を除く。）、包装・荷造機械製造業、ロボット製造業及びこれらの産業において管理，補助的経済活動を行う事業所を除く。） （3）業務用機械器具製造業（計量器・測定器・分析機器・試験機・測量機械器具・理化学機械器具製造業、医療用機械器具・医療用品製造業、光学機械器具・レンズ製造業、武器製造業及びこれらの産業において管理，補助的経済活動を行う事業所を除く。） （4）純粋持株会社（管理する全子会社を通じての主要な経済活動が(1)から(3)まで掲げる産業に分類されるものに限る。） 2　適用する労働者 　前号の使用者に使用される労働者。ただし、次に掲げる者を除く。 （1）18歳未満又は65歳以上の者 （2）雇入れ後 6 月未満の者であって、技能習得中のもの （3）次に掲げる業務に主として従事する者 　イ　清掃、片付け又は賄いの業務 　ロ　手作業による小物部品の包装若しくは箱入れ又は製品の洗浄若しくはバリ取りの業務 　ハ　主に、卓上において操作が容易な手工具又は小型手持電動工具を用いて行う組線、巻線、組付け又は取付けの業務	907円 （R2.12.31）	965 35,490

（注）最低賃金との比較については、 7 頁の 5 を参照。

8 ──── 茨　城

区　分	最　低　賃　金　件　名 〔新 設 発 効 年 月 日〕 適　　用　　範　　囲	最　低　賃　金　額 時　間　額（日　額） （改正発効年月日）	適用使用者数（人） 適用労働者数
特 定 最 低 賃 金	茨城県**計量器・測定器・分析機器・試験機・理化学**機械器具、医療用機械器具・医療用品、光学機械器具・レンズ、電子部品・デバイス・電子回路、電気機械器具、情報通信機械器具、時計・同部分品製造業最低賃金㊙ 　　　　　　　　　　　　　　　　〔H17.12.31〕 　1　適用する使用者 　　茨城県の区域内で次に掲げるいずれかの産業を営む使用者 　（1）計量器・測定器・分析機器・試験機・測量機械器具・理化学機械器具製造業（測量機械器具製造業を除く。） 　（2）医療用機械器具・医療用品製造業 　（3）光学機械器具・レンズ製造業 　（4）電子部品・デバイス・電子回路製造業（音響部品・磁気ヘッド・小形モータ製造業及び当該産業において管理, 補助的経済活動を行う事業所を除く。） 　（5）電気機械器具製造業（電球製造業、一次電池（乾電池, 湿電池）製造業、医療用電子応用装置製造業及びこれらの産業において管理, 補助的経済活動を行う事業所を除く。） 　（6）情報通信機械器具製造業（ラジオ受信機・テレビジョン受信機製造業、その他の通信機械器具・同関連機械器具製造業及びこれらの産業において管理, 補助的経済活動を行う事業所を除く。） 　（7）時計・同部分品製造業 　（8）（1）、（2）、（3）又は（7）に掲げる産業において管理, 補助的経済活動を行う事業所 　（9）純粋持株会社（管理する全子会社を通じての主要な経済活動が（1）から（7）まで掲げる産業に分類されるものに限る。） 　2　適用する労働者 　　前号の使用者に使用される労働者。ただし、次に掲げる者を除く。 　（1）18歳未満又は65歳以上の者 　（2）雇入れ後6月未満の者であって、技能習得中のもの 　（3）次に掲げる業務に主として従事する者 　　イ　清掃、片付け又は賄いの業務 　　ロ　手作業による小物部品の包装若しくは箱入れ又は製品の洗浄若しくはバリ取りの業務 　　ハ　主に、卓上において操作が容易な手工具又は小型手持電動工具を用いて行う組線、巻線、組付け又は取付けの業務	904円 （R2.12.31）	887 36,570
	茨城県**各種商品小売業**最低賃金㊙ 　　　　　　　　　　　　　〔H2. 6.30〕 　1　適用する使用者 　　茨城県の区域内で各種商品小売業又は純粋持株会社（管理する全子会社を通じての主要な経済活動が各種商品小売業に分類されるものに限る。）を営む使用者 　2　適用する労働者 　　前号の使用者に使用される労働者。ただし、次に掲げる者を除く。 　（1）18歳未満又は65歳以上の者 　（2）雇入れ後6月未満の者であって、技能習得中のもの 　（3）清掃又は片付けの業務に主として従事する者	874円 （R2.12.31）	46 5,960

区 分	最　低　賃　金　件　名 〔新設発効年月日〕 適　用　範　囲	最　低　賃　金 時　間　額 （改正発効年月日）	適用使用者数 適用労働者数（人）
地域別最低賃金	**栃　木　県　最　低　賃　金** 〔S47. 5.15〕 栃木県の区域内の事業場で働くすべての労働者とその使用者	854円 （R2.10. 1）	60,497 780,300
特　定　最　低　賃　金	**栃 木 県 塗 料 製 造 業 最 低 賃 金㊡** 〔H4.12.31〕 1　適用する使用者 　栃木県の区域内で塗料製造業、当該産業において管理，補助的経済活動を行う事業所又は純粋持株会社（管理する全子会社を通じての主要な経済活動が塗料製造業に分類されるものに限る。）を営む使用者 2　適用する労働者 　前号の使用者に使用される労働者。ただし、次に掲げる者を除く。 　(1)　18歳未満又は65歳以上の者 　(2)　雇入れ後３月未満の者であって、技能習得中のもの 　(3)　清掃、片付け、賄い又は雑役の業務に主として従事する者	965円 （R2.12.31）	11 930
	栃木県はん用機械器具、生産用機械器具、業務用機械器具製造業最低賃金㊒ 〔H2. 2.10〕 1　適用する使用者 　栃木県の区域内ではん用機械器具製造業、生産用機械器具製造業（建設用ショベルトラック製造業、繊維機械製造業（縫製機械製造業を除く。）及びこれらの産業において管理，補助的経済活動を行う事業所を除く。以下同じ。）、業務用機械器具製造業（計量器・測定器・分析機器・試験機・測量機械器具・理化学機械器具製造業、医療用機械器具・医療用品製造業、光学機械器具・レンズ製造業、武器製造業及びこれらの産業において管理，補助的経済活動を行う事業所を除く。以下同じ。）又は純粋持株会社（管理する全子会社を通じての主要な経済活動がはん用機械器具製造業、生産用機械器具製造業又は業務用機械器具製造業に分類されるものに限る。）を営む使用者 2　適用する労働者 　前号の使用者に使用される労働者。ただし、次に掲げる者を除く。 　(1)　18歳未満又は65歳以上の者 　(2)　雇入れ後６月未満の者であって、技能習得中のもの 　(3)　次に掲げる業務（これらの業務のうち流れ作業の中で行う業務を除く。）に主として従事する者 　　イ　清掃、片付け、賄い又は雑役の業務 　　ロ　手作業により又は手工具若しくは小型手持動力機を用いて行う熟練を要しない穴あけ、かしめ、曲げ又は電線の切り・被覆のはく離・組線・結束・組付けの業務	913円 （R2.12.31）	790 17,160

（注）最低賃金との比較については、7頁の5を参照。

◆9 ──── 栃 木

区 分	最 低 賃 金 件 名 〔新 設 発 効 年 月 日〕 適 用 範 囲	最 低 賃 金 時 間 額 （改正発効年月日）	適用使用者数 適用労働者数（人）
特 定 最 低 賃 金	栃木県**計量器・測定器・分析機器・試験機・測量機械器具製造業、医療用機械器具・医療用品製造業、光学機械器具・レンズ製造業、医療用計測器製造業、時計・同部分品製造業**最低賃金㊂ 〔S63.12.21〕 1 適用する使用者 　栃木県の区域内で計量器・測定器・分析機器・試験機・測量機械器具・理化学機械器具製造業（理化学機械器具製造業を除く。以下同じ。）、医療用機械器具・医療用品製造業、光学機械器具・レンズ製造業、医療用計測器製造業（心電計製造業を除く。以下同じ。）、時計・同部分品製造業、これらの産業において管理，補助的経済活動を行う事業所又は純粋持株会社（管理する全子会社を通じての主要な経済活動が計量器・測定器・分析機器・試験機・測量機械器具・理化学機械器具製造業、医療用機械器具・医療用品製造業、光学機械器具・レンズ製造業、医療用計測器製造業又は時計・同部分品製造業に分類されるものに限る。）を営む使用者 2 適用する労働者 　前号の使用者に使用される労働者。ただし、次に掲げる者を除く。 （1）18歳未満又は65歳以上の者 （2）雇入れ後6月未満の者であって、技能習得中のもの （3）次に掲げる業務（これらの業務のうち流れ作業の中で行う業務を除く。）に主として従事する者 　イ　清掃、片付け、賄い又は雑役の業務 　ロ　手作業により又は手工具若しくは小型手持動力機を用いて行う熟練を要しない簡易な組立て、穴あけ、かしめ、曲げ、バリ取り又は電線の切り・被覆のはく離・組線・巻線・結束の業務 　ハ　目視による部品の選別又は検査の業務 　ニ　手作業による小物部品の包装、袋詰め、箱詰め又は運搬の業務	912円 （R2.12.31）	188 7,610
	栃木県**電子部品・デバイス・電子回路、電気機械器具、情報通信機械器具製造業**最低賃金㊡ 〔S63.12.21〕 1 適用する使用者 　栃木県の区域内で電子部品・デバイス・電子回路製造業、電気機械器具製造業（電池製造業、電気計測器製造業、その他の電気機械器具製造業及びこれらの産業において管理，補助的経済活動を行う事業所を除く。以下同じ。）、情報通信機械器具製造業又は純粋持株会社（管理する全子会社を通じての主要な経済活動が電子部品・デバイス・電子回路製造業、電気機械器具製造業又は情報通信機械器具製造業に分類されるものに限る。）を営む使用者 2 適用する労働者 　前号の使用者に使用される労働者。ただし、次に掲げる者を除く。 （1）18歳未満又は65歳以上の者 （2）雇入れ後6月未満の者であって、技能習得中のもの （3）次に掲げる業務（これらの業務のうち流れ作業の中で行う業務を除く。）に主として従事する者 　イ　清掃、片付け、賄い又は雑役の業務 　ロ　手作業により又は手工具若しくは小型手持動力機を用いて行う熟練を要しない簡易な組立て、穴あけ、かしめ、曲げ、バリ取り又は電線の切り・被覆のはく離・組線・巻線・結束の業務 　ハ　目視による部品の選別又は検査の業務 　ニ　手作業による小物部品の包装、袋詰め、箱詰め又は運搬の業務	913円 （R2.12.31）	374 16,640

栃　木 ──── 9

区分	最 低 賃 金 件 名 〔新 設 発 効 年 月 日〕 適 用 範 囲	最 低 賃 金 時 間 額 （改正発効年月日）	適用使用者数（人） 適用労働者数
特 定 最 低 賃 金	**栃 木 県 自動車・同附属品製造業 最低賃金**㊂ 　　　　　　　　　　　〔H2. 2.10〕 1　適用する使用者 　栃木県の区域内で自動車・同附属品製造業、当該産業において管理，補助的経済活動を行う事業所又は純粋持株会社（管理する全子会社を通じての主要な経済活動が自動車・同附属品製造業に分類されるものに限る。）を営む使用者 2　適用する労働者 　前号の使用者に使用される労働者。ただし、次に掲げる者を除く。 　(1) 18歳未満又は65歳以上の者 　(2) 雇入れ後6月未満の者であって、技能習得中のもの 　(3) 次に掲げる業務（これらの業務のうち流れ作業の中で行う業務を除く。）に主として従事する者 　　イ　清掃、片付け、賄い又は雑役の業務 　　ロ　手作業により又は手工具若しくは小型手持動力機を用いて行う熟練を要しない穴あけ、かしめ又は電線の切り・被覆のはく離・組線・巻線・結束・組立ての業務 　　ハ　目視による部品の選別又は検査の業務 　　ニ　手作業による小物部品の包装、袋詰め又は箱詰めの業務	920円 （R2.12.31）	325 22,000
	栃 木 県 各 種 商 品 小 売 業 最 低 賃 金㊂ 　　　　　　　　　　　〔H2. 5.24〕 1　適用する使用者 　栃木県の区域内で各種商品小売業又は純粋持株会社（管理する全子会社を通じての主要な経済活動が各種商品小売業に分類されるものに限る。）を営む使用者 2　適用する労働者 　前号の使用者に使用される労働者。ただし、次に掲げる者を除く。 　(1) 18歳未満又は65歳以上の者 　(2) 雇入れ後3月未満の者であって、技能習得中のもの 　(3) 清掃、片付け、賄い又は雑役の業務に主として従事する者	874円 （R2.12.31）	28 5,060

（注）最低賃金との比較については、7頁の5を参照。

⑩ ──── 群　馬

区分	最　低　賃　金　件　名 〔新　設　発　効　年　月　日〕 適　用　範　囲	最　低　賃　金 時　間　額 （改正発効年月日）	適用使用者数（人） 適用労働者数
地域別最低賃金	**群　馬　県　最　低　賃　金** 〔S48. 4.11〕 群馬県の区域内の事業場で働くすべての労働者とその使用者	837円 （R2.10. 3）	61,952 794,900
特定最低賃金	**群馬県製鋼・製鋼圧延業、鉄素形材製造業**最低賃金㊝ 〔H3. 3.14〕 1　適用する使用者 　　群馬県の区域内で製鋼・製鋼圧延業、鉄素形材製造業（銑鉄鋳物製造業（鋳鉄管，可鍛鋳鉄を除く）及び可鍛鋳鉄製造業を除く。以下同じ。）、これらの産業において管理，補助的経済活動を行う事業所又は純粋持株会社（管理する全子会社を通じての主要な経済活動が製鋼・製鋼圧延業又は鉄素形材製造業に分類されるものに限る。）を営む使用者 2　適用する労働者 　　前号の使用者に使用される労働者。ただし、次に掲げる者を除く。 （1）18歳未満又は65歳以上の者 （2）雇入れ後6月未満の者であって、技能習得中のもの （3）清掃、片付け又は賄いの業務に主として従事する者 （4）次に掲げる業務に主として従事する者 　　　手作業により又は手工具若しくは小型手持動力機を用いて行うバリ取り、選別、袋詰め、表示、検数、秤量その他これらに準ずる軽易な業務	921円 （R2.12.31）	16 1,670
	群馬県ポンプ・圧縮機器、一般産業用機械・装置、その他のはん用機械・同部分品、金属加工機械、その他の生産用機械・同部分品、事務用機械器具、サービス用・娯楽用機械器具製造業最低賃金㊙ 〔H2. 3.31〕 1　適用する使用者 　　群馬県の区域内でポンプ・圧縮機器製造業、一般産業用機械・装置製造業、その他のはん用機械・同部分品製造業、建設機械・鉱山機械製造業のうち建設用クレーン製造業、縫製機械製造業のうち毛糸手編機械製造業（同附属品製造業を含む）、包装・荷造機械製造業、化学機械・同装置製造業、金属加工機械製造業、その他の生産用機械・同部分品製造業（真空装置・真空機器製造業（真空ポンプ製造業を除く。）及び他に分類されない生産用機械・同部分品製造業を除く。以下同じ。）、事務用機械器具製造業、サービス用・娯楽用機械器具製造業、これらの産業において管理，補助的経済活動を行う事業所又は純粋持株会社（管理する全子会社を通じての主要な経済活動がポンプ・圧縮機器製造業、一般産業用機械・装置製造業、その他のはん用機械・同部分品製造業、建設機械・鉱山機械製造業のうち建設用クレーン製造業、縫製機械製造業のうち毛糸手編機械製造業（同附属品製造業を含む）、包装・荷造機械製造業、化学機械・同装置製造業、金属加工機械製造業、その他の生産用機械・同部分品製造業、事務用機械器具製造業又はサービス用・娯楽用機械器具製造業に分類されるものに限る。）を営む使用者 2　適用する労働者 　　前号の使用者に使用される労働者。ただし、次に掲げる者を除く。 （1）18歳未満又は65歳以上の者 （2）雇入れ後6月未満の者であって、技能習得中のもの （3）清掃、片付け又は賄いの業務に主として従事する者 （4）次に掲げる業務に主として従事する者 　　イ　手作業により又は手工具若しくは小型動力機を用い	910円 （R2.12.31）	876 16,350

群　馬━━━━◆10◆

区　分	最　低　賃　金　件　名 〔新　設　発　効　年　月　日〕 適　用　範　囲	最　低　賃　金 時　間　額 （改正発効年月日）	適用使用者数 適用労働者数（人）
特 定 最 低 賃 金	て行う組線、巻線、かしめ、取付け、組付け、はんだ付け、バリ取り、選別、袋詰め、箱入れ又は箱詰めの業務 ロ　手作業による包装、洗浄、レッテルはり、検数、秤量、部品の差し、曲げ又は切りの業務 ハ　軽易な運搬、工具又は部品の整理その他これらに準ずる軽易な業務		
	群馬県電子部品・デバイス・電子回路、電気機械器具、情報通信機械器具製造業最低賃金⑳ 〔H1. 3.31〕 1　適用する使用者 　群馬県の区域内で電子部品・デバイス・電子回路製造業、電気機械器具製造業（電球製造業、電池製造業、医療用計測器製造業（心電計製造業を除く。）、その他の電気機械器具製造業及びこれらの補助的経済活動を行う事業所を除く。以下同じ。）、情報通信機械器具製造業又は純粋持株会社（管理する全子会社を通じての主要な経済活動が電子部品・デバイス・電子回路製造業、電気機械器具製造業又は情報通信機械器具製造業に分類されるものに限る。）を営む使用者 2　適用する労働者 　前号の使用者に使用される労働者。ただし、次に掲げる者を除く。 (1)　18歳未満又は65歳以上の者 (2)　雇入れ後6月未満の者であって、技能習得中のもの (3)　清掃、片付け又は賄いの業務に主として従事する者 (4)　次に掲げる業務に主として従事する者 　イ　手作業により又は手工具若しくは小型動力機を用いて行う組線、巻線、かしめ、取付け、組付け、はんだ付け、バリ取り、選別、袋詰め、箱入れ又は箱詰めの業務 　ロ　軽易な運搬、工具又は部品の整理その他これらに準ずる軽易な業務	910円 （R2.12.31）	603 19,210
	群馬県輸送用機械器具製造業最低賃金⑳ 〔H2. 3.31〕 1　適用する使用者 　群馬県の区域内で建設機械・鉱山機械製造業のうち建設用ショベルトラック製造業、当該産業において管理，補助的経済活動を行う事業所、輸送用機械器具製造業又は純粋持株会社（管理する全子会社を通じての主要な経済活動が建設機械・鉱山機械製造業のうち建設用ショベルトラック製造業又は輸送用機械器具製造業に分類されるものに限る。）を営む使用者 2　適用する労働者 　前号の使用者に使用される労働者。ただし、次に掲げる者を除く。 (1)　18歳未満又は65歳以上の者 (2)　雇入れ後6月未満の者であって、技能習得中のもの (3)　清掃、片付け又は賄いの業務に主として従事する者 (4)　次に掲げる業務に主として従事する者 　イ　手作業により又は手工具若しくは小型動力機を用いて行う組線、巻線、かしめ、取付け、組付け、はんだ付け、バリ取り、選別、袋詰め、箱入れ又は箱詰めの業務 　ロ　手作業による包装、洗浄、レッテルはり、検数、秤量、部品の差し、曲げ又は切りの業務 　ハ　軽易な運搬、工具又は部品の整理その他これらに準ずる軽易な業務	910円 （R2.12.31）	741 41,650

（注）最低賃金との比較については、7頁の5を参照。

⑪ ─── 埼 玉

区 分	最 低 賃 金 件 名 〔新 設 発 効 年 月 日〕 適 用 範 囲	最 低 賃 金 時 間 額 （改正発効年月日）	適用使用者数 適用労働者数（人）
地域別最低賃金	**埼 玉 県 最 低 賃 金** 〔S47. 8.14〕 埼玉県の区域内の事業場で働くすべての労働者とその使用者	928円 （R2.10. 1)	174,399 2,319,100
特 定 最 低 賃 金	**埼玉県非鉄金属製造業**最低賃金㊢ 〔H2. 3.30〕 1　適用する使用者 　　埼玉県の区域内で非鉄金属製造業（非鉄金属第1次製錬・精製業、非鉄金属素形材製造業、その他の非鉄金属製造業及びこれらの産業において管理，補助的経済活動を行う事業所を除く。以下同じ。）又は純粋持株会社（管理する全子会社を通じての主要な経済活動が非鉄金属製造業に分類されるものに限る。）を営む使用者 2　適用する労働者 　　前号の使用者に使用される労働者。ただし、次に掲げる者を除く。 　(1) 18歳未満又は65歳以上の者 　(2) 雇入れ後3月未満の者であって、技能習得中のもの 　(3) 次に掲げる業務に主として従事する者 　　イ　清掃又は片付けの業務 　　ロ　手作業による包装、袋詰め、箱詰め又は運搬の業務	948円 （R2.12. 1)	164 4,890
	埼玉県光学機械器具・レンズ、時計・同部分品製造業最低賃金㊢ 〔H7.12.15〕 1　適用する使用者 　　埼玉県の区域内で光学機械器具・レンズ製造業、時計・同部分品製造業、これらの産業において管理，補助経済活動を行う事業所又は純粋持株会社（管理する全子会社を通じての主要な経済活動が光学機械器具・レンズ製造業又は時計・同部分品製造業に分類されるものに限る。）を営む使用者 2　適用する労働者 　　前号の使用者に使用される労働者。ただし、次に掲げる者を除く。 　(1) 18歳未満又は65歳以上の者 　(2) 雇入れ後3月未満の者であって、技能習得中のもの 　(3) 次に掲げる業務に主として従事する者 　　イ　清掃又は片付けの業務 　　ロ　手作業による包装、袋詰め、箱詰め又は運搬の業務	963円 （R2.12. 1)	145 3,360
	埼玉県電子部品・デバイス・電子回路、電気機械器具、情報通信機械器具製造業最低賃金㊢ 〔H2. 3.10〕 1　適用する使用者 　　埼玉県の区域内で電子部品・デバイス・電子回路製造業、電気機械器具製造業（医療用計測器製造業（心電計製造業を除く。）及び当該産業において管理，補助的経済活動を行う事業所を除く。以下同じ。）、情報通信機械器具製造業又は純粋持株会社（管理する全子会社を通じての主要な経済活動が電子部品・デバイス・電子回路製造業、電気機械器具製造業又は情報通信機械器具製造業に分類されるものに限る。）を営む使用者	954円 （R2.12. 1)	1,348 34,130

埼　玉────◆**11**

区分	最　低　賃　金　件　名 〔新 設 発 効 年 月 日〕 適　　用　　範　　囲	最　低　賃　金 時　間　額 （改正発効年月日）	適用使用者数 適用労働者数（人）
	2　適用する労働者 　　前号の使用者に使用される労働者。ただし、次に掲げる者を除く。 　（1）18歳未満又は65歳以上の者 　（2）雇入れ後3月未満の者であって、技能習得中のもの 　（3）次に掲げる業務に主として従事する者 　　イ　清掃又は片付けの業務 　　ロ　手作業による包装、袋詰め、箱詰め又は運搬の業務		
特 定 最 低 賃 金	埼 玉 県 **輸送用機械器具製造業** 最 低 賃 金㊓ 　　　　　　　　　　　　　　　〔H2.3.18〕 1　適用する使用者 　　埼玉県の区域内で輸送用機械器具製造業（産業用運搬車両・同部分品・附属品製造業、その他の輸送用機械器具製造業（自転車・同部分品製造業を除く。）及びこれらの産業において管理，補助的経済活動を行う事業所を除く。以下同じ。）又は純粋持株会社（管理する全子会社を通じての主要な経済活動が輸送用機械器具製造業に分類されるものに限る。）を営む使用者 2　適用する労働者 　　前号の使用者に使用される労働者。ただし、次に掲げる者を除く。 　（1）18歳未満又は65歳以上の者 　（2）雇入れ後3月未満の者であって、技能習得中のもの 　（3）次に掲げる業務に主として従事する者 　　イ　清掃又は片付けの業務 　　ロ　手作業による包装、袋詰め、箱詰め又は運搬の業務	966円 （R2.12.1）	807 45,500
	埼 玉 県 **各 種 商 品 小 売 業** 最 低 賃 金㊓ 　　　　　　　　　　　　　　　〔H2.3.25〕 1　適用する使用者 　　埼玉県の区域内で各種商品小売業又は純粋持株会社（管理する全子会社を通じての主要な経済活動が各種商品小売業に分類されるものに限る。）を営む使用者 2　適用する労働者 　　前号の使用者に使用される労働者。ただし、次に掲げる者を除く。 　（1）18歳未満又は65歳以上の者 　（2）雇入れ後3月未満の者であって、技能習得中のもの 　（3）清掃又は片付けの業務に主として従事する者	849円　→　㊨ （H28.12.1）	146 18,880
	埼 玉 県 **自 動 車 小 売 業** 最 低 賃 金㊖ 　　　　　　　　　　　　　　　〔H2.3.28〕 1　適用する使用者 　　埼玉県の区域内で自動車小売業（二輪自動車小売業（原動機付自転車を含む）を除く。以下同じ。）、当該産業において管理，補助的経済活動を行う事業所又は純粋持株会社（管理する全子会社を通じての主要な経済活動が自動車小売業に分類されるものに限る。）を営む使用者 2　適用する労働者 　　前号の使用者に使用される労働者。ただし、次に掲げる者を除く。 　（1）18歳未満又は65歳以上の者 　（2）雇入れ後3月未満の者であって、技能習得中のもの 　（3）清掃又は片付けの業務に主として従事する者	962円 （R2.12.1）	2,134 16,580

（注）最低賃金との比較については、7頁の5を参照。

◆12◆————千　葉

区分	最　低　賃　金　件　名 〔新　設　発　効　年　月　日〕 適　用　範　囲	最　低　賃　金 時　間　額 （改正発効年月日）	適用使用者数（人） 適用労働者数
地域別最低賃金	千　葉　県　最　低　賃　金 〔S48. 3.21〕 千葉県の区域内の事業場で働くすべての労働者とその使用者	925円 （R2.10. 1）	140,172 1,926,900
特　定　最　低　賃　金	千　葉　県　調味料製造業　最　低　賃　金㉛ 〔H3. 3.31〕 1　適用する使用者 　千葉県の区域内で調味料製造業（味そ製造業を除く。以下同じ。）、当該産業において管理，補助的経済活動を行う事業所又は純粋持株会社（管理する全子会社を通じての主要な経済活動が調味料製造業に分類されるものに限る。）を営む使用者 2　適用する労働者 前号の使用者に使用される労働者。ただし、次に掲げる者を除く。 　(1)　18歳未満又は65歳以上の者 　(2)　雇入れ後 6 月未満の者であって、技能習得中のもの 　(3)　清掃又は片付けの業務に主として従事する者	889円　→㉞ （H29.12.25）	45 3,480
	千　葉　県　鉄　鋼　業　最　低　賃　金㈾ 〔H2.12. 6〕 1　適用する使用者 　千葉県の区域内で鉄鋼業又は純粋持株会社（管理する全子会社を通じての主要な経済活動が鉄鋼業に分類されるものに限る。）を営む使用者 2　適用する労働者 前号の使用者に使用される労働者。ただし、次に掲げる者を除く。 　(1)　18歳未満又は65歳以上の者 　(2)　雇入れ後 6 月未満の者であって、技能習得中のもの 　(3)　清掃又は片付けの業務に主として従事する者	995円 （R2.12.25）	296 14,980

千　葉 ―――― 12

区分	最低賃金件名 〔新設発効年月日〕 適用範囲	最低賃金 時間額 （改正発効年月日）	適用使用者数 適用労働者数（人）
特定最低賃金	**千葉県はん用機械器具、生産用機械器具製造業**最低賃金(公) 〔H2. 3.25〕 1　適用する使用者 千葉県の区域内ではん用機械器具製造業（家庭用エレベータ製造業、冷凍機・温湿調整装置製造業、その他のはん用機械・同部分品製造業（他に分類されないはん用機械・装置製造業を除く。）及びこれらの産業において管理，補助的経済活動を行う事業所を除く。以下同じ。)、生産用機械器具製造業（建設機械・鉱山機械製造業のうち建設用ショベルトラック製造業、縫製機械製造業のうち毛糸手編機械製造業、生活関連産業用機械製造業のうち包装・荷造機械製造業、金属用金型・同部分品・附属品製造業、非金属用金型・同部分品・附属品製造業、ロボット製造業及びこれらの産業において管理，補助的経済活動を行う事業所を除く。以下同じ。）又は純粋持株会社（管理する全子会社を通じての主要な経済活動がはん用機械器具製造業又は生産用機械器具製造業に分類されるものに限る。）を営む使用者 2　適用する労働者 前号の使用者に使用される労働者。ただし、次に掲げる者を除く。 (1) 18歳未満又は65歳以上の者 (2) 雇入れ後６月未満の者であって、技能習得中のもの (3) 次に掲げる業務に主として従事する者 イ　手作業による又は手工具若しくは小型動力工具を用いて行うかす取り、バリ取り、かしめ、選別、検数、さび止め又はマスキングの業務 ロ　手作業による又は手工具を用いて行う包装、袋詰め、箱詰め又はレッテルはりの業務 ハ　軽易な運搬、工具又は部品の整理、賄いその他これらに準ずる軽易な業務	922円 → (地) (H30.12.25)	676 12,990
	千葉県計量器・測定器・分析機器・試験機・測量機械器具・理化学機械器具製造業、医療用機械器具・医療用品製造業、光学機械器具・レンズ製造業、時計・同部分品製造業、眼鏡製造業最低賃金(公) 〔H1. 1.27〕 1　適用する使用者 千葉県の区域内で計量器・測定器・分析機器・試験機・測量機械器具・理化学機械器具製造業、医療用機械器具・医療用品製造業、光学機械器具・レンズ製造業、時計・同部分品製造業、眼鏡製造業（枠を含む)、これらの産業において管理，補助的経済活動を行う事業所又は純粋持株会社（管理する全子会社を通じての主要な経済活動が計量器・測定器・分析機器・試験機・測量機械器具・理化学機械器具製造業、医療用機械器具・医療用品製造業、光学機械器具・レンズ製造業、時計・同部分品製造業又は眼鏡製造業（枠を含む）に分類されるものに限る。）を営む使用者 2　適用する労働者 前号の使用者に使用される労働者。ただし、次に掲げる者を除く。 (1) 18歳未満又は65歳以上の者 (2) 雇入れ後６月未満の者であって、技能習得中のもの (3) 清掃又は片付けの業務に主として従事する者 (4) 次に掲げる業務に主として従事する者 イ　主として部品の組立て又は加工業務のうち、手作業による又は手工具若しくは小型電動工具、操作が容易な小型機械を用いて行うかえり取り、バリ取り、かしめ、組線、巻線、取り付けの業務 ロ　手作業による袋詰め、包装、箱入れの業務	887円 → (地) (H29.12.25)	126 2,070

（注）最低賃金との比較については、７頁の５を参照。

12 ──── 千 葉

区分	最 低 賃 金 件 名 〔新設発効年月日〕 適 用 範 囲	最 低 賃 金 時 間 額 （改正発効年月日）	適用使用者数 適用労働者数（人）
特 定 最 低 賃 金	千葉県**電子部品・デバイス・電子回路、電気機械器具、情報通信機械器具製造業**最低賃金㋰ 〔H1. 1.27〕 1　適用する使用者 　　千葉県の区域内で電子部品・デバイス・電子回路製造業、電気機械器具製造業（電球・電気照明器具製造業、電気計測器製造業及びこれらの産業において管理, 補助的経済活動を行う事業所を除く。以下同じ。）、情報通信機械器具製造業又は純粋持株会社（管理する全子会社を通じての主要な経済活動が電子部品・デバイス・電子回路製造業、電気機械器具製造業又は情報通信機械器具製造業に分類されるものに限る。）を営む使用者 2　適用する労働者 　　前号の使用者に使用される労働者。ただし、次に掲げる者を除く。 　(1)　18歳未満又は65歳以上の者 　(2)　雇入れ後6月未満の者であって、技能習得中のもの 　(3)　清掃又は片付けの業務に主として従事する者 　(4)　次に掲げる業務に主として従事する者 　　イ　主として手作業による又は手工具若しくは小型電動工具、操作が容易な小型機械を用いて行う部品の組み立てのうち、組線、巻線、端末処理、はんだ付け、取付け、穴あけ、みがき、刻印打ち、かしめ、バリ取り、材料の送給、選別の業務 　　ロ　塗油、検品の業務 　　ハ　手作業による袋詰め、包装の業務 　　ニ　軽易な運搬、部品等の整理、賄い等の雑役業務	954円 （R2.12.25）	315 13,820
	千 葉 県 **各 種 商 品 小 売 業** 最 低 賃 金 ㋐ 〔H2. 3.23〕 1　適用する使用者 　　千葉県の区域内で各種商品小売業又は純粋持株会社（管理する全子会社を通じての主要な経済活動が各種商品小売業に分類されるものに限る。）を営む使用者 2　適用する労働者 　　前号の使用者に使用される労働者。ただし、次に掲げる者を除く。 　(1)　18歳未満又は65歳以上の者 　(2)　雇入れ後6月未満の者であって、技能習得中のもの 　(3)　清掃又は片付けの業務に主として従事する者	848円　→ ㋓ （H28.12.25）	120 20,760
	千 葉 県 **自 動 車 （新 車） 小 売 業** 最 低 賃 金 ㋐ 〔H2. 3.24〕 1　適用する使用者 　　千葉県の区域内で自動車（新車）小売業、当該産業において管理, 補助的経済活動を行う事業所又は純粋持株会社（管理する全子会社を通じての主要な経済活動が自動車（新車）小売業に分類されるものに限る。）を営む使用者 2　適用する労働者 　　前号の使用者に使用される労働者。ただし、次に掲げる者を除く。 　(1)　18歳未満又は65歳以上の者 　(2)　雇入れ後6月未満の者であって、技能習得中のもの 　(3)　清掃又は片付けの業務に主として従事する者	922円　→ ㋓ （H30.12.25）	788 10,130

東　　京 ────── ⑬

区　分	最　低　賃　金　件　名 〔新 設 発 効 年 月 日〕 適　用　範　囲	最　低　賃　金 時　間　額 （改正発効年月日）	適用使用者数 適用労働者数（人）
地域別最低賃金	東　京　都　最　低　賃　金 〔S48.12. 1〕 東京都の区域内の事業場で働くすべての労働者とその使用者	1,013円 （R1.10. 1）	476,638 8,300,500
特定最低賃金	東　京　都　鉄　鋼　業　最　低　賃　金㊟ 〔H3. 4.21〕 1　適用する使用者 　東京都の区域内で鉄鋼業又は純粋持株会社（管理する全子会社を通じての主要な経済活動が鉄鋼業に分類されるものに限る。）を営む使用者 2　適用する労働者 　前号の使用者に使用される労働者。ただし、次に掲げる者を除く。 （1）18歳未満又は65歳以上の者 （2）雇入れ後1年未満の者であって、技能習得中のもの （3）清掃又は片付けの業務に主として従事する者	871円　→㊟ （H26. 3.23）	353 6,410
	東京都はん用機械器具、生産用機械器具製造業最低賃金㊟ 〔H3. 3.30〕 1　適用する使用者 　東京都の区域内でポンプ・圧縮機器製造業、一般産業用機械・装置製造業（家庭用エレベータ製造業及び冷凍機・温湿調整装置製造業を除く。以下同じ。）、他に分類されないはん用機械・装置製造業、建設機械・鉱山機械製造業のうち建設用クレーン製造業、化学機械・同装置製造業、真空装置・真空機器製造業、これらの産業において管理，補助的経済活動を行う事業所又は純粋持株会社（管理する全子会社を通じての主要な経済活動がポンプ・圧縮機器製造業、一般産業用機械・装置製造業、他に分類されないはん用機械・装置製造業、建設機械・鉱山機械製造業のうち建設用クレーン製造業、化学機械・同装置製造業又は真空装置・真空機器製造業に分類されるものに限る。）を営む使用者 2　適用する労働者 　前号の使用者に使用される労働者。ただし、次に掲げる者を除く。 （1）18歳未満又は65歳以上の者 （2）雇入れ後6月未満の者であって、技能習得中のもの （3）清掃又は片付けの業務に主として従事する者	832円　→㊟ （H22.12.31）	879 11,230

（注）最低賃金との比較については、7頁の5を参照。

◆13 ── 東　京

区分	最　低　賃　金　件　名 〔新設発効年月日〕 適　用　範　囲	最　低　賃　金 時　間　額 （改正発効年月日）	適用使用者数 適用労働者数（人）
特定最低賃金	東京都**業務用機械器具、電気機械器具、情報通信機械器具、時計・同部分品、眼鏡製造業**最低賃金㊡ 〔H1.3.29〕 1　適用する使用者 　東京都の区域内で時計・同部分品製造業（時計側製造業を除く。以下同じ。）、眼鏡製造業（枠を含む）、これらの産業において管理，補助的経済活動を行う事業所、業務用機械器具製造業（事務用機械器具製造業、サービス用・娯楽用機械器具製造業、映画用機械・同附属品製造業、光学機械用レンズ・プリズム製造業、武器製造業及びこれらの産業において管理，補助的経済活動を行う事業所を除く。以下同じ。）、電子部品・デバイス・電子回路製造業（集積回路製造業又は光ディスク・磁気ディスク・磁気テープ製造業に限る。以下同じ。）、電気機械器具製造業（電気溶接機製造業、電球製造業、電池製造業、その他の電気機械器具製造業及びこれらの産業において管理，補助的経済活動を行う事業所を除く。以下同じ。）、情報通信機械器具製造業（ラジオ受信機・テレビジョン受信機製造業、交通信号保安装置製造業、その他の通信機械器具・同関連機械器具製造業及びこれらの産業において管理，補助的経済活動を行う事業所を除く。以下同じ。）又は純粋持株会社（管理する全子会社を通じての主要な経済活動が時計・同部分品製造業、眼鏡製造業（枠を含む）、業務用機械器具製造業、電子部品・デバイス・電子回路製造業、電気機械器具製造業又は情報通信機械器具製造業に分類されるものに限る。）を営む使用者 2　適用する労働者 　前号の使用者に使用される労働者。ただし、次に掲げる者を除く。 （1）18歳未満又は65歳以上の者 （2）雇入れ後6月未満の者であって、技能習得中のもの （3）次に掲げる業務に主として従事する者 　イ　清掃又は片付けの業務 　ロ　手作業により又は手工具若しくは小型電動機械（卓上又は手持式で使用するものに限る。）を用いて行う巻線、組線、かしめ、取付け、組立て、刻印、磨き、選別、検査、包装、袋詰め、箱詰め又は洗浄の業務	829円　→　㊩ （H22.12.31）	3,424 48,510
金	東京都**自動車・同附属品製造業、船舶製造・修理業，舶用機関製造業、航空機・同附属品製造業**最低賃金㊡ 〔H3.3.30〕 1　適用する使用者 　東京都の区域内で自動車・同附属品製造業、船舶製造・修理業，舶用機関製造業、航空機・同附属品製造業、これらの産業において管理，補助的経済活動を行う事業所又は純粋持株会社（管理する全子会社を通じての主要な経済活動が自動車・同附属品製造業、船舶製造・修理業，舶用機関製造業又は航空機・同附属品製造業に分類されるものに限る。）を営む使用者 2　適用する労働者 　前号の使用者に使用される労働者。ただし、次に掲げる者を除く。 （1）18歳未満又は65歳以上の者 （2）雇入れ後6月未満の者であって、技能習得中のもの （3）清掃又は片付けの業務に主として従事する者	838円　→　㊩ （H24.2.18）	580 29,790

神奈川──────⑭

区　分	最　低　賃　金　件　名 〔新設発効年月日〕 適　用　範　囲	最　低　賃　金 時　間　額 （改正発効年月日）	適用使用者数 適用労働者数（人）
地域別最低賃金	神　奈　川　県　最　低　賃　金 〔S47.10. 1〕 神奈川県の区域内の事業場で働くすべての労働者とその使用者	1,012円 （R2.10. 1）	215,048 3,169,600
特 定 最 低 賃 金	神　奈　川　県　塗料製造業　最　低　賃　金㋲ 〔H2. 5.16〕 1　適用する使用者 　　神奈川県の区域内で塗料製造業、当該産業において管理,補助的経済活動を行う事業所又は純粋持株会社（管理する全子会社を通じての主要な経済活動が塗料製造業に分類されるものに限る。）を営む使用者 2　適用する労働者 　　前号の使用者に使用される労働者。ただし、次に掲げる者を除く。 　(1)　18歳未満又は65歳以上の者 　(2)　雇入れ後 6 月未満の者であって、技能習得中のもの 　(3)　次に掲げる業務に主として従事する者 　　イ　清掃又は片付けの業務 　　ロ　ラベルはりの業務 　　ハ　手作業による空き缶及びふたの取りそろえ並びに充てんラインへの送給、包装、箱詰め、袋詰め、こん包又は18リットル缶未満の充てん製品運搬の業務	894円　→ ㋓ （H27. 3. 1）	19 1,230
	神　奈　川　県　鉄　鋼　業　最　低　賃　金㋲ 〔H2. 6.21〕 1　適用する使用者 　　神奈川県の区域内で鉄鋼業又は純粋持株会社（管理する全子会社を通じての主要な経済活動が鉄鋼業に分類されるものに限る。）を営む使用者 2　適用する労働者 　　前号の使用者に使用される労働者。ただし、次に掲げる者を除く。 　(1)　18歳未満又は65歳以上の者 　(2)　雇入れ後 6 月未満の者であって、技能習得中のもの 　(3)　清掃、片付けその他これらに準ずる軽易な業務に主として従事する者	874円　→ ㋓ （H26. 3.15）	226 7,670
	神奈川県非鉄金属・同合金圧延業、電線・ケーブル製造業最低賃金㋲ 〔H2. 7.25〕 1　適用する使用者 　　神奈川県の区域内で非鉄金属・同合金圧延業、電線・ケーブル製造業、これらの産業において管理,補助的経済活動を行う事業所又は純粋持株会社（管理する全子会社を通じての主要な経済活動が非鉄金属・同合金圧延業又は電線・ケーブル製造業に分類されるものに限る。）を営む使用者 2　適用する労働者 　　前号の使用者に使用される労働者。ただし、次に掲げる者を除く。 　(1)　18歳未満又は65歳以上の者 　(2)　雇入れ後 6 月未満の者であって、技能習得中のもの 　(3)　清掃、片付けその他これらに準ずる軽易な業務に主として従事する者 　(4)　手作業により又は手工具若しくは操作が容易な小型動力機を用いて行う巻線、組線、取付け、選別、検査等の業務に主として従事する者	821円　→ ㋓ （H22.12.20）	78 3,730

（注）最低賃金との比較については、7 頁の 5 を参照。

14 ——— 神奈川

区分	最低賃金件名 〔新設発効年月日〕 適用範囲	最低賃金時間額 （改正発効年月日）	適用使用者数 適用労働者数（人）
特定最低賃金	神奈川県**ボイラ・原動機、ポンプ・圧縮機器、一般産業用機械・装置、建設機械・鉱山機械、金属加工機械製造業**最低賃金㊝ 〔H2. 5.12〕 1　適用する使用者 　神奈川県の区域内で次に掲げるいずれかの産業を営む使用者 　(1)　ボイラ・原動機製造業 　(2)　ポンプ・圧縮機器製造業 　(3)　一般産業用機械・装置製造業（家庭用エレベータ製造業及び冷凍機・温湿調整装置製造業を除く。） 　(4)　他に分類されないはん用機械・装置製造業 　(5)　農業用機械製造業（農業用器具を除く）のうち農業用トラクタ製造業 　(6)　建設機械・鉱山機械製造業（建設用ショベルトラック製造業を除く。） 　(7)　化学機械・同装置製造業 　(8)　金属加工機械製造業 　(9)　真空装置・真空機器製造業 　(10)　(1)から(9)までに掲げる産業において管理，補助的経済活動を行う事業所 　(11)　純粋持株会社（管理する全子会社を通じての主要な経済活動が(1)から(9)までに掲げる産業に分類されるものに限る。） 2　適用する労働者 　前号の使用者に使用される労働者。ただし、次に掲げる者を除く。 　(1)　18歳未満又は65歳以上の者 　(2)　雇入れ後6月未満の者であって、技能習得中のもの 　(3)　清掃、片付けその他これらに準ずる軽易な業務に主として従事する者	857円　→　㊭ （H25. 3. 1）	1,139 25,940
	神奈川県**電子部品・デバイス・電子回路、電気機械器具、情報通信機械器具製造業**最低賃金㊡ 〔H1. 3.19〕 1　適用する使用者 　神奈川県の区域内で電子部品・デバイス・電子回路製造業、電気機械器具製造業（医療用計測器製造業及び当該産業において管理，補助的経済活動を行う事業所を除く。以下同じ。）、情報通信機械器具製造業又は純粋持株会社（管理する全子会社を通じての主要な経済活動が電子部品・デバイス・電子回路製造業、電気機械器具製造業又は情報通信機械器具製造業に分類されるものに限る。）を営む使用者 2　適用する労働者 　前号の使用者に使用される労働者。ただし、次に掲げる者を除く。 　(1)　18歳未満又は65歳以上の者 　(2)　雇入れ後6月未満の者であって、技能習得中のもの 　(3)　清掃、片付けその他これらに準ずる軽易な業務に主として従事する者 　(4)　手作業により又は手工具若しくは操作が容易な小型動力機を用いて行う巻線、組線、取付け、選別、検査等の業務に主として従事する者	890円　→　㊭ （H27. 3. 1）	2,015 63,970

区　分	最　低　賃　金　件　名 〔新 設 発 効 年 月 日〕 適　　用　　範　　囲	最　低　賃　金 時　間　額 （改正発効年月日）	適用使用者数 適用労働者数（人）
特　定　最　低　賃　金	神奈川県**輸送用機械器具製造業**最低賃金㊒ 　　　　　　　　　　　　　　〔H2. 6.15〕 1　適用する使用者 　神奈川県の区域内で建設機械・鉱山機械製造業のうち建設用ショベルトラック製造業、当該産業において管理，補助的経済活動を行う事業所、輸送用機械器具製造業又は純粋持株会社（管理する全子会社を通じての主要な経済活動が建設機械・鉱山機械製造業のうち建設用ショベルトラック製造業又は輸送用機械器具製造業に分類されるものに限る。）を営む使用者 2　適用する労働者 　前号の使用者に使用される労働者。ただし、次に掲げる者を除く。 (1)　18歳未満又は65歳以上の者 (2)　雇入れ後 6 月未満の者であって、技能習得中のもの (3)　清掃、片付けその他これらに準ずる軽易な業務に主として従事する者	855円　→　㊐ （H25. 3. 1）	713 51,050
	神奈川県**自動車小売業**最低賃金㊡ 　　　　　　　　　　　　　　〔H2. 6. 8〕 1　適用する使用者 　神奈川県の区域内で自動車小売業（二輪自動車小売業（原動機付自転車を含む）を除く。以下同じ。）、当該産業において管理，補助的経済活動を行う事業所又は純粋持株会社（管理する全子会社を通じての主要な経済活動が自動車小売業に分類されるものに限る。）を営む使用者 2　適用する労働者 　前号の使用者に使用される労働者。ただし、次に掲げる者を除く。 (1)　18歳未満又は65歳以上の者 (2)　雇入れ後 3 月未満の者であって、技能習得中のもの (3)　清掃、片付けその他これらに準ずる軽易な業務に主として従事する者	842円　→　㊐ （H23.12.21）	2,468 25,370

（注）最低賃金との比較については、 7 頁の 5 を参照。

15 ━━━ 新　潟

区　分	最　低　賃　金　件　名 〔新 設 発 効 年 月 日〕 適　用　範　囲	最　低　賃　金 時　間　額 （改正発効年月日）	適用使用者数（人） 適用労働者数
地域別最低賃金	**新　潟　県　最　低　賃　金** 〔S48.12. 1〕 新潟県の区域内の事業場で働くすべての労働者とその使用者	831円 （R2.10. 1）	78,059 899,200
特　定　最　低　賃　金	新潟県**電子部品・デバイス・電子回路、電気機械器具、情報通信機械器具製造業**最低賃金 〔H1. 1.11〕 1　適用する使用者 　　新潟県の区域内で電子部品・デバイス・電子回路製造業、電気機械器具製造業（電球製造業、電気計測器製造業及びこれらの産業において管理，補助的経済活動を行う事業所を除く。以下同じ。）、情報通信機械器具製造業又は純粋持株会社（管理する全子会社を通じての主要な経済活動が電子部品・デバイス・電子回路製造業、電気機械器具製造業又は情報通信機械器具製造業に分類されるものに限る。）を営む使用者 2　適用する労働者 　　前号の使用者に使用される労働者。ただし、次に掲げる者を除く。 　(1)　18歳未満又は65歳以上の者 　(2)　雇入れ後6月未満の者であって、技能習得中のもの 　(3)　次に掲げる業務に主として従事する者 　　イ　清掃又は片付けの業務 　　ロ　操作が容易な小型機械を使用して行う電気機械器具、情報通信機械器具若しくは電子部品・デバイス部品の組立て又は加工業務 　　ハ　組線、巻線、端末処理、はんだ付け、取付け、穴あけ、曲げ、磨き、刻印打ち、かしめ、塗油、検品、材料の送給、取りそろえ、選別、袋詰め、箱詰め又は包装の業務 　　ニ　運搬（動力によるものを除く。）、用務員、賄いの業務	910円 （R2.12.30）	446 19,870
	新潟県**各種商品小売業**最低賃金㊝ 〔H2. 5.11〕 1　適用する使用者 　　新潟県の区域内で各種商品小売業又は純粋持株会社（管理する全子会社を通じての主要な経済活動が各種商品小売業に分類されるものに限る。）を営む使用者 2　適用する労働者 　　前号の使用者に使用される労働者。ただし、次に掲げる者を除く。 　(1)　18歳未満又は65歳以上の者 　(2)　雇入れ後6月未満の者であって、技能習得中のもの 　(3)　清掃、片付け又は賄い業務に主として従事する者	842円 （ 1.12.31）	57 5,010

新　潟────15

区　分	最　低　賃　金　件　名 〔新 設 発 効 年 月 日〕 適　用　範　囲	最　低　賃　金 時　間　額 （改正発効年月日）	適用使用者数 適用労働者数（人）
特 定 最 低 賃 金	新潟県**自動車（新車）、自動車部分品・附属品小売業**最低賃金㊙ 　　　　　　　　　　　　　　　　〔H2.5.6〕 　1　適用する使用者 　　新潟県の区域内で自動車（新車）小売業、自動車部分品・附属品小売業、これらの産業において管理，補助的経済活動を行う事業所又は純粋持株会社（管理する全子会社を通じての主要な経済活動が自動車（新車）小売業又は自動車部分品・附属品小売業に分類されるものに限る。）を営む使用者 　2　適用する労働者 　　前号の使用者に使用される労働者。ただし、次に掲げる者を除く。 　（1）18歳未満又は65歳以上の者 　（2）雇入れ後6月未満の者であって、技能習得中のもの 　（3）清掃、片付け又は賄いの業務に主として従事する者	920円 （R2.12.18）	860 6,140

（注）最低賃金との比較については、7頁の5を参照。

16 ── 富　山

区　分	最　低　賃　金　件　名 〔新設発効年月日〕 適　用　範　囲	最　低　賃　金　額 時　間　額（日　額） （改正発効年月日）	適用使用者数 適用労働者数（人）
地域別最低賃金	富　山　県　最　低　賃　金 〔S47.10. 1〕 富山県の区域内の事業場で働くすべての労働者とその使用者	849円 （R2.10. 1）	37,054 448,100
特定最低賃金	富山県アルミニウム第2次製錬・精製業、アルミニウム・同合金圧延業、アルミニウム・同合金鋳物、アルミニウム・同合金ダイカスト、金属製サッシ・ドア、建築用金属製品、アルミニウム・同合金プレス製品製造業最低賃金㊡ 〔H25. 1. 2〕 1　適用する使用者 　富山県の区域内で次に掲げるいずれかの産業を営む使用者 　(1) アルミニウム第2次製錬・精製業（アルミニウム合金製造業を含む） 　(2) アルミニウム・同合金圧延業（抽伸，押出しを含む） 　(3) アルミニウム・同合金鋳物製造業（ダイカストを除く） 　(4) アルミニウム・同合金ダイカスト製造業 　(5) 金属製サッシ・ドア製造業 　(6) 建築用金属製品製造業（サッシ，ドア，建築用金物を除く） 　(7) アルミニウム・同合金プレス製品製造業 　(8) (1)から(7)までに掲げる産業において管理，補助的経済活動を行う事業所 　(9) 純粋持株会社（管理する全子会社を通じての主要な経済活動が(1)から(7)までに掲げる産業に分類されるものに限る。） 2　適用する労働者 　前号の使用者に使用される労働者。ただし、次に掲げる者を除く。 　(1) 18歳未満又は65歳以上の者 　(2) 雇入れ後6月未満の者であって、技能習得中のもの 　(3) 次に掲げる業務に主として従事する者 　　イ　清掃又は片付けの業務 　　ロ　手作業により又は手工具若しくは小型手持動力機を用いて行う包装、袋詰め、箱詰め、洗浄、バリ取り、巻線、組線、かしめ、穴あけ、取付け、検数、選別、はんだ付け又は塗装若しくはメッキのマスキング・さび止め処理の業務	781円　→　㊖ （H27.12.26）	151 12,160
	富山県玉軸受・ころ軸受、他に分類されないはん用機械・装置、トラクタ、金属工作機械、機械工具、ロボット、自動車・同附属品製造業最低賃金㊡ 〔H21.12.30〕 1　適用する使用者 　富山県の区域内で次に掲げるいずれかの産業を営む使用者 　(1) 玉軸受・ころ軸受製造業 　(2) 他に分類されないはん用機械・装置製造業 　(3) トラクタ製造業 　(4) 金属工作機械製造業 　(5) 機械工具製造業（粉末や金業を除く） 　(6) ロボット製造業 　(7) 自動車・同附属品製造業（自動車製造業（二輪自動車を含む）を除く。） 　(8) (1)から(7)までに掲げる産業において管理，補助的経済活動を行う事業所	912円 （R2.12.19）	113 12,870

区 分	最　低　賃　金　件　名 〔新 設 発 効 年 月 日〕 適　　用　　範　　囲	最 低 賃 金 額 時 間 額（日　額） （改正発効年月日）	適用使用者数 適用労働者数（人）
特 定 最 低 賃 金	（9）　純粋持株会社（管理する全子会社を通じての主要な経済活動が(1)から(7)までに掲げる産業に分類されるものに限る。） 2　適用する労働者 　　前号の使用者に使用される労働者。ただし、次に掲げる者を除く。 （1）　18歳未満又は65歳以上の者 （2）　雇入れ後6月未満の者であって、技能習得中のもの （3）　次に掲げる業務に主として従事する者 　イ　清掃、片付け又は賄いの業務 　ロ　手作業により又は手工具若しくは小型手持動力機を用いて行う包装、洗浄、バリ取り、組付け、袋詰め、箱詰め、選別又は検査の業務		
	富山県電子部品・デバイス・電子回路、電気機械器具、情報通信機械器具製造業最低賃金㊡ 〔H1. 2.18〕 1　適用する使用者 　　富山県の区域内で次に掲げるいずれかの産業を営む使用者 （1）　電子部品・デバイス・電子回路製造業 （2）　電気機械器具製造業（電球・電気照明器具製造業、電気計測器製造業及びこれらの産業において管理，補助的経済活動を行う事業所を除く。） （3）　情報通信機械器具製造業（電子計算機・同附属装置製造業及び当該産業において管理，補助的経済活動を行う事業所を除く。） （4）　純粋持株会社（管理する全子会社を通じての主要な経済活動が(1)から(3)までに掲げる産業に分類されるものに限る。） 2　適用する労働者 　　前号の使用者に使用される労働者。ただし、次に掲げる者を除く。 （1）　18歳未満又は65歳以上の者 （2）　雇入れ後6月未満の者であって、技能習得中のもの （3）　次に掲げる業務に主として従事する者 　イ　清掃又は片付けの業務 　ロ　手作業により又は手工具若しくは小型動力機を用いて行う組線、巻線、かしめ、取付け、バリ取り、洗浄、刻印打ち、検査、選別、レッテルはり、包装、袋詰め、箱詰め、捺印、塗装、スポット溶接、パーツ挿入及び乾燥の業務	851円 （R2.12.18）	207 12,350
	富山県百貨店，総合スーパー最低賃金㊡ 〔H20. 2. 7〕 1　適用する使用者 　　富山県の区域内で百貨店，総合スーパー、当該産業において管理，補助的経済活動を行う事業所又は純粋持株会社（管理する全子会社を通じての主要な経済活動が百貨店，総合スーパーに分類されるものに限る。）を営む使用者 2　適用する労働者 　　前号の使用者に使用される労働者。ただし、次に掲げる者を除く。 （1）　18歳未満又は65歳以上の者 （2）　雇入れ後6月未満の者であって、技能習得中のもの （3）　清掃又は片付けの業務に主として従事する者	865円 （R2.12.9）	11 1,660

（注）　最低賃金との比較については、7頁の5を参照。

16 —— 富 山

区 分	最 低 賃 金 件 名 〔新 設 発 効 年 月 日〕 適 用 範 囲	最 低 賃 金 額 時 間 額（日 額） （改正発効年月日）	適用使用者数 適用労働者数（人）
特 定 最 低 賃 金	**富山県自動車（新車）小売業最低賃金**㊤ 〔H2.11.28〕 1　適用する使用者 　　富山県の区域内で自動車（新車）小売業、当該産業において管理，補助的経済活動を行う事業所又は純粋持株会社（管理する全子会社を通じての主要な経済活動が自動車（新車）小売業に分類されるものに限る。）を営む使用者 2　適用する労働者 　　前号の使用者に使用される労働者。ただし、次に掲げる者を除く。 　(1)　18歳未満又は65歳以上の者 　(2)　雇入れ後6月未満の者であって、技能習得中のもの 　(3)　次に掲げる業務に主として従事する者 　　イ　清掃又は片付けの業務 　　ロ　賄い、湯沸かし、洗車、ワックスがけ又は塗装のマスキング・さび止め処理の業務	769円　→　㊞ （H23.1.20）	131 2,550

石　川─────◆**17**◆

区　分	最　低　賃　金　件　名 〔新 設 発 効 年 月 日〕 適　　用　　範　　囲	最　低　賃　金　額 時　間　額（日　額） （改正発効年月日）	適用使用者数 適用労働者数（人）
地域別最低賃金	石　川　県　最　低　賃　金 〔S47.11.21〕 石川県の区域内の事業場で働くすべての労働者とその使用者	833円 （R2.10. 7）	42,010 475,200
特 定 最 低 賃 金	石川県**綿紡績、化学繊維紡績、毛紡績、その他の紡績、染色整理、綱、漁網、網地製造業**最低賃金㊡ 〔H2. 3.16〕 　1　適用する使用者 　　　石川県の区域内で次に掲げるいずれかの産業を営む使用者 　　(1)　綿紡績業 　　(2)　化学繊維紡績業 　　(3)　毛紡績業 　　(4)　その他の紡績業 　　(5)　染色整理業（織物整理業及び織物手加工染色整理業を 　　　除く。） 　　(6)　綱製造業 　　(7)　漁網製造業 　　(8)　網地製造業（漁網を除く） 　　(9)　(1)から(8)までに掲げる産業において管理,補助的経 　　　済活動を行う事業所 　　(10)　純粋持株会社（管理する全子会社を通じての主要な 　　　経済活動が(1)から(8)までに掲げる産業に分類されるも 　　　のに限る。） 　2　適用する労働者 　　　前号の使用者に使用される労働者。ただし、次に掲げる 　　者を除く。 　　(1)　18歳未満又は65歳以上の者 　　(2)　雇入れ後3月未満の者であって、技能習得中のもの 　　(3)　次に掲げる業務に主として従事する者 　　　イ　清掃又は片付けの業務 　　　ロ　手作業によるラベルはり、包装、箱詰め、袋詰め、 　　　　糸切り、糸継ぎ、糸巻き替え、かせ取り、経通し、管巻き、 　　　　検反、検品、篠替え、玉揚げ、台掃除、染色・精練の準備、綱・ 　　　　網の製造又はその他の補助作業の業務 　　　ハ　賄い、軽易な運搬又は下回り等の雑役の業務	782円　→　㊤ （H29.12.31）	107 2,780
	石川県**洋食器・刃物・手道具・金物類、金属素形材製品、ボルト・ナット・リベット・小ねじ・木ねじ等、その他の金属製品製造業**最低賃金㊧ 〔H6.12.25〕 　1　適用する使用者 　　　石川県の区域内で洋食器・刃物・手道具・金物類製造業、 　　金属素形材製品製造業（粉末や金製品製造業を除く。）、ボ 　　ルト・ナット・リベット・小ねじ・木ねじ等製造業又はそ 　　の他の金属製品製造業（打ちはく製造業を除く。）を営む 　　使用者 　2　適用する労働者 　　　前号の使用者に使用される労働者。ただし、次に掲げる 　　者を除く。 　　(1)　18歳未満又は65歳以上の者 　　(2)　雇入れ後6月未満の者であって、技能習得中のもの 　　(3)　次に掲げる業務に主として従事する者 　　　イ　清掃又は片付けの業務 　　　ロ　手作業により又は手工具、小型手持動力機若しくは 　　　　操作が容易な小型機械を用いて行う包装、袋詰め、箱 　　　　詰め、洗浄、バリ取り、巻線、組線、かしめ、穴あけ 　　　　又は取付けの業務（これらの業務のうち流れ作業の中 　　　　で行う業務を除く。）	763円（6,102円）→㊤ （H11.12.26）	1,035 24,200 ※本特定最低賃金 のみの適用は 2 90

（注）最低賃金との比較については、7頁の5を参照。

17 ──── 石　川

区　分	最　低　賃　金　件　名 〔新 設 発 効 年 月 日〕 適　用　範　囲	最 低 賃 金 額 時 間 額（日 額） （改正発効年月日）	適用使用者数 適用労働者数（人）
特 定 最 低 賃 金	石川県金属素形材製品、ボルト・ナット・リベット・小ねじ・木ねじ等、その他の金属製品、はん用機械器具、生産用機械器具、発電用・送電用・配電用電気機械器具、産業用電気機械器具製造業最低賃金公 〔H12.12.26〕 1　適用する使用者 　　石川県の区域内で次に掲げるいずれかの産業を営む使用者 　(1)　金属素形材製品製造業（粉末や金製品製造業を除く。） 　(2)　ボルト・ナット・リベット・小ねじ・木ねじ等製造業 　(3)　その他の金属製品製造業（打ちはく製造業を除く。） 　(4)　はん用機械器具製造業（ボイラ・原動機製造業、家庭用エレベータ製造業、冷凍機・温湿調整装置製造業及びこれらの産業において管理,補助的経済活動を行う事業所を除く。） 　(5)　生産用機械器具製造業（農業用機械器具製造業（農業用器具を除く）（農業用トラクタ製造業を除く。）、建設用ショベルトラック製造業、工業用ミシン製造業、家庭用ミシン製造業、毛糸手編機械製造業（同附属品製造業を含む）及びこれらの産業において管理,補助的経済活動を行う事業所を除く。） 　(6)　発電用・送電用・配電用電気機械器具製造業 　(7)　産業用電気機械器具製造業（車両用電気配線装置製造業を除く。） 　(8)　(1)、(2)、(3)、(6)又は(7)に掲げる産業において管理,補助的経済活動を行う事業所 　(9)　純粋持株会社（管理する全子会社を通じての主要な経済活動が(1)から(7)までに掲げる産業に分類されるものに限る。） 2　適用する労働者 　　前号の使用者に使用される労働者。ただし、次に掲げる者を除く。 　(1)　18歳未満又は65歳以上の者 　(2)　雇入れ後6月未満の者であって、技能習得中のもの 　(3)　次に掲げる業務に主として従事する者 　　イ　清掃又は片付けの業務 　　ロ　手作業により又は手工具、小型手持動力機若しくは操作が容易な小型機械を用いて行う包装、袋詰め、箱詰め、洗浄、バリ取り、巻線、組線、かしめ、穴あけ又は取付けの業務（これらの業務のうち流れ作業の中で行う業務を除く。）	922円 （R3. 1.10）	1,035 24,200
	石川県電子部品・デバイス・電子回路、民生用電気機械器具、電子応用装置、情報通信機械器具製造業最低賃金協 〔H1. 3. 5〕 1　適用する使用者 　　石川県の区域内で次に掲げるいずれかの産業を営む使用者 　(1)　電子部品・デバイス・電子回路製造業 　(2)　民生用電気機械器具製造業 　(3)　電子応用装置製造業 　(4)　情報通信機械器具製造業 　(5)　(2)又は(3)に掲げる産業において管理,補助的経済活動を行う事業所 　(6)　純粋持株会社（管理する全子会社を通じての主要な経済活動が(1)から(4)までに掲げる産業に分類されるものに限る。）	870円 （R2.12.31）	78 11,110

石　川──── 17

区　分	最　低　賃　金　件　名 〔新 設 発 効 年 月 日〕 適　用　範　囲	最　低　賃　金　額 時　間　額（日　額） （改正発効年月日）	適用使用者数 適用労働者数（人）
特 定 最 低 賃 金	2　適用する労働者 　　前号の使用者に使用される労働者。ただし、次に掲げる者を除く。 　(1)　18歳未満又は65歳以上の者 　(2)　雇入れ後 6 月未満の者であって、技能習得中のもの 　(3)　次に掲げる業務に主として従事する者 　　イ　清掃又は片付けの業務 　　ロ　手作業により又は手工具、小型手持動力機若しくは操作が容易な小型機械を用いて行う巻線、組線、かしめ、取付け、包装又は箱詰めの業務（これらの業務のうち流れ作業の中で行う業務を除く。）		
	石川県**自動車・同附属品、自転車・同部分品製造業**最低賃金㊟ 　　　　　　　　　　　　　　　　〔H2. 3.19〕 1　適用する使用者 　　石川県の区域内で次に掲げるいずれかの産業を営む使用者 　(1)　自動車・同附属品製造業 　(2)　自転車・同部分品製造業 　(3)　(1)又は(2)に掲げる産業において管理,補助的経済活動を行う事業所 　(4)　純粋持株会社（管理する全子会社を通じての主要な経済活動が(1)又は(2)に掲げる産業に分類されるものに限る。） 2　適用する労働者 　　前号の使用者に使用される労働者。ただし、次に掲げる者を除く。 　(1)　18歳未満又は65歳以上の者 　(2)　雇入れ後 6 月未満の者であって、技能習得中のもの 　(3)　次に掲げる業務に主として従事する者 　　イ　清掃又は片付けの業務 　　ロ　手作業により又は手工具、小型手持動力機若しくは操作が容易な小型機械を用いて行う包装、袋詰め、箱詰め、洗浄、バリ取り、巻線、組線、かしめ、穴あけ又は取付けの業務（これらの業務のうち流れ作業の中で行う業務を除く。）	922円 （R2. 1.10）	75 3,630
	石川県**百貨店，総合スーパー**最低賃金㊙ 　　　　　　　　　　　　　　　　〔H2. 3. 3〕 1　適用する使用者 　　石川県の区域内で次に掲げるいずれかの産業を営む使用者 　(1)　百貨店，総合スーパー 　(2)　(1)に掲げる産業において管理,補助的経済活動を行う事業所 　(3)　純粋持株会社（管理する全子会社を通じての主要な経済活動が(1)に掲げる産業に分類されるものに限る。） 2　適用する労働者 　　前号の使用者に使用される労働者。ただし、次に掲げる者を除く。 　(1)　18歳未満又は65歳以上の者 　(2)　雇入れ後 6 月未満の者であって、技能習得中のもの 　(3)　清掃又は片付けの業務に主として従事する者	865円 （R2.11.30）	21 5,090

（注）最低賃金との比較については、7 頁の 5 を参照。

64

◆18 ――― 福 井

区 分	最 低 賃 金 件 名 〔新 設 発 効 年 月 日〕 適 用 範 囲	最 低 賃 金 時 間 額 （改正発効年月日）	適用使用者数（人） 適用労働者数
地域別最低賃金	福 井 県 最 低 賃 金 〔S47.12.1〕 福井県の区域内の事業場で働くすべての労働者とその使用者	833円 （R2.10. 2）	28,237 327,000
特定最低賃金	福井県**紡績業，化学繊維、織物、染色整理業**最低賃金㊡ 〔H1. 1. 8〕 1　適用する使用者 　　福井県の区域内で製糸業，紡績業，化学繊維・ねん糸等製造業（製糸業、炭素繊維製造業、ねん糸製造業（かさ高加工糸を除く）及びかさ高加工糸製造業を除く。以下同じ。）、織物業（細幅織物業を除く。以下同じ。）、染色整理業、これらの産業において管理，補助的経済活動を行う事業所又は純粋持株会社（管理する全子会社を通じての主要な経済活動が製糸業，紡績業，化学繊維・ねん糸等製造業、織物業又は染色整理業に分類されるものに限る。）を営む使用者 2　適用する労働者 　　前号の使用者に使用される労働者。ただし、次に掲げる者を除く。 （1）18歳未満又は65歳以上の者 （2）雇入れ後6月未満の者であって、技能習得中のもの （3）次に掲げる業務に主として従事する者 　イ　清掃又は片付けの業務 　ロ　手作業によるラベルはり、包装、箱詰め、袋詰め、糸切り、糸繰り、糸巻き、糸継ぎ、かせ取り、経通し、管巻き、検反、検品、染色・精練の準備、糸巻きもどし、運搬、帯鉄切り、原綿投入その他の補助作業の業務 　ハ　賄い、湯沸し又は下回りの業務	830円 → ㊥ （R1.12.24）	227 5,820
	福井県**繊維機械、金属加工機械製造業**最低賃金㊡ 〔H1.12.24〕 1　適用する使用者 　　福井県の区域内で繊維機械製造業（工業用ミシン製造業、家庭用ミシン製造業及び毛糸手編機械製造業（同附属品製造業を含む）を除く。以下同じ。）、金属加工機械製造業、これらの産業において管理，補助的経済活動を行う事業所又は純粋持株会社（管理する全子会社を通じての主要な経済活動が繊維機械製造業又は金属加工機械製造業に分類されるものに限る。）を営む使用者 2　適用する労働者 　　前号の使用者に使用される労働者。ただし、次に掲げる者を除く。 （1）18歳未満又は65歳以上の者 （2）雇入れ後6月未満の者であって、技能習得中のもの （3）次に掲げる業務に主として従事する者 　イ　清掃又は片付けの業務 　ロ　手作業により又は手工具若しくは小型動力機を用いて行う組線、巻線、はんだ付け、かしめ、バリ取り、ガラン出し入れ、洗浄、刻印打ち、検数、選別、レッテルはり、値札付け、包装、袋詰め、箱詰め、穴あけ、組付け、取付け、材料若しくは部品の取りそろえ、溶接のかす取り又は塗装作業における紙はり若しくはテープはりの業務 　ハ　賄い、湯沸かし、軽易な運搬又は工具若しくは部品の整理の業務	874円 （R1.12.24）	109 1,900

区　分	最　低　賃　金　件　名 〔新 設 発 効 年 月 日〕 適　用　範　囲	最　低　賃　金 時　間　額 （改正発効年月日）	適用使用者数 適用労働者数（人）
特 定 最 低 賃 金	福井県電子デバイス、電子部品、記録メディア、電子回路、ユニット部品、その他の電子部品・デバイス・電子回路、発電用・送電用・配電用電気機械器具、産業用電気機械器具、電子応用装置、通信機械器具・同関連機械器具、映像・音響機械器具製造業最低賃金㊐ 　　　　　　　　　　　　　　　〔S63.12.25〕 1　適用する使用者 　　福井県の区域内で電子デバイス製造業、電子部品製造業、記録メディア製造業、電子回路製造業、ユニット部品製造業、その他の電子部品・デバイス・電子回路製造業、発電用・送電用・配電用電気機械器具製造業、産業用電気機械器具製造業、電子応用装置製造業、通信機械器具・同関連機械器具製造業、映像・音響機械器具製造業、これらの産業において管理, 補助的経済活動を行う事業所又は純粋持株会社（管理する全子会社を通じての主要な経済活動が電子デバイス製造業、電子部品製造業、記録メディア製造業、電子回路製造業、ユニット部品製造業、その他の電子部品・デバイス・電子回路製造業、発電用・送電用・配電用電気機械器具製造業、産業用電気機械器具製造業、電子応用装置製造業、通信機械機具・同関連機械器具製造業又は映像・音響機械器具製造業に分類されるものに限る。）を営む使用者 2　適用する労働者 　　前号の使用者に使用される労働者。ただし、次に掲げる者を除く。 　(1)　18歳未満又は65歳以上の者 　(2)　雇入れ後6月未満の者であって、技能習得中のもの 　(3)　次に掲げる業務に主として従事する者 　　イ　清掃又は片付けの業務 　　ロ　手作業により又は手工具若しくは小型動力機を用いて行う組線、巻線、かしめ、穴あけ、取付け、バリ取り、洗浄、刻印打ち、検数、選別、レッテルはり、値札付け、包装、袋詰め又は箱詰めの業務 　　ハ　賄い、湯沸かし、軽易な運搬又は工具若しくは部品の整理の業務	857円 （R1.12.24）	129 11,280
	福井県百貨店, 総合スーパー最低賃金㊐ 　　　　　　　　　　　　　　　〔H24.12.24〕 1　適用する使用者 　　福井県の区域内で百貨店, 総合スーパー、当該産業において管理, 補助的経済活動を行う事業所又は純粋持株会社（管理する全子会社を通じての主要な経済活動が百貨店, 総合スーパーに分類されるものに限る。）を営む使用者 2　適用する労働者 　　前号の使用者に使用される労働者。ただし、次に掲げるものを除く。 　(1)　18歳未満又は65歳以上の者 　(2)　雇入れ後6月未満の者であって、技能習得中のもの 　(3)　清掃又は片付けの業務に主として従事する者	840円 （R2.11.24）	13 1,840

（注）最低賃金との比較については、7頁の5を参照。

19 ━━━━━ 山　梨

区　分	最　低　賃　金　件　名 〔新設発効年月日〕 適　用　範　囲	最　低　賃　金 時　間　額 （改正発効年月日）	適用使用者数 適用労働者数（人）
地域別最低賃金	山　梨　県　最　低　賃　金 〔S47.11.16〕 山梨県の区域内の事業場で働くすべての労働者とその使用者	838円 （R2.10. 9）	28,722 318,400
特定最低賃金	山梨県**電子部品・デバイス・電子回路、電気機械器具、** **情報通信機械器具製造業**最低賃金㊝ 〔S63.12. 4〕 1　適用する使用者 　　山梨県の区域内で電子部品・デバイス・電子回路製造業、 　電気機械器具製造業、情報通信機械器具製造業又は純粋持 　株会社（管理する全子会社を通じての主要な経済活動が電 　子部品・デバイス・電子回路製造業、電気機械器具製造業 　又は情報通信機械器具製造業に分類されるものに限る。） 　を営む使用者 2　適用する労働者 　　前号の使用者に使用される労働者。ただし、次に掲げる 　者を除く。 　(1)　18歳未満又は65歳以上の者 　(2)　雇入れ後6月未満の者であって、技能習得中のもの 　(3)　次に掲げる業務に主として従事する者 　　イ　清掃又は片付けの業務 　　ロ　手作業により又は手工具若しくは小型動力機を用い 　　　て行う取付け、組線、バリ取り、かしめ、巻線又は穴 　　　あけの業務 　　ハ　手作業により行う熟練を要しない軽易な目視による 　　　選別・検数、材料若しくは部品の運搬・取り揃え、包装、 　　　袋詰め、箱詰め又はラベル貼りの業務	914円 （R3. 1.14）	327 13,830
	山梨県**自動車・同附属品製造業**最低賃金㊩ 〔H1.12. 1〕 1　適用する使用者 　　山梨県の区域内で自動車・同附属品製造業、当該産業に 　おいて管理，補助的経済活動を行う事業所又は純粋持株会 　社（管理する全子会社を通じての主要な経済活動が自動車・ 　同附属品製造業に分類されるものに限る。）を営む使用者 2　適用する労働者 　　前号の使用者に使用される労働者。ただし、次に掲げる 　者を除く。 　(1)　18歳未満又は65歳以上の者 　(2)　雇入れ後6月未満の者であって、技能習得中のもの 　(3)　次に掲げる業務に主として従事する者 　　イ　清掃又は片付けの業務 　　ロ　手作業により又は手工具若しくは小型電動工具を用 　　　いて行う熟練を要しないバリ取り、取付け、穴あけ、 　　　レッテル貼り・ラベル貼り又はかしめの業務（これら 　　　の業務のうちライン工程の中で行う業務を除く。） 　　ハ　手作業により行う熟練を要しない検数、供給取り揃 　　　え、包装、袋詰め、箱詰め、選別又はマスキングの業 　　　務（これらの業務のうちライン工程の中で行う業務を 　　　除く。）	919円 （R2. 1.14）	74 3,100

長　野────◆20◆

区　分	最　低　賃　金　件　名 〔新設発効年月日〕 適　用　範　囲	最　低　賃　金 時　間　額 （改正発効年月日）	適用使用者数 適用労働者数（人）
地域別最低賃金	長　野　県　最　低　賃　金 〔S47.10. 1〕 長野県の区域内の事業場で働くすべての労働者とその使用者	849円 （R2.10. 1）	73,292 810,100
特 定 最 低 賃 金	長野県印刷、製版業最低賃金㊒ 〔H2. 4.19〕 1　適用する使用者 　　長野県の区域内で次に掲げるいずれかの産業を営む使用者 （1）印刷業（謄写印刷業を除く。） （2）製版業 （3）（1）又は（2）に掲げる産業において管理，補助的経済活動を行う事業所 （4）純粋持株会社（管理する全子会社を通じての主要な経済活動が（1）又は（2）に掲げる産業に分類されるものに限る。） 2　適用する労働者 　　前号の使用者に使用される労働者。ただし、次に掲げる者を除く。 （1）18歳未満又は65歳以上の者 （2）雇入れ後 6 月未満の者であって、技能習得中のもの （3）清掃又は片付けの業務に主として従事する者	850円 （R1.12.31）	353 3,590
	長野県はん用機械器具、生産用機械器具、業務用機械器具、自動車・同附属品、船舶製造・修理業，舶用機関製造業最低賃金㊒ 〔H12.11.27〕 1　適用する使用者 　　長野県の区域内で次に掲げるいずれかの産業を営む使用者 （1）はん用機械器具製造業（ボイラ・原動機製造業及び当該産業において管理，補助的経済活動を行う事業所を除く。） （2）生産用機械器具製造業（建設用ショベルトラック製造業、繊維機械製造業（毛糸手編機械製造業を除く。）及びこれらの産業において管理，補助的経済活動を行う事業所を除く。） （3）業務用機械器具製造業（計量器・測定器・分析機器・試験機・測量機械器具・理化学機械器具製造業、医療用機械器具・医療用品製造業、光学機械器具・レンズ製造業、武器製造業及びこれらの産業において管理，補助的経済活動を行う事業所を除く。） （4）自動車・同附属品製造業 （5）船舶製造・修理業，舶用機関製造業 （6）（4）又は（5）に掲げる産業において管理，補助的経済活動を行う事業所 （7）純粋持株会社（管理する全子会社を通じての主要な経済活動が（1）から（5）までに掲げる産業に分類されるものに限る。） 2　適用する労働者 　　前号の使用者に使用される労働者。ただし、次に掲げる者を除く。 （1）18歳未満又は65歳以上の者 （2）雇入れ後 6 月未満の者であって、技能習得中のもの （3）次に掲げる業務（これらの業務のうち流れ作業の中で行う業務を除く。）に主として従事する者 　イ　清掃又は片付けの業務 　ロ　手作業による選別、袋詰め、箱詰め又は包装の業務 　ハ　手作業により又は手工具若しくは手持空圧・電動工具を使用して行う熟練を要しない部品の組立て又は加工の業務	905円 （R2.12.11）	1,736 41,640

（注）最低賃金との比較については、7 頁の 5 を参照。

⬧20 ──── 長　野

区　分	最　低　賃　金　件　名 〔新　設　発　効　年　月　日〕 適　用　範　囲	最　低　賃　金 時　間　額 （改正発効年月日）	適用使用者数 適用労働者数（人）
特 定 最 低 賃 金	長野県**計量器・測定器・分析機器・試験機**、医療用 機械器具・医療用品、光学機械器具・レンズ、電子 部品・デバイス・電子回路、電気機械器具、情報通 信機械器具、時計・同部分品、眼鏡製造業最低賃金㊣ 〔H14.11.27〕 1　適用する使用者 　　長野県の区域内で次に掲げるいずれかの産業を営む使用者 （1）計量器・測定器・分析機器・試験機・測量機械器具・ 　　理化学機械器具製造業（測量機械器具製造業及び理化学 　　機械器具製造業を除く。） （2）医療用機械器具・医療用品製造業 （3）光学機械器具・レンズ製造業 （4）電子部品・デバイス・電子回路製造業 （5）電気機械器具製造業 （6）情報通信機械器具製造業 （7）時計・同部分品製造業 （8）眼鏡製造業（枠を含む） （9）（1)、(2)、(3)、(7) 又は (8) に掲げる産業において管理, 　　補助的経済活動を行う事業所 （10）純粋持株会社（管理する全子会社を通じての主要な経 　　済活動が (1) から (8) までに掲げる産業に分類される 　　ものに限る。） 2　適用する労働者 　　前号の使用者に使用される労働者。ただし、次に掲げる 　者を除く。 （1）18歳未満又は65歳以上の者 （2）雇入れ後 6 月未満の者であって、技能習得中のもの （3）次に掲げる業務（これらの業務のうち流れ作業の中で行 　う業務を除く。）に主として従事する者 　　イ　清掃又は片付けの業務 　　ロ　手作業による選別、袋詰め、箱詰め又は包装の業務 　　ハ　手作業により又は手工具若しくは手持空圧・電動工 　　　具を使用して行う熟練を要しない部品の組立て又は加 　　　工の業務	894円 （R2.12. 4）	1,383 56,700
	長野県**各種商品小売業**最低賃金㊡ 〔H2. 4.19〕 1　適用する使用者 　　長野県の区域内で次に掲げるいずれかの産業を営む使用者 （1）各種商品小売業 （2）純粋持株会社（管理する全子会社を通じての主要な経 　　済活動が各種商品小売業に分類されるものに限る。） 2　適用する労働者 前号の使用者に使用される労働者。ただし、次に掲げる者を 除く。 （1）18歳未満又は65歳以上の者 （2）雇入れ後 6 月未満の者であって、技能習得中のもの （3）清掃又は片付けの業務に主として従事する者	857円 （R2.12.31）	49 2,700

岐　阜━━━━◆21◆

区　分	最　低　賃　金　件　名 〔新設発効年月日〕 適　用　範　囲	最　低　賃　金　額 時　間　額（日　額） （改正発効年月日）	適用使用者数 適用労働者数（人）
地域 別最 低賃 金	岐　阜　県　最　低　賃　金 〔S47. 5. 1〕 岐阜県の区域内の事業場で働くすべての労働者とその使用者	852円 （R2.10. 1）	67,945 763,200
特 定 最 低 賃 金	岐阜県**電子部品・デバイス・電子回路、電気機械器具、情報通信機械器具製造業**最低賃金㊡ 〔S64. 1. 1〕 1　適用する使用者 　岐阜県の区域内で電子部品・デバイス・電子回路製造業、電気機械器具製造業（電球・電気照明器具製造業及び当該産業において管理，補助的な経済活動を行う事業所を除く。以下同じ。）、情報通信機械器具製造業又は純粋持株会社（管理する全子会社を通じての主要な経済活動が電子部品・デバイス・電子回路製造業、電気機械器具製造業又は情報通信機械器具製造業に分類されるものに限る。）を営む使用者 2　適用する労働者 　前号の使用者に使用される労働者。ただし、次に掲げる者を除く。 （1）18歳未満又は65歳以上の者 （2）雇入れ後3月未満の者であって、技能習得中のもの （3）次に掲げる業務に主として従事する者 　イ　清掃又は片付けの業務 　ロ　手作業による、選別、包装又はこれらに附帯する業務 　ハ　卓上において、手作業により又は小型手持動力機、操作が容易な小型機械若しくは手工具を用いて行う巻線、組線又は組付の業務	887円 （R2.12.21）	345 13,560
	岐阜県**自動車・同附属品製造業**最低賃金㊡ 〔H2. 1. 1〕 1　適用する使用者 　岐阜県の区域内で自動車・同附属品製造業、当該産業において管理，補助的経済活動を行う事業所又は純粋持株会社（管理する全子会社を通じての主要な経済活動が自動車・同附属品製造業に分類されるものに限る。）を営む使用者 2　適用する労働者 　前号の使用者に使用される労働者。ただし、次に掲げる者を除く。 （1）18歳未満又は65歳以上の者 （2）雇入れ後3月未満の者であって、技能習得中のもの （3）次に掲げる業務に主として従事する者 　イ　清掃又は片付けの業務 　ロ　手作業による、選別、包装又はこれらに附帯する業務 　ハ　卓上における手作業による軽易な業務又は小型機械若しくは手工具を用いて行う軽易な部品加工又は組付の業務	932円 （R2.12.21）	313 18,080

（注）最低賃金との比較については、7頁の5を参照。

21 ――――― 岐 阜

区 分	最 低 賃 金 件 名 〔新 設 発 効 年 月 日〕 適 用 範 囲	最 低 賃 金 額 時 間 額(日 額) (改正発効年月日)	適用使用者数 適用労働者数(人)
特 定 最 低 賃 金	岐阜県**航空機・同附属品製造業**最低賃金㊌ 〔H2. 1. 1〕 1　適用する使用者 　岐阜県の区域内で航空機・同附属品製造業、当該産業に おいて管理，補助的経済活動を行う事業所又は純粋持株会 社(管理する全子会社を通じての主要な経済活動が航空機・ 同附属品製造業に分類されるものに限る。) を営む使用者 2　適用する労働者 　前号の使用者に使用される労働者。ただし、次に掲げる 者を除く。 (1) 18歳未満又は65歳以上の者 (2) 雇入れ後3月未満の者であって、技能習得中のもの (3) 次に掲げる業務に主として従事する者 　イ　清掃又は片付けの業務 　ロ　手作業による、選別、包装又はこれらに附帯する業 　　務 　ハ　卓上における手作業による軽易な業務又は小型機械 　　若しくは手工具を用いて行う軽易な部品加工又は組付 　　の業務	971円 (R2.12.21)	58 6,720

静　岡────◆22

区分	最　低　賃　金　件　名 〔新設発効年月日〕 適　用　範　囲	最　低　賃　金 時　間　額 （改正発効年月日）	適用使用者数 適用労働者数（人）
地域別最低賃金	**静　岡　県　最　低　賃　金** 〔S48. 1. 1〕 静岡県の区域内の事業場で働くすべての労働者とその使用者	885円 （R1.10. 4）	122,323 1,527,100
特定最低賃金	**静岡県パルプ・紙・加工紙製造業**最低賃金⊕ 〔S63. 2.15〕 1　適用する使用者 　静岡県の区域内でパルプ製造業、紙製造業、加工紙製造業、これらの産業において管理, 補助的経済活動を行う事業所又は純粋持株会社（管理する全子会社を通じての主要な経済活動がパルプ製造業、紙製造業又は加工紙製造業に分類されるものに限る。）を営む使用者 2　適用する労働者 　前号の使用者に使用される労働者。ただし、次に掲げる者を除く。 （1）18歳未満又は65歳以上の者 （2）雇入れ後6月未満の者であって、技能習得中のもの （3）清掃、片付けその他これらに準ずる軽易な業務に主として従事する者	786円 → ⊕ （H27.12.31）	88 5,930
	静岡県タイヤ・チューブ、ゴムベルト・ゴムホース・工業用ゴム製品製造業最低賃金⊕ 〔H2. 7.25〕 1　適用する使用者 　静岡県の区域内でタイヤ・チューブ製造業、ゴムベルト・ゴムホース・工業用ゴム製品製造業、これらの産業において管理, 補助的経済活動を行う事業所又は純粋持株会社（管理する全子会社を通じての主要な経済活動がタイヤ・チューブ製造業又はゴムベルト・ゴムホース・工業用ゴム製品製造業に分類されるものに限る。）を営む使用者 2　適用する労働者 　前号の使用者に使用される労働者。ただし、次に掲げる者を除く。 （1）18歳未満又は65歳以上の者 （2）雇入れ後6月未満の者であって、技能習得中のもの （3）次に掲げる業務に主として従事する者 　イ　清掃、片付けその他これらに準ずる軽易な業務 　ロ　手作業による軽易な包装、袋詰め、箱詰め又はレッテルはりの業務 　ハ　手工具を用いて行うバリ取り、かしめ又は刻印打ちの業務	897円 （R1.12.21）	106 4,750
	静岡県鉄鋼、非鉄金属製造業最低賃金⊕ 〔H2. 7.19〕 1　適用する使用者 　静岡県の区域内で鉄鋼業（製鉄業、鉄鋼シャースリット業、鉄スクラップ加工処理業、他に分類されない鉄鋼業及びこれらの産業において管理, 補助的経済活動を行う事業所を除く。以下同じ。）、非鉄金属製造業（非鉄金属第1次製錬・精製業、非鉄金属鍛造品製造業、その他の非鉄金属製造業及びこれらの産業において管理, 補助的経済活動を行う事業所を除く。以下同じ。）又は純粋持株会社（管理する全子会社を通じての主要な経済活動が鉄鋼業又は非鉄金属製造業に分類されるものに限る。）を営む使用者	935円 （R1.12.21）	202 7,430

（注）最低賃金との比較については、7頁の5を参照。

区 分	最　低　賃　金　件　名 〔新設発効年月日〕 適　用　範　囲	最　低　賃　金 時　間　額 （改正発効年月日）	適用使用者数 適用労働者数（人）
	2　適用する労働者 　　前号の使用者に使用される労働者。ただし、次に掲げる者を除く。 　(1)　18歳未満又は65歳以上の者 　(2)　雇入れ後6月未満の者であって、技能習得中のもの 　(3)　次に掲げる業務に主として従事する者 　　イ　清掃、片付けその他これらに準ずる軽易な業務 　　ロ　手作業による軽易な包装、袋詰め、箱詰め又はレッテルはりの業務 　　ハ　手工具を用いて行うバリ取り、組線、かしめ又は刻印打ちの業務		
特 定 最 低 賃 金	**静岡県はん用機械器具、生産用機械器具、業務用機械器具、輸送用機械器具製造業**最低賃金㊜ 　　　　　　　　　　　　　　　　　　〔H15.12.11〕 　1　適用する使用者 　　　静岡県の区域内ではん用機械器具製造業（ボイラ・原動機製造業及び当該産業において管理，補助的経済活動を行う事業所を除く。以下同じ。）、生産用機械器具製造業、業務用機械器具製造業（計量器・測定器・分析機器・試験機・測量機械器具・理化学機械器具製造業、医療用機械器具・医療用品製造業、光学機械器具・レンズ製造業、武器製造業及びこれらの産業において管理，補助的経済活動を行う事業所を除く。以下同じ。）、輸送用機械器具製造業（鉄道車両・同部分品製造業、航空機・同附属品製造業、自転車・同部分品製造業及びこれらの産業において管理，補助的経済活動を行う事業所を除く。以下同じ。）又は純粋持株会社（管理する全子会社を通じての主要な経済活動がはん用機械器具製造業、生産用機械器具製造業、業務用機械器具製造業又は輸送用機械器具製造業に分類されるものに限る。）を営む使用者 　2　適用する労働者 　　　前号の使用者に使用される労働者。ただし、次に掲げる者を除く。 　(1)　18歳未満又は65歳以上の者 　(2)　雇入れ後6月未満の者であって、技能習得中のもの 　(3)　次に掲げる業務に主として従事する者 　　イ　清掃、片付けその他これらに準ずる軽易な業務 　　ロ　手作業による軽易な包装、袋詰め、箱詰め又はレッテルはりの業務 　　ハ　手工具を用いて行うバリ取り又は刻印打ちの業務 　　ニ　手作業により又は手工具若しくは小型動力機を用いて行う組線、かしめ、取付け又は巻線の業務	951円 （R2.12.21）	3,440 106,980
	静岡県電子部品・デバイス・電子回路、電気機械器具、情報通信機械器具製造業最低賃金㊜ 　　　　　　　　　　　　　　　　　　〔H1.2.15〕 　1　適用する使用者 　　　静岡県の区域内で電子部品・デバイス・電子回路製造業、電気機械器具製造業（医療用計測器製造業（心電計製造業を除く。）及び当該産業において管理，補助的経済活動を行う事業所を除く。以下同じ。）、情報通信機械器具製造業又は純粋持株会社（管理する全子会社を通じての主要な経済活動が電子部品・デバイス・電子回路製造業、電気機械器具製造業又は情報通信機械器具製造業に分類されるものに限る。）を営む使用者	920円 （R2.12.21）	958 42,260

区 分	最　低　賃　金　件　名 〔新設発効年月日〕 適　用　範　囲	最　低　賃　金 時　間　額 （改正発効年月日）	適用使用者数（人） 適用労働者数
特　定　最　低　賃　金	2　適用する労働者 　前号の使用者に使用される労働者。ただし、次に掲げる者を除く。 （1）18歳未満又は65歳以上の者 （2）雇入れ後6月未満の者であって、技能習得中のもの （3）次に掲げる業務に主として従事する者 　イ　清掃、片付けその他これらに準ずる軽易な業務 　ロ　手作業により又は手工具若しくは小型動力機を用いて行う組線、かしめ、取付け又は巻線の業務 　ハ　手作業による軽易な包装、袋詰め、箱詰め又はレッテルはりの業務		
	静　岡　県　各種商品小売業　最　低　賃　金㊙ 　　　　　　　　　　　　　　　　〔H9. 2.13〕 1　適用する使用者 　静岡県の区域内で各種商品小売業又は純粋持株会社（管理する全子会社を通じての主要な経済活動が各種商品小売業に分類されるものに限る。）を営む使用者 2　適用する労働者 　前号の使用者に使用される労働者。ただし、次に掲げる者を除く。 （1）18歳未満又は65歳以上の者 （2）雇入れ後6月未満の者であって、技能習得中のもの （3）清掃、片付けその他これらに準ずる軽易な業務に主として従事する者	886円 （R1.12.21）	83 5,270

(注)　最低賃金との比較については、7頁の5を参照。

◆23 ──── 愛 知

区 分	最 低 賃 金 件 名 〔新 設 発 効 年 月 日〕 適 用 範 囲	最 低 賃 金 時 間 額 （改正発効年月日）	適用使用者数 適用労働者数 (人)
地域別最低賃金	愛 知 県 最 低 賃 金 〔S48.12.10〕 愛知県の区域内の事業場で働くすべての労働者とその使用者	927円 （R2.10. 1）	233,637 3,411,300

特定最低賃金	愛 知 県 **染 色 整 理 業** 最 低 賃 金㊙ 〔H2. 3.31〕 1 適用する使用者 　愛知県の区域内で次に掲げるいずれかの産業を営む使用者 (1) 染色整理業（糸染色業を除く。） (2) (1)に掲げる産業において管理，補助的経済活動を行う事業所 (3) 純粋持株会社（管理する全子会社を通じての主要な経済活動が(1)に掲げる産業に分類されるものに限る。） 2 適用する労働者 　前号の使用者に使用される労働者。ただし、次に掲げる者を除く。 (1) 18歳未満又は65歳以上の者 (2) 雇入れ後6月未満の者であって、技能習得中のもの (3) 次に掲げる業務に主として従事する者 　イ 清掃、片付け、賄い又は湯沸しの業務 　ロ 手作業によるラベルはり、荷造カード付け、包装、袋詰め、反物の汚れ落し、起毛機の掃除、染色・精練のための原材料の取揃え、修整（主として手バサミ、ピンセット又は修整ペンを用いて行う糸入れ、インキング、吊り直し、キズ直し、ネップ取り、バー取り又はボツ出し）又は軽易な運搬の業務	732円 → ㊗ （H20.12.16）	146 1,920
	愛 知 県 **製鉄業、製鋼・製鋼圧延業、鋼材製造業** 最低賃金㊙ 〔H2. 3.31〕 1 適用する使用者 　愛知県の区域内で次に掲げるいずれかの産業を営む使用者 (1) 製鉄業 (2) 製鋼・製鋼圧延業 (3) 製鋼を行わない鋼材製造業（表面処理鋼材を除く） (4) (1)から(3)までに掲げる産業において管理，補助的経済活動を行う事業所 (5) 純粋持株会社（管理する全子会社を通じての主要な経済活動が(1)から(3)までに掲げる産業に分類されるものに限る。） 2 適用する労働者 　前号の使用者に使用される労働者。ただし、次に掲げる者を除く。 (1) 18歳未満又は65歳以上の者 (2) 雇入れ後3月未満の者であって、技能習得中のもの (3) 次に掲げる業務に主として従事する者 　イ 清掃、片付け、賄い又は湯沸しの業務 　ロ 軽易な運搬の業務	976円 （R2.12.16）	49 12,540

区　分	最　低　賃　金　件　名 〔新 設 発 効 年 月 日〕 適　　用　　範　　囲	最　低　賃　金 時　　間　　額 （改正発効年月日）	適用使用者数 適用労働者数（人）
特 定 最 低 賃 金	愛知県はん用機械器具、生産用機械器具、業務用機械器具製造業最低賃金㊡ 　　　　　　　　　　　　　　　　　〔H2. 3.31〕 1　適用する使用者 　　愛知県の区域内で次に掲げるいずれかの産業を営む使用者 　(1) はん用機械器具製造業 　(2) 生産用機械器具製造業（建設用ショベルトラック製造業及び当該産業において管理，補助的経済活動を行う事業所を除く。） 　(3) 業務用機械器具製造業（計量器・測定器・分析機器・試験機・測量機械器具・理化学機械器具製造業、医療用機械器具・医療用品製造業、光学機械器具・レンズ製造業、武器製造業及びこれらの産業において管理，補助的経済活動を行う事業所を除く。） 　(4) 純粋持株会社（管理する全子会社を通じての主要な経済活動が(1)から(3)までに掲げる産業に分類されるものに限る。） 2　適用する労働者 　　前号の使用者に使用される労働者。ただし、次に掲げる者を除く。 　(1) 18歳未満又は65歳以上の者 　(2) 雇入れ後3月未満の者であって、技能習得中のもの 　(3) 清掃、片付け、賄い又は湯沸しの業務に主として従事する者	948円 （R2.12.16）	4,721 87,720
	愛知県計量器・測定器・分析機器・試験機、光学機械器具・レンズ、時計・同部分品製造業最低賃金㊡ 　　　　　　　　　　　　　　　　　〔H3.11. 1〕 1　適用する使用者 　　愛知県の区域内で次に掲げるいずれかの産業を営む使用者 　(1) 計量器・測定器・分析機器・試験機・測量機械器具・理化学機械器具製造業（測量機械器具製造業及び理化学機械器具製造業を除く。） 　(2) 光学機械器具・レンズ製造業 　(3) 時計・同部分品製造業 　(4) (1)から(3)までに掲げる産業において管理，補助的経済活動を行う事業所 　(5) 純粋持株会社（管理する全子会社を通じての主要な経済活動が(1)から(3)までに掲げる産業に分類されるものに限る。） 2　適用する労働者 　　前号の使用者に使用される労働者。ただし、次に掲げる者を除く。 　(1) 18歳未満又は65歳以上の者 　(2) 雇入れ後3月未満の者であって、技能習得中のもの 　(3) 清掃、片付け、賄い又は湯沸しの業務に主として従事する者	875円　→ ㊢ （H29.12.16）	127 2,920

（注）最低賃金との比較については、7頁の5を参照。

23 ─── 愛　知

区　分	最　低　賃　金　件　名 〔新　設　発　効　年　月　日〕 適　用　範　囲	最　低　賃　金 時　間　額 （改正発効年月日）	適用使用者数 適用労働者数（人）
特 定	愛知県**電子部品・デバイス・電子回路、電気機械器具、情報通信機械器具製造業**最低賃金㊴ 〔H1. 3.16〕 1　適用する使用者 　　愛知県の区域内で次に掲げるいずれかの産業を営む使用者 　(1) 電子部品・デバイス・電子回路製造業 　(2) 電気機械器具製造業（医療用計測器製造業（心電計製造業を除く。）及び当該産業において管理，補助的経済活動を行う事業所を除く。） 　(3) 情報通信機械器具製造業 　(4) 純粋持株会社（管理する全子会社を通じての主要な経済活動が(1)から(3)までに掲げる産業に分類されるものに限る。） 2　適用する労働者 　　前号の使用者に使用される労働者。ただし、次に掲げる者を除く。 　(1) 18歳未満又は65歳以上の者 　(2) 雇入れ後3月未満の者であって、技能習得中のもの 　(3) 次に掲げる業務に主として従事する者 　　イ　清掃、片付け、賄い又は湯沸しの業務 　　ロ　部分品の組立て又は加工の業務のうち、手作業により又は手工具若しくは小型手持動力機を用いて行う巻線、組線、かしめ、取付け、はんだ付け、選別、検査又は包装の業務	901円 → ㊡ （H30.12.16）	1,336 58,910
最 低 賃 金	愛知県**輸送用機械器具製造業**最低賃金㊴ 〔H2. 3.31〕 1　適用する使用者 　　愛知県の区域内で次に掲げるいずれかの産業を営む使用者 　(1) 輸送用機械器具製造業（船舶製造・修理業，舶用機関製造業、自転車・同部分品製造業及びこれらの産業において管理，補助的経済活動を行う事業所を除く。） 　(2) 建設用ショベルトラック製造業 　(3) (2)に掲げる産業において管理，補助的経済活動を行う事業所 　(4) 純粋持株会社（管理する全子会社を通じての主要な経済活動が(1)又は(2)に掲げる産業に分類されるものに限る。） 2　適用する労働者 　　前号の使用者に使用される労働者。ただし、次に掲げる者を除く。 　(1) 18歳未満又は65歳以上の者 　(2) 雇入れ後3月未満の者であって、技能習得中のもの 　(3) 次に掲げる業務に主として従事する者 　　イ　清掃、片付け、賄い又は湯沸しの業務 　　ロ　手作業により又は手工具若しくは小型手持動力機を用いて行うバリ取り、穴あけ、検数、選別又は塗装の業務	957円 （R2.12.16）	2,511 275,530

愛　知 ————◆23◆

区 分	最 低 賃 金 件 名 〔新 設 発 効 年 月 日〕 適 用 範 囲	最 低 賃 金 時 間 額 （改正発効年月日）	適用使用者数 適用労働者数（人）
特 定 最 低 賃 金	愛知県 **各種商品小売業**最低賃金㊛ 　　　　　　　　　　　　　　〔H2.12. 1〕 1　適用する使用者 　　愛知県の区域内で次に掲げるいずれかの産業を営む使用者 (1) 各種商品小売業 (2) 純粋持株会社（管理する全子会社を通じての主要な経済活動が (1) に掲げる産業に分類されるものに限る。） 2　適用する労働者 　　前号の使用者に使用される労働者。ただし、次に掲げる者を除く。 (1) 18歳未満又は65歳以上の者 (2) 雇入れ後 3 月未満の者であって、技能習得中のもの (3) 清掃、片付け、賄い又は湯沸しの業務に主として従事する者	847円　→㊒ （H28.12.16）	179 24,060
	愛知県**自動車（新車）、自動車部分品・附属品小売業**最低賃金㊙ 　　　　　　　　　　　　　　〔H2. 3.31〕 1　適用する使用者 　　愛知県の区域内で自動車（新車）小売業又は自動車部分品・附属品小売業を営む使用者 2　適用する労働者 　　前号の使用者に使用される労働者。ただし、次に掲げる者を除く。 (1) 18歳未満又は65歳以上の者 (2) 雇入れ後 3 月未満の者であって、技能習得中のもの (3) 清掃、片付け、賄い又は湯沸しの業務に主として従事する者	800円　→㊒ （H19.12.16）	2,284 21,840 ※本特定最低賃金のみの適用は 416 2,750
	愛知県**自動車（新車）小売業**最低賃金㊛ 　　　　　　　　　　　　　　〔H20.12.16〕 1　適用する使用者 　　愛知県の区域内で次に掲げるいずれかの産業を営む使用者 (1) 自動車（新車）小売業 (2) (1)に掲げる産業において管理，補助的経済活動を行う事業所 (3) 純粋持株会社（管理する全子会社を通じての主要な経済活動が(1)に掲げる産業に分類されるものに限る。） 2　適用する労働者 　　前号の使用者に使用される労働者。ただし、次に掲げる者を除く。 (1) 18歳未満又は65歳以上の者 (2) 雇入れ後 3 月未満の者であって、技能習得中のもの (3) 清掃、片付け、賄い又は湯沸しの業務に主として従事する者	943円 （R2.12.16）	1,868 19,090

（注）最低賃金との比較については、7 頁の 5 を参照。

◆24 ——— 三　重

区　分	最　低　賃　金　件　名 〔新　設　発　効　年　月　日〕 適　　用　　範　　囲	最　低　賃　金　額 時　間　額（日　額） （改正発効年月日）	適用使用者数 適用労働者数（人）
地域別最低賃金	**三　重　県　最　低　賃　金** 〔S47.12. 1〕 三重県の区域内の事業場で働くすべての労働者とその使用者	874円 （R2.10. 1）	54,667 719,300
特定最低賃金	**三重県ガラス・同製品製造業**最低賃金㊡ 〔H2. 4.10〕 1　適用する使用者 　　三重県の区域内で次に掲げるいずれかの産業を営む使用者 　(1)　ガラス・同製品製造業 　(2)　(1)に掲げる産業において管理,補助的経済活動を行う事業所 　(3)　純粋持株会社（管理する全子会社を通じての主要な経済活動が(1)に掲げる産業に分類されるものに限る。） 2　適用する労働者 　　前号の使用者に使用される労働者。ただし、次に掲げる者を除く。 　(1)　18歳未満又は65歳以上の者 　(2)　雇入れ後6月未満の者であって、技能習得中のもの 　(3)　清掃、片付けその他これらに準ずる軽易な業務に従事する者	901円 （R2.12.21）	34 1,620
	三重県銑鉄鋳物、可鍛鋳鉄、鋳鉄管製造業最低賃金㊣ 〔H6. 2.12〕 1　適用する使用者 　　三重県の区域内で銑鉄鋳物製造業（鋳鉄管，可鍛鋳鉄を除く）、可鍛鋳鉄製造業又は鋳鉄管製造業を営む使用者 2　適用する労働者 　　前号の使用者に使用される労働者。ただし、次に掲げる者を除く。 　(1)　18歳未満又は65歳以上の者 　(2)　雇入れ後3月未満の者であって、技能習得中のもの 　(3)　次に掲げる業務に主として従事する者 　　イ　清掃、片付け又は雑役の業務 　　ロ　手作業による中子のバリ取り、軽易な組立て、洗浄、包装、袋詰め、箱詰め又はレッテルはりの業務	739円（5,907円）→ ㊞ （H10.12.15）	54 1,360

三　重————24

区　分	最　低　賃　金　件　名 〔新 設 発 効 年 月 日〕 適　用　範　囲	最 低 賃 金 額 時 間 額（日 額） （改正発効年月日）	適用使用者数 適用労働者数（人）
特 定 最 低 賃 金	**三重県電線・ケーブル製造業最低賃金**㊟ 　　　　　　　　　　　　　〔H2. 5.16〕 　1　適用する使用者 　　　三重県の区域内で次に掲げるいずれかの産業を営む使用者 　（1）電線・ケーブル製造業 　（2）（1）に掲げる産業において管理,補助的経済活動を行う事業所 　（3）純粋持株会社（管理する全子会社を通じての主要な経済活動が(1)に掲げる産業に分類されるものに限る。） 　2　適用する労働者 　　　前号の使用者に使用される労働者。ただし、次に掲げる者を除く。 　（1）18歳未満又は65歳以上の者 　（2）雇入れ後6月未満の者であって、技能習得中のもの 　（3）次に掲げる業務に主として従事する者 　　イ　清掃、片付けその他これらに準ずる軽易な業務 　　ロ　書類等の複写、集配又は簡易な入力業務 　　ハ　手作業による軽易な包装、箱詰め又は運搬の業務	921円 （R2.12.21）	11 3,220
	三重県洋食器・刃物・手道具・金物類製造業最低賃金㊟ 　　　　　　　　　　　　　〔H2. 5.11〕 　1　適用する使用者 　　　三重県の区域内で次に掲げるいずれかの産業を営む使用者 　（1）洋食器・刃物・手道具・金物類製造業 　（2）（1）に掲げる産業において管理,補助的経済活動を行う事業所 　（3）純粋持株会社（管理する全子会社を通じての主要な経済活動が(1)に掲げる産業に分類されるものに限る。） 　2　適用する労働者 　　　前号の使用者に使用される労働者。ただし、次に掲げる者を除く。 　（1）18歳未満又は65歳以上の者 　（2）雇入れ後3月未満の者であって、技能習得中のもの 　（3）次に掲げる業務に主として従事する者 　　イ　清掃又は片付けの業務 　　ロ　書類等の事業場内集配、複写、運搬又は簡易な入力の業務 　　ハ　手作業により又は手工具若しくは小型機械を用いて行う包装、袋詰め、箱詰め、穴あけ、取付け、検数又は材料若しくは部品の送給の業務（これらの業務のうち、流れ作業の中で行う業務を除く。） 　　ニ　塗装若しくはメッキにおけるマスキング又はさび止めの処理の業務	843円　→㊟ （H27.12.20）	74 2,240

（注）最低賃金との比較については、7頁の5を参照。

◆**24** ────── 三　重

区分	最　低　賃　金　件　名 〔新 設 発 効 年 月 日〕 適　　用　　範　　囲	最 低 賃 金 額 時 間 額（日 額） （改正発効年月日）	適用使用者数 適用労働者数（人）
特 定 最 低 賃 金	**三 重 県 一 般 機 械 器 具 製 造 業 最 低 賃 金**㊤ 　　　　　　　　　　〔H2. 5. 7〕 　1　適用する使用者 　　三重県の区域内で一般機械器具製造業（ボイラ・原動機製造業、農業用機械製造業（農業用器具を除く）のうち農業用トラクタ製造業、建設機械・鉱山機械製造業（建設用クレーン製造業を除く。）及び金属加工機械製造業を除く。）を営む使用者 　2　適用する労働者 　　前号の使用者に使用される労働者。ただし、次に掲げる者を除く。 　（1）18歳未満又は65歳以上の者 　（2）雇入れ後3月未満の者であって、技能習得中のもの 　（3）次に掲げる業務に主として従事する者 　　イ　清掃又は片付けの業務 　　ロ　賄い又は雑役の業務 　　ハ　書類等の事業場内集配、複写又は運搬の業務 　　ニ　手作業により又は手工具若しくは小型機械を用いて行う包装、袋詰め、箱詰め、洗浄、バリ取り、かしめ、穴あけ、取付け又は材料若しくは部品の供給、取そろえ、結束の業務（これらの業務のうち、流れ作業の中で行う業務を除く。） 　　ホ　塗装品の単純な吊り掛け又は吊り下ろしの業務 　　ヘ　塗装若しくはメッキにおけるマスキング又はさび止めの処理の業務	762円　→　㊨ （H15.12.15）	362 14,350
	三重県電子部品・デバイス・電子回路、電気機械器具、情報通信機械器具製造業最低賃金㊙ 　　　　　　　　　　〔H1. 2.11〕 　1　適用する使用者 　　三重県の区域内で次に掲げるいずれかの産業を営む使用者 　（1）電子部品・デバイス・電子回路製造業 　（2）電気機械器具製造業（電球・電気照明器具製造業、電子応用装置製造業、電気計測器製造業、その他の電気機械製造業及びこれらの産業において管理, 補助的経済活動を行う事業所を除く。） 　（3）情報通信機械器具製造業（ビデオ機器製造業、デジタルカメラ製造業、電子計算機・同附属品装置製造業及びこれらの産業において管理, 補助的経済活動を行う事業所を除く。） 　（4）純粋持株会社（管理する全子会社を通じての主要な経済活動が(1)から(3)までに掲げる産業に分類されるものに限る。） 　2　適用する労働者 前号の使用者に使用される労働者。ただし、次に掲げる者を除く。 　（1）18歳未満又は65歳以上の者 　（2）雇入れ後3月未満の者であって、技能習得中のもの 　（3）次に掲げる業務に主として従事する者 　　イ　清掃又は片付けの業務 　　ロ　卓上において手工具又は小型動力機を用いて行う組線、巻線、端末処理、かしめ、穴あけ、ねじ切り、曲げ、バリ取り、マーク打ち、打抜き又は刻印の業務 　　ハ　手作業による検品、検数、選別、材料若しくは部品の供給若しくは取りそろえ、洗浄、包装、袋詰め、箱詰め、ラベルはり、メッキのマスキング、みがき、脱脂、塗油又は運搬の業務 　　ニ　書類等の事業場内集配、複写又は運搬の業務 　　ホ　賄い又は雑役の業務	906円 （R2.12.21）	354 28,460

三　重───◆24◆

区　分	最　低　賃　金　件　名 〔新　設　発　効　年　月　日〕 適　用　範　囲	最　低　賃　金　額 時　間　額（日　額） （改正発効年月日）	適用使用者数 適用労働者数（人）
特 定 最 低 賃 金	三重県建設機械・鉱山機械製造業、自動車・同附属品製造業、船舶製造・修理業，舶用機関製造業、産業用運搬車両・同部分品・附属品製造業、その他の輸送用機械器具製造業最低賃金㋦ 　　　　　　　　　　　　　　〔H2. 5.31〕 1　適用する使用者 　三重県の区域内で次に掲げるいずれかの産業を営む使用者 　(1)　建設機械・鉱山機械製造業のうち建設用ショベルトラック製造業 　(2)　自動車・同附属品製造業 　(3)　船舶製造・修理業，舶用機関製造業 　(4)　産業用運搬車両・同部分品・附属品製造業 　(5)　その他の輸送用機械器具製造業（自転車・同部分品製造業を除く。） 　(6)　(1)から(5)までに掲げる産業において管理,補助的経済活動を行う事業所 　(7)　純粋持株会社（管理する全子会社を通じての主要な経済活動が(1)から(5)までに掲げる産業に分類されるものに限る。） 2　適用する労働者 　前号の使用者に使用される労働者。ただし、次に掲げる者を除く。 　(1)　18歳未満又は65歳以上の者 　(2)　雇入れ後3月未満の者であって、技能習得中のもの 　(3)　次に掲げる業務に主として従事する者 　　イ　清掃又は片付けの業務 　　ロ　賄いの業務 　　ハ　書類等の事業場内集配、複写又は運搬の業務 　　ニ　手作業により又は手工具若しくは小型機械を用いて行う包装、袋詰め、箱詰め、洗浄、バリ取り、かしめ、穴あけ、取付け、選別、検数又は材料若しくは部品の送給、取りそろえの業務（これらの業務のうち、流れ作業の中で行う業務を除く。） 　　ホ　手作業による簡単なさび落とし、塗装若しくはメッキにおけるマスキング又はさび止めの処理の業務	942円 （R2.12.21）	434 34,320

（注）最低賃金との比較については、7頁の5を参照。

◆**25** ——— 滋　賀

区　分	最　低　賃　金　件　名 〔新　設　発　効　年　月　日〕 適　用　範　囲	最　低　賃　金 時　間　額 （改正発効年月日）	適用使用者数 適用労働者数（人）
地域別最低賃金	滋　賀　県　最　低　賃　金 〔S47. 7. 1〕 滋賀県の区域内の事業場で働くすべての労働者とその使用者	868円 （R2.10. 1）	38,836 543,300
特　定　最　低　賃　金	滋賀県**紡績業，化学繊維製造業、その他の織物業、染色整理業、繊維粗製品製造業、その他の繊維製品製造業**最低賃金㉒ 〔H18.12.16〕 1　適用する使用者 　　滋賀県の区域内で次に掲げるいずれかの産業を営む使用者 　(1)　製糸業，紡績業，化学繊維・ねん糸等製造業（綿紡績業、化学繊維紡績業、毛紡績業又はその他の紡績業に限る。） 　(2)　その他の織物業 　(3)　染色整理業 　(4)　綱・網・レース・繊維粗製品製造業（整毛業、フェルト・不織布製造業、上塗りした織物・防水した織物製造業又はその他の繊維粗製品製造業（モール製造業、ふさ類製造業、巻きひも製造業、編ひも製造業及びよりひも製造業を除く。）に限る。） 　(5)　その他の繊維製品製造業（じゅうたん・その他の繊維製床敷物製造業又は繊維製衛生材料製造業に限る。） 　(6)　(1)から(5)までに掲げる産業において管理，補助的経済活動を行う事業所 　(7)　純粋持株会社（管理する全子会社を通じての主要な経済活動が(1)から(5)までに掲げる産業に分類されるものに限る。） 2　適用する労働者 　　前号の使用者に使用される労働者。ただし、次に掲げる者を除く。 　(1)　18歳未満又は65歳以上の者 　(2)　雇入れ後3月未満の者であって、技能習得中のもの 　(3)　次に掲げる業務に主として従事する者 　　イ　清掃又は片付けの業務 　　ロ　糸繰り、糸巻き、経通し、糸きり、管巻き、糸節取り、検反、検品、合糸、ワインダー、晒・染め・精練・整経の下準備、包装、箱詰め又は下回りの業務	789円　→　㉘ （H28.12.30）	78 2,000

滋　賀————25

区　分	最　低　賃　金　件　名 〔新 設 発 効 年 月 日〕 適　用　範　囲	最　低　賃　金 時　間　額 （改正発効年月日）	適用使用者数 適用労働者数（人）
特 定 最 低 賃 金	滋賀県ガラス・同製品、セメント・同製品、衛生陶器、炭素・黒鉛製品、炭素繊維製造業最低賃金㊤ 〔H2. 1.10〕 1　適用する使用者 　　滋賀県の区域内で次に掲げるいずれかの産業を営む使用者 （1）ガラス・同製品製造業 （2）セメント・同製品製造業（生コンクリート製造業及びコンクリート製品製造業を除く。） （3）衛生陶器製造業 （4）炭素・黒鉛製品製造業 （5）炭素繊維製造業 （6）（1）から（5）までに掲げる産業において管理，補助的経済活動を行う事業所 （7）純粋持株会社（管理する全子会社を通じての主要な経済活動が（1）から（5）までに掲げる産業に分類されるものに限る。） 2　適用する労働者 　　前号の使用者に使用される労働者。ただし、次に掲げる者を除く。 （1）18歳未満又は65歳以上の者 （2）雇入れ後３月未満の者であって、技能習得中のもの （3）清掃又は片付けの業務に主として従事する者	924円 （R2.12.31）	60 4,530
	滋賀県はん用機械器具、生産用機械器具、業務用機械器具製造業最低賃金㊤ 〔H2. 1.10〕 1　適用する使用者 　　滋賀県の区域内で次に掲げるいずれかの産業を営む使用者 （1）はん用機械器具製造業 （2）生産用機械器具製造業（農業用機械製造業（農業用器具を除く）（農業用トラクタ製造業を除く。）、建設用ショベルトラック製造業及びこれらの産業において管理，補助的経済活動を行う事業所を除く。） （3）業務用機械器具製造業（事務用機械器具製造業、サービス用・娯楽用機械器具製造業又はこれらの産業において管理，補助的経済活動を行う事業所に限る。） （4）純粋持株会社（管理する全子会社を通じての主要な経済活動が（1）から（3）までに掲げる産業に分類されるものに限る。） 2　適用する労働者 　　前号の使用者に使用される労働者。ただし、次に掲げる者を除く。 （1）18歳未満又は65歳以上の者 （2）雇入れ後６月未満の者であって、技能習得中のもの （3）清掃又は片付けの業務に主として従事する者	933円 （R2.12.31）	520 21,240

（注）最低賃金との比較については、7頁の5を参照。

区 分	最 低 賃 金 件 名 〔新設発効年月日〕 適 用 範 囲	最 低 賃 金 時 間 額 （改正発効年月日）	適用使用者数 適用労働者数（人）
特 定 最 低 賃 金	滋賀県**計量器・測定器・分析機器・試験機、光学機械器具・レンズ、電子部品・デバイス・電子回路、電気機械器具、情報通信機械器具製造業**最低賃金㊐ 〔H24.12.28〕 1 適用する使用者 　滋賀県の区域内で次に掲げるいずれかの産業を営む使用者 (1) 計量器・測定器・分析機器・試験機・測量機械器具・理化学機械器具製造業（測量機械器具製造業及び理化学機械器具製造業を除く。） (2) 光学機械器具・レンズ製造業 (3) 電子部品・デバイス・電子回路製造業 (4) 電気機械器具製造業（電池製造業、電気計測器製造業、その他の電気機械器具製造業及びこれらの産業において管理，補助的経済活動を行う事業所を除く。） (5) 情報通信機械器具製造業 (6) (1)又は(2)に掲げる産業において管理，補助的経済活動を行う事業所 (7) 純粋持株会社（管理する全子会社を通じての主要な経済活動が(1)から(5)までに掲げる産業に分類されるものに限る。） 2 適用する労働者 　前号の使用者に使用される労働者。ただし、次に掲げる者を除く。 (1) 18歳未満又は65歳以上の者 (2) 雇入れ後6月未満の者であって、技能習得中のもの (3) 次に掲げる業務に主として従事する者 　イ　清掃又は片付けの業務 　ロ　手作業による刻印、包装又は選別の業務 　ハ　部品の組立ての業務のうち、卓上で行う軽易な組線、巻線、かしめ又は取付けの業務	917円 （R2.12.31）	342 28,020
	滋賀県**自動車・同附属品製造業**最低賃金㊂ 〔S63.12.12〕 1 適用する使用者 　滋賀県の区域内で次に掲げるいずれかの産業を営む使用者 (1) 自動車・同附属品製造業 (2) (1)に掲げる産業において管理，補助的経済活動を行う事業所 (3) 純粋持株会社（管理する全子会社を通じての主要な経済活動が(1)に掲げる産業に分類されるものに限る。） 2 適用する労働者 　前号の使用者に使用される労働者。ただし、次に掲げる者を除く。 (1) 18歳未満又は65歳以上の者 (2) 雇入れ後6月未満の者であって、技能習得中のもの (3) 次に掲げる業務に主として従事する者 　イ　清掃又は片付けの業務 　ロ　卓上で行う軽易な部品の組立て、刻印、選別、包装又はバリ取りの業務 　ハ　手作業又は手工具若しくは小型機械を用いて行うシートベルトのウェビングの溶断又は縫製の業務（これらの業務のうち、流れ作業の中で行う業務を除く。）	936円 （R2.12.31）	99 9,850

滋　賀 ────── ◆25◆

区　分	最　低　賃　金　件　名 〔新 設 発 効 年 月 日〕 適　　用　　範　　囲	最　低　賃　金 時　間　額 （改正発効年月日）	適用使用者数 適用労働者数（人）
特 定 最 低 賃 金	滋 賀 県 **各 種 商 品 小 売 業** 最 低 賃 金 ㉭ 　　　　　　　　　　　　　　　　〔H2. 3.16〕 1　適用する使用者 　　滋賀県の区域内で次に掲げるいずれかの産業を営む使用者 　(1)　各種商品小売業 　(2)　純粋持株会社（管理する全子会社を通じての主要な経済活動が(1)に掲げる産業に分類されるものに限る。） 2　適用する労働者 　　前号の使用者に使用される労働者。ただし、次に掲げる者を除く。 　(1)　18歳未満又は65歳以上の者 　(2)　雇入れ後 3 月未満の者であって、技能習得中のもの 　(3)　清掃又は片付けの業務に主として従事する者	840円 → ㊌ （H30.12.29）	34 5,120

（注）最低賃金との比較については、7 頁の 5 を参照。

◆26 ── 京　都

区分	最　低　賃　金　件　名 〔新 設 発 効 年 月 日〕 適　用　範　囲	最 低 賃 金 額 時 間 額（日 額） （改正発効年月日）	適用使用者数 適用労働者数（人）
地域別最低賃金	京　都　府　最　低　賃　金 〔S49. 1.16〕 京都府の区域内の事業場で働くすべての労働者とその使用者	909円 （R1.10. 1）	78,336 1,007,300
特定最低賃金	京　都　府　印　刷　業　最　低　賃　金㊜ 〔H2. 1.24〕 1　適用する使用者 　　京都府の区域内で次に掲げるいずれかの産業を営む使用者 （1）印刷業 （2）（1）に掲げる産業において管理，補助的経済活動を行う事業所 （3）純粋持株会社（管理する全子会社を通じての主要な経済活動が（1）に掲げる産業に分類されるものに限る。） 2　適用する労働者 　　前号の使用者に使用される労働者。ただし、次に掲げる者を除く。 （1）18歳未満又は65歳以上の者 （2）雇入れ後３月未満の者であって、技能習得中のもの （3）次に掲げる業務に主として従事する者 　イ　清掃、片付け又は賄いの業務 　ロ　手作業による印刷物の運搬、整理、選別、包装、はさみ込み、荷札付け、袋はり、封筒入れ又は帯封の業務	765円 → ㊖ （H22.12.18）	722 7,600
	京都府**金属素形材製品、ボルト・ナット・リベット・小ねじ・木ねじ等製造業**最低賃金㊜ 〔H1.12.27〕 1　適用する使用者 　　京都府の区域内で次に掲げるいずれかの産業を営む使用者 （1）金属素形材製品製造業（粉末や金製品製造業を除く。） （2）ボルト・ナット・リベット・小ねじ・木ねじ等製造業 （3）（1）又は（2）に掲げる産業において管理，補助的経済活動を行う事業所 （4）純粋持株会社（管理する全子会社を通じての主要な経済活動が（1）又は（2）に掲げる産業に分類されるものに限る。） 2　適用する労働者 　　前号の使用者に使用される労働者。ただし、次に掲げる者を除く。 （1）18歳未満又は65歳以上の者 （2）雇入れ後６月未満の者であって、技能習得中のもの （3）次の業務に主として従事する者 　イ　清掃、片付け又は賄いの業務 　ロ　部分品の組立て又は加工の業務のうち、手作業により又は手工具若しくは小型動力機を用いて行う組線、取付け、かしめ又はバリ取りの業務 　ハ　手作業による検数、選別、包装、材料若しくは部品の取りそろえ又は洗浄の業務 　ニ　塗装若しくはメッキにおけるマスキング又はさび止め処理の業務 　ホ　書類等の事業場内集配又は複写の業務	933円 （R1.12.22）	148 2,200

区　分	最　低　賃　金　件　名 〔新設発効年月日〕 適　　用　　範　　囲	最　低　賃　金　額 時　間　額（日　額） （改正発効年月日）	適用使用者数 適用労働者数（人）
特 定 最 低 賃 金	京都府ポンプ・圧縮機器製造業、一般産業用機械・ 装置製造業、その他のはん用機械・同部分品製造業、 繊維機械製造業、生活関連産業用機械製造業、基礎 素材産業用機械製造業、金属加工機械製造業、半導 体・フラットパネルディスプレイ製造装置製造業、 その他の生産用機械・同部分品製造業、事務用機械 器具製造業、サービス用・娯楽用機械器具製造業、 建設機械・鉱山機械製造業最低賃金㉚ 　　　　　　　　　　　　　　　〔H2. 1. 6〕 1　適用する使用者 　　京都府の区域内で次に掲げるいずれかの産業を営む使用 　者 　(1)　ポンプ・圧縮機器製造業 　(2)　一般産業用機械・装置製造業 　(3)　その他のはん用機械・同部分品製造業（他に分類され 　　ないはん用機械・装置製造業に限る。） 　(4)　繊維機械製造業 　(5)　生活関連産業用機械製造業（包装・荷造機械製造業を 　　除く。） 　(6)　基礎素材産業用機械製造業 　(7)　金属加工機械製造業 　(8)　半導体・フラットパネルディスプレイ製造装置製造業 　(9)　その他の生産用機械・同部分品製造業（真空装置・真 　　空機器製造業又は他に分類されない生産用機械・同部分 　　品製造業に限る。） 　(10)　事務用機械器具製造業 　(11)　サービス用・娯楽用機械器具製造業 　(12)　建設機械・鉱山機械製造業のうち建設用クレーン製 　　造業 　(13)　(1)から(12)までに掲げる産業において管理，補助的 　　経済活動を行う事業所 　(14)　純粋持株会社（管理する全子会社を通じての主要な 　　経済活動が(1)から(12)までに掲げる産業に分類される 　　ものに限る。） 2　適用する労働者 　　前号の使用者に使用される労働者。ただし、次に掲げる 　者を除く。 　(1)　18歳未満又は65歳以上の者 　(2)　雇入れ後 6 月未満の者であって、技能習得中のもの 　(3)　次に掲げる業務に主として従事する者 　　イ　清掃、片付け又は賄いの業務 　　ロ　部分品の組立て又は加工の業務のうち、手作業によ 　　　り又は手工具若しくは小型動力機を用いて行う組線、 　　　取付け、かしめ又はバリ取りの業務 　　ハ　手作業による検数、選別、包装、材料若しくは部品 　　　の取りそろえ又は洗浄の業務 　　ニ　塗装若しくはメッキにおけるマスキング又は防さび 　　　処理の業務 　　ホ　書類等の事業場内集配又は複写の業務	822円　→　㉚ （H20.12.21）	936 15,890

（注）最低賃金との比較については、7 頁の 5 を参照。

26 ── 京　都

区　分	最　低　賃　金　件　名 〔新設発効年月日〕 適　用　範　囲	最　低　賃　金　額 時　間　額（日　額） （改正発効年月日）	適用使用者数 適用労働者数（人）
特 定 最 低 賃 金	京都府**電子部品・デバイス・電子回路、電気機械器具、情報通信機械器具製造業**最低賃金㊂ 　　　　　　　　　　　　　　　　　　〔S63.12.28〕 　1　適用する使用者 　　　京都府の区域内で次に掲げるいずれかの産業を営む使用者 　　(1)　電子部品・デバイス・電子回路製造業 　　(2)　電気機械器具製造業 　　(3)　情報通信機械器具製造業 　　(4)　純粋持株会社（管理する全子会社を通じての主要な経済活動が(1)から(3)までに掲げる産業に分類されるものに限る。） 　2　適用する労働者 　　　前号の使用者に使用される労働者。ただし、次に掲げる者を除く。 　　(1)　18歳未満又は65歳以上の者 　　(2)　雇入れ後 6 月未満の者であって、技能習得中のもの 　　(3)　次に掲げる業務に主として従事する者 　　　イ　清掃、片付け又は賄いの業務 　　　ロ　部分品の組立て又は加工の業務のうち、手作業により又は手工具若しくは小型動力機を用いて行う組線、取付け、かしめ又はバリ取りの業務 　　　ハ　手作業による検数、選別、包装、材料若しくは部品の取りそろえ又は洗浄の業務 　　　ニ　塗装若しくはメッキにおけるマスキング又は防さび処理の業務 　　　ホ　書類等の事業場内集配又は複写の業務	936円 （R1.12.22）	701 26,490
	京都府**輸送用機械器具、建設機械・鉱山機械製造業**最低賃金㊂ 　　　　　　　　　　　　　　　　　　〔H13.12.20〕 　1　適用する使用者 　　　京都府の区域内で次に掲げるいずれかの産業を営む使用者 　　(1)　輸送用機械器具製造業（自転車・同部品製造業を除く。） 　　(2)　建設機械・鉱山機械製造業のうち建設用ショベルトラック製造業 　　(3)　(2)に掲げる産業において管理，補助的経済活動を行う事業所 　　(4)　純粋持株会社（管理する全子会社を通じての主要な経済活動が(1)又は(2)に掲げる産業に分類されるものに限る。） 　2　適用する労働者 　　　前号の使用者に使用される労働者。ただし、次に掲げる者を除く。 　　(1)　18歳未満又は65歳以上の者 　　(2)　雇入れ後 6 月未満の者であって、技能習得中のもの 　　(3)　次に掲げる業務に主として従事する者 　　　イ　清掃、片付け又は賄いの業務 　　　ロ　部分品の組立て又は加工の業務のうち、手作業により又は手工具若しくは小型動力機を用いて行う組線、取付け、かしめ又はバリ取りの業務 　　　ハ　手作業による検数、選別、包装、材料若しくは部品の取りそろえ又は洗浄の業務 　　　ニ　塗装若しくはメッキにおけるマスキング又は防さび処理の業務 　　　ホ　手作業により又は手工具若しくは小型動力機を用いて行う簡易なさび止め、さび落とし又は塗装の業務 　　　ヘ　書類等の事業場内集配又は複写の業務	947円 （R1.12.22）	198 7,850

京　都──── ◆26◆

区　分	最　低　賃　金　件　名 〔新設発効年月日〕 適　用　範　囲	最　低　賃　金　額 時　間　額（日　額） （改正発効年月日）	適用使用者数 適用労働者数（人）
特 **定** **最** **低** **賃** **金**	京 都 府 **各 種 商 品 小 売 業** 最 低 賃 金㊅ 　　　　　　　　　　　　　　　　　〔H1. 6.17〕 　1　適用する使用者 　　　京都府の区域内で次に掲げるいずれかの産業を営む使用者 　　(1)　各種商品小売業 　　(2)　純粋持株会社（管理する全子会社を通じての主要な経済活動が(1)に掲げる産業に分類されるものに限る。） 　2　適用する労働者 　　　前号の使用者に使用される労働者。ただし、次に掲げる者を除く。 　　(1)　18歳未満又は65歳以上の者 　　(2)　雇入れ後３月未満の者であって、技能習得中のもの 　　(3)　清掃、片付け又は賄いの業務に主として従事する者	910円 （R1.12.22）	76 8,370
	京 都 府 **自 動 車 （新 車） 小 売 業** 最 低 賃 金㊂ 　　　　　　　　　　　　　　　　　〔H13. 1.20〕 　1　適用する使用者 　　　京都府の区域内で次に掲げるいずれかの産業を営む使用者 　　(1)　自動車（新車）小売業のうち、自動車メーカー（販売子会社及び日本法人を含む）と新車販売契約を結んでいるディーラー 　　(2)　(1)に掲げる産業において管理，補助的経済活動を行う事業所 　　(3)　純粋持株会社（管理する全子会社を通じての主要な経済活動が(1)に掲げる産業に分類されるものに限る。） 　2　適用する労働者 　　　前号の使用者に使用される労働者。ただし、次に掲げる者を除く。 　　(1)　18歳未満又は65歳以上の者 　　(2)　雇入れ後３月未満の者であって、技能習得中のもの。ただし、自動車整備の業務に主として従事する者については、雇入れ後６月未満の者であって、技能習得中のもの 　　(3)　次に掲げる業務に主として従事する者 　　　イ　清掃、片付け又は賄いの業務 　　　ロ　洗車、ワックスかけ又は駐車場内整理の業務 　　　ハ　受付補助又は書類等の事業場内集配、複写若しくは転記の業務	911円 （R2. 1. 9）	597 5,690

（注）最低賃金との比較については、７頁の５を参照。

27 —— 大 阪

区 分	最 低 賃 金 件 名 〔新設発効年月日〕 適 用 範 囲	最 低 賃 金 時 間 額 （改正発効年月日）	適用使用者数 適用労働者数（人）
地域別最低賃金	大 阪 府 最 低 賃 金 〔S48.11.25〕 大阪府の区域内の事業場で働くすべての労働者とその使用者	964円 （R1.10. 1）	284,897 3,959,100
特　定　最　低　賃　金	大 阪 府 塗料製造業 最 低 賃 金㊡ 〔H1.10.31〕 1　適用する使用者 　　大阪府の区域内で塗料製造業、当該産業において管理,補助的経済活動を行う事業所又は純粋持株会社（管理する全子会社を通じての主要な経済活動が塗料製造業に分類されるものに限る。）を営む使用者 2　適用する労働者 　　前号の使用者に使用される労働者。ただし、次に掲げる者を除く。 　(1)　18歳未満又は65歳以上の者 　(2)　雇入れ後3月未満の者であって、技能習得中のもの 　(3)　次に掲げる業務に主として従事する者 　　イ　清掃又は片付けの業務 　　ロ　ラベルはりの業務 　　ハ　手作業による空き缶及びふたの取りそろえ並びに充てんラインへの送給、包装、箱詰め、袋詰め、こん包又は18リットル缶未満の充てん製品運搬の業務	971円 （R2.12. 1）	79 2,040
	大 阪 府 鉄 鋼 業 最 低 賃 金㊡ 〔H2. 3.31〕 1　適用する使用者 　　大阪府の区域内で鉄鋼業又は純粋持株会社（管理する全子会社を通じての主要な経済活動が鉄鋼業に分類されるものに限る。）を営む使用者 2　適用する労働者 　　前号の使用者に使用される労働者。ただし、次に掲げる者を除く。 　(1)　18歳未満又は65歳以上の者 　(2)　雇入れ後3月未満の者であって、技能習得中のもの 　(3)　清掃又は片付けの業務に主として従事する者	968円 （R2.12. 1）	986 17,160
	大阪府非鉄金属・同合金圧延業、電線・ケーブル製造業最低賃金㊧ 〔H3. 3.30〕 1　適用する使用者 　　大阪府の区域内で非鉄金属・同合金圧延業（抽伸, 押出しを含む）、電線・ケーブル製造業、これらの産業において管理,補助的経済活動を行う事業所又は純粋持株会社（管理する全子会社を通じての主要な経済活動が非鉄金属・同合金圧延業（抽伸,押出しを含む）又は電線・ケーブル製造業に分類されるものに限る。）を営む使用者 2　適用する労働者 　　前号の使用者に使用される労働者。ただし、次に掲げる者を除く。 　(1)　18歳未満又は65歳以上の者 　(2)　雇入れ後3月未満の者であって、技能習得中のもの 　(3)　次に掲げる業務に主として従事する者 　　イ　清掃又は片付けの業務 　　ロ　ワイヤーハーネスの製造に係る業務のうち、手工具若しくは小型動力工具を使用して行う組線、取付け、かしめ又は刻印の業務	965円 （R1.12. 1）	144 4,710

大　阪────◆27◆

区分	最　低　賃　金　件　名 〔新 設 発 効 年 月 日〕 適　　用　　範　　囲	最　低　賃　金 時　間　額 （改正発効年月日）	適用使用者数 適用労働者数（人）
特 定 最 低 賃 金	大阪府はん用機械器具製造業、生産用機械器具製造業、業務用機械器具製造業、暖房・調理等装置，配管工事用附属品、金属線製品製造業、船舶製造・修理業，舶用機関製造業最低賃金㊝ 　　　　　　　　　　　　　　　〔H2.5.20〕 1　適用する使用者 　　大阪府の区域内で暖房・調理等装置，配管工事用附属品製造業、金属線製品製造業（ねじ類を除く）、農業用機械製造業（農業用器具を除く）、建設機械・鉱山機械製造業、縫製機械製造業、包装・荷造機械製造業、化学機械・同装置製造業、金属用金型・同部分品製造業、非金属用金型・同部分品製造業、産業用ロボット製造業、事務用機械器具製造業、サービス用・娯楽用機械器具製造業、船舶製造・修理業，舶用機関製造業、これらの産業において管理，補助的経済活動を行う事業所、はん用機械器具製造業又は純粋持株会社（管理する全子会社を通じての主要な経済活動が暖房・調理等装置，配管工事用附属品製造業、金属線製品製造業（ねじ類を除く）、農業用機械製造業（農業用器具を除く）、建設機械・鉱山機械製造業、縫製機械製造業、包装・荷造機械製造業、化学機械・同装置製造業、金属用金型・同部分品製造業、非金属用金型・同部分品製造業、産業用ロボット製造業、事務用機械器具製造業、サービス用・娯楽用機械器具製造業、船舶製造・修理業，舶用機関製造業又ははん用機械器具製造業に分類されるものに限る。）を営む使用者 2　適用する労働者 　　前号の使用者に使用される労働者。ただし、次に掲げる者を除く。 　（1）18歳未満又は65歳以上の者 　（2）雇入れ後3月未満の者であって、技能習得中のもの 　（3）清掃又は片付けの業務に主として従事する者	968円 （R2.12.1）	3,742 56,560
	大阪府電子部品・デバイス・電子回路、電気機械器具、情報通信機械器具製造業最低賃金㊝ 　　　　　　　　　　　　　　　〔S63.10.31〕 1　適用する使用者 　　大阪府の区域内で電子部品・デバイス・電子回路製造業、電気機械器具製造業（電球製造業、電気計測器製造業及びこれらの産業において管理，補助的経済活動を行う事業所を除く。以下同じ。）、情報通信機械器具製造業又は純粋持株会社（管理する全子会社を通じての主要な経済活動が電子部品・デバイス・電子回路製造業、電気機械器具製造業又は情報通信機械器具製造業に分類されるものに限る。）を営む使用者 2　適用する労働者 　　前号の使用者に使用される労働者。ただし、次に掲げる者を除く。 　（1）18歳未満又は65歳以上の者 　（2）雇入れ後3月未満の者であって、技能習得中のもの 　（3）次に掲げる業務に主として従事する者 　　イ　清掃又は片付けの業務 　　ロ　手作業による包装又は袋詰めの業務 　　ハ　部品の組立て又は加工の業務のうち、手工具又は小型動力工具を使用して行う組線、取付け、かしめ、巻線若しくは刻印の業務	966円 （R2.12.1）	1,667 34,140

（注）最低賃金との比較については、7頁の5を参照。

27 ─── 大　阪

区　分	最　低　賃　金　件　名 〔新 設 発 効 年 月 日〕 適　　用　　範　　囲	最　低　賃　金 時　間　額 （改正発効年月日）	適用使用者数 適用労働者数 (人)
特 定 最 低 賃 金	大阪府**自動車・同附属品製造業**最低賃金㊙ 　　　　　　　　　　　　　　　　〔H2. 5. 5〕 　1　適用する使用者 　　　大阪府の区域内で自動車・同附属品製造業、当該産業に おいて管理，補助的経済活動を行う事業所又は純粋持株会 社(管理する全子会社を通じての主要な経済活動が自動車・ 同附属品製造業に分類されるものに限る。) を営む使用者 　2　適用する労働者 　　　前号の使用者に使用される労働者。ただし、次に掲げる 者を除く。 　(1) 18歳未満又は65歳以上の者 　(2) 雇入れ後3月未満の者であって、技能習得中のもの 　(3) 清掃又は片付けの業務に主として従事する者	970円 (R2.12. 1)	380 14,110
	大 阪 府 **自 動 車 小 売 業** 最 低 賃 金㊙ 　　　　　　　　　　　　　　　　〔H2. 3.31〕 　1　適用する使用者 　　　大阪府の区域内で自動車小売業（二輪自動車小売業（原 動機付自転車を含む）を除く。以下同じ。）、当該産業にお いて管理，補助的経済活動を行う事業所又は純粋持株会社 (管理する全子会社を通じての主要な経済活動が自動車小 売業に分類されるものに限る。) を営む使用者 　2　適用する労働者 　　　前号の使用者に使用される労働者。ただし、次に掲げる 者を除く。 　(1) 18歳未満又は65歳以上の者 　(2) 雇入れ後3月未満の者であって、技能習得中のもの 　(3) 清掃又は片付けの業務に主として従事する者	965円 (R1.12. 1)	1,963 19,550

兵　庫──────◆28◆

区　分	最　低　賃　金　件　名 〔新 設 発 効 年 月 日〕 適　用　範　囲	最　低　賃　金 時　間　額 （改正発効年月日）	適用使用者数 適用労働者数（人）
地域別最低賃金	**兵　庫　県　最　低　賃　金** 〔S49. 1. 9〕 兵庫県の区域内の事業場で働くすべての労働者とその使用者	900円 （R2.10. 1）	151,505 1,976,700
特　定　最　低　賃　金	**兵　庫　県 繊　維　工　業 最　低　賃　金**公 〔H22.12. 1〕 1　適用する使用者 　兵庫県の区域内で次に掲げるいずれかの産業を営む使用者 　(1) 製糸業，紡績業，化学繊維・ねん糸等製造業（製糸業、化学繊維製造業、炭素繊維製造業、ねん糸製造業（かさ高加工糸を除く）及びかさ高加工糸製造業を除く。） 　(2) 織物業（絹・人絹織物業及び麻織物業を除く。） 　(3) ニット生地製造業（たて編ニット生地製造業及び横編ニット生地製造業を除く。） 　(4) 染色整理業 　(5) 綱・網・レース・繊維粗製品製造業 　(6) じゅうたん・その他の繊維製床敷物製造業 　(7) 繊維製衛生材料製造業 　(8) (1)から(7)までに掲げる産業において管理，補助的経済活動を行う事業所 　(9) 純粋持株会社（管理する全子会社を通じての主要な経済活動が(1)から(7)までに掲げる産業に分類されるものに限る。） 2　適用する労働者 　前号の使用者に使用される労働者。ただし、次に掲げる者を除く。 　(1) 18歳未満又は65歳以上の者 　(2) 雇入れ後6月未満の者であって、技能習得中のもの 　(3) 次に掲げる業務に主として従事する者 　　イ　清掃、片付け、賄い又は雑役の業務 　　ロ　糸繰り、かせ取り、経通し、管巻き、起毛、編立補助、縫製、刺繍、紐製造、仕上げ補助、検品、包装、荷造、カード付け、染色準備又は下仕事の業務	800円 → 地 （H28. 3. 1）	114 1,880
	兵　庫　県 塗　料　製　造　業 最　低　賃　金協 〔S63. 3.16〕 1　適用する使用者 　兵庫県の区域内で次に掲げるいずれかの産業を営む使用者 　(1) 塗料製造業 　(2) (1)に掲げる産業において管理，補助的経済活動を行う事業所 　(3) 純粋持株会社（管理する全子会社を通じての主要な経済活動が(1)に掲げる産業に分類されるものに限る。） 2　適用する労働者 　前号の使用者に使用される労働者。ただし、次に掲げる者を除く。 　(1) 18歳未満又は65歳以上の者 　(2) 雇入れ後6月未満の者であって、技能習得中のもの 　(3) 次に掲げる業務に主として従事する者 　　イ　清掃、片付け、軽易な運搬又は賄いの業務 　　ロ　手作業により又は手工具を用いて行う包装、袋詰め、箱詰め、ラベルはり、値札付け、検数若しくは選別の業務	973円 （R2.12. 1）	50 1,710

（注）最低賃金との比較については、7頁の5を参照。

28 ———— 兵　庫

区　分	最　低　賃　金　件　名 〔新　設　発　効　年　月　日〕 適　　用　　範　　囲	最　低　賃　金 時　間　額 （改正発効年月日）	適用使用者数 適用労働者数（人）
特 定 最 低 賃 金	兵　庫　県　**鉄　鋼　業**　最　低　賃　金㊗ 　　　　　　　　　　　　　　〔H2. 2.16〕 　1　適用する使用者 　　　兵庫県の区域内で次に掲げるいずれかの産業を営む使用者 　（1）鉄鋼業 　（2）純粋持株会社（管理する全子会社を通じての主要な経済活動が(1)に掲げる産業に分類されるものに限る。） 　2　適用する労働者 　　　前号の使用者に使用される労働者。ただし、次に掲げる者を除く。 　（1）18歳未満又は65歳以上の者 　（2）雇入れ後6月未満の者であって、技能習得中のもの 　（3）次に掲げる業務に主として従事する者 　　イ　清掃、片付け又は賄いの業務 　　ロ　軽易な運搬の業務	964円 （R2.12. 1）	389 16,900
	兵庫県**はん用機械器具製造業、生産用機械器具製造業、業務用機械器具製造業**最低賃金㊑ 　　　　　　　　　　　　　　〔H2. 2.16〕 　1　適用する使用者 　　　兵庫県の区域内で次に掲げるいずれかの産業を営む使用者 　（1）はん用機械器具製造業 　（2）生産用機械器具製造業 　（3）業務用機械器具製造業（計量器・測定器・分析機器・試験機・測量機械器具・理化学機械器具製造業、医療用機械器具・医療用品製造業、光学機械器具・レンズ製造業、武器製造業を除く。） 　（4）純粋持株会社（管理する全子会社を通じての主要な経済活動が(1)から(3)までに掲げる産業に分類されるものに限る。） 　2　適用する労働者 　　　前号の使用者に使用される労働者。ただし、次に掲げる者を除く。 　（1）18歳未満又は65歳以上の者 　（2）雇入れ後6月未満の者であって、技能習得中のもの 　（3）次に掲げる業務に主として従事する者 　　イ　清掃、片付け又は賄いの業務 　　ロ　手作業により又は手工具を用いて行う包装、袋詰め、箱詰め、レッテル貼り、値札付け、検数又は選別の業務 　　ハ　塗装におけるマスキングの業務 　　ニ　軽易な運搬又は工具若しくは部品の整理の業務 　　ホ　材料の送給、洗浄、取揃え、刻印打ち又は結束の業務（これらの業務のうち流れ作業の中で行う業務を除く。）	944円 （R2.12. 6）	1,699 45,980

兵　庫　────28

区 分	最　低　賃　金　件　名 〔新 設 発 効 年 月 日〕 適　用　範　囲	最　低　賃　金 時　間　額 （改正発効年月日）	適用使用者数 適用労働者数（人）
特 定 最 低 賃 金	兵庫県**計量器・測定器・分析機器・試験機・測量機械器具製造業**最低賃金㊡ 　　　　　　　　　　　　　　〔H1.3.31〕 1　適用する使用者 　　兵庫県の区域内で次に掲げるいずれかの産業を営む使用者 　(1)　計量器・測定器・分析機器・試験機・測量機械器具・理化学機械器具製造業（理化学機械器具製造業を除く。） 　(2)　(1)に掲げる産業において管理，補助的経済活動を行う事業所 　(3)　純粋持株会社（管理する全子会社を通じての主要な経済活動が(1)に掲げる産業に分類されるものに限る。） 2　適用する労働者 　　前号の使用者に使用される労働者。ただし、次に掲げる者を除く。 　(1)　18歳未満又は65歳以上の者 　(2)　雇入れ後6月未満の者であって、技能習得中のもの 　(3)　次に掲げる業務に主として従事する者 　　イ　清掃、片付け、賄い、軽易な運搬又は工具若しくは部品の整理の業務 　　ロ　手作業による小物部品の包装、袋詰め又は箱入れの業務	903円 （R2.12.1）	65 1,920
	兵庫県**電子部品・デバイス・電子回路製造業、電気機械器具製造業、情報通信機械器具製造業**最低賃金㊡ 　　　　　　　　　　　　　　〔H1.3.31〕 1　適用する使用者 　　兵庫県の区域内で次に掲げるいずれかの産業を営む使用者 　(1)　電子部品・デバイス・電子回路製造業 　(2)　電気機械器具製造業（医療用計測器製造業（心電計製造業を除く。）及び当該産業において管理，補助的経済活動を行う事業所を除く。） 　(3)　情報通信機械器具製造業 　(4)　純粋持株会社（管理する全子会社を通じての主要な経済活動が(1)から(3)までに掲げる産業に分類されるものに限る。） 2　適用する労働者 　　前号の使用者に使用される労働者。ただし、次に掲げる者を除く。 　(1)　18歳未満又は65歳以上の者 　(2)　雇入れ後6月未満の者であって、技能習得中のもの 　(3)　次に掲げる業務に主として従事する者 　　イ　清掃、片付け、軽易な運搬又は賄いの業務 　　ロ　手作業により又は手工具、小型電動工具、卓上旋盤若しくは卓上ボール盤その他これらに準ずる操作が容易な小型機械（卓上において行うものに限る。）を用いて行う材料の送給、洗浄、取揃え、選別、部分品の差し・曲げ・切り、穴あけ、ねじ合わせ、刻印打ち、みがき、バリ取り、組線、巻線、はんだ付け、かしめ、取付け、塗装、塗油、検査、検数、結束、袋入れ、箱入れ、包装、レッテル貼り又は値札付けの業務（これらの業務のうち流れ作業の中で行う業務を除く。）	902円 （R2.12.1）	748 37,020

（注）最低賃金との比較については、7頁の5を参照。

28 ——— 兵　庫

区　分	最　低　賃　金　件　名 〔新設発効年月日〕 適　　用　　範　　囲	最　低　賃　金 時　間　額 （改正発効年月日）	適用使用者数 適用労働者数（人）
特 定	兵庫県**輸送用機械器具製造業**最低賃金㊡ 〔H2. 2.16〕 1　適用する使用者 　兵庫県の区域内で次に掲げるいずれかの産業を営む使用者 　(1)　鉄道車両・同部分品製造業 　(2)　船舶製造・修理業，舶用機関製造業 　(3)　航空機・同附属品製造業 　(4)　産業用運搬車両・同部分品・附属品製造業 　(5)　その他の輸送用機械器具製造業（自転車・同部分品製造業を除く。） 　(6)　(1)から(5)までに掲げる産業において管理，補助的経済活動を行う事業所 　(7)　純粋持株会社（管理する全子会社を通じての主要な経済活動が(1)から(5)までに掲げる産業に分類されるものに限る。） 2　適用する労働者 　前号の使用者に使用される労働者。ただし、次に掲げる者を除く。 　(1)　18歳未満又は65歳以上の者 　(2)　雇入れ後6月未満の者であって、技能習得中のもの 　(3)　次に掲げる業務に主として従事する者 　　イ　清掃、片付け又は賄いの業務 　　ロ　塗装におけるマスキングの業務 　　ハ　軽易な運搬又は工具若しくは部品の整理の業務 　　ニ　材料の送給、洗浄、取揃え、刻印打ち又は結束の業務 　　　（これらの業務のうち流れ作業の中で行う業務を除く。）	978円 （R2.12. 1）	339 12,800
最 低 賃	兵庫県**各種商品小売業**最低賃金㊨ 〔H2. 1. 3〕 1　適用する使用者 　兵庫県の区域内で次に掲げるいずれかの産業を営む使用者 　(1)　各種商品小売業 　(2)　純粋持株会社（管理する全子会社を通じての主要な経済活動が(1)に掲げる産業に分類されるものに限る。） 2　適用する労働者 　前号の使用者に使用される労働者。ただし、次に掲げる者を除く。 　(1)　18歳未満又は65歳以上の者 　(2)　雇入れ後3月未満の者であって、技能習得中のもの 　(3)　清掃又は片付けの業務に主として従事する者	797円 → ㊗ （H28. 2. 1）	204 21,130
金	兵庫県**自動車小売業**最低賃金㊡ 〔H2. 3.28〕 1　適用する使用者 　兵庫県の区域内で次に掲げるいずれかの産業を営む使用者 　(1)　自動車小売業（二輪自動車小売業（原動機付自転車を含む）を除く。） 　(2)　(1)に掲げる産業において管理，補助的経済活動を行う事業所 　(3)　純粋持株会社（管理する全子会社を通じての主要な経済活動が(1)に掲げる産業に分類されるものに限る。） 2　適用する労働者 　前号の使用者に使用される労働者。ただし、次に掲げる者を除く。 　(1)　18歳未満又は65歳以上の者 　(2)　雇入れ後3月未満の者であって、技能習得中のもの 　(3)　次に掲げる業務に主として従事する者 　　イ　清掃又は片付けの業務 　　ロ　洗車又はワックスかけの業務 　　ハ　塗装におけるマスキング又はさび止め処理の業務	901円 （R1.12. 1）	1,710 13,950

奈　良━━━◆29

区 分	最　低　賃　金　件　名 〔新　設　発　効　年　月　日〕 適　　用　　範　　囲	最　低　賃　金 時　間　額 （改正発効年月日）	適用使用者数 適用労働者数 （人）
地域別最低賃金	奈　良　県　最　低　賃　金 〔S48. 4.25〕 奈良県の区域内の事業場で働くすべての労働者とその使用者	838円 （R2.10. 1）	31,843 381,500
特　定　最　低　賃　金	奈良県はん用機械器具、生産用機械器具、業務用機械器具製造業最低賃金㊡ 〔H1.11.25〕 1　適用する使用者 　奈良県の区域内ではん用機械器具製造業、生産用機械器具製造業（建設用ショベルトラック製造業及び当該産業において管理，補助的経済活動を行う事業所を除く。以下同じ。）、業務用機械器具製造業（計量器・測定器・分析機器・試験機・測量機械器具・理化学機械器具製造業、医療用機械器具・医療用品製造業、光学機械器具・レンズ製造業、武器製造業及びこれらの産業において管理，補助的経済活動を行う事業所を除く。以下同じ。）又は純粋持株会社（管理する全子会社を通じての主要な経済活動がはん用機械器具製造業、生産用機械器具製造業又は業務用機械器具製造業に分類されるものに限る。）を営む使用者 2　適用する労働者 　前号の使用者に使用される労働者。ただし、次に掲げる者を除く。 （1）18歳未満又は65歳以上の者 （2）雇入れ後3月未満の者であって、技能習得中のもの （3）次に掲げる業務に主として従事する者 　イ　清掃又は片付けの業務 　ロ　手作業により又は手工具若しくは小型動力機を用いて行う包装、袋詰め、箱詰め、洗浄、バリ取り、組線、巻線、かしめ、穴あけ、組付け又は取付け、切断、軽易な運搬、目視による部品の選別又は検査の業務 　ハ　帳票の入力及び転記、書類等の集配・複写、郵送物等の仕分け・発送、消耗品の補充、炊事・湯茶の手配・給仕、受付・電話取次、これらに準ずる軽微な業務	898円 （R2.12.31）	207 6,950
	奈良県電子部品・デバイス・電子回路、発電用・送電用・配電用電気機械器具、産業用電気機械器具、民生用電気機械器具製造業最低賃金㊡ 〔H1.11.25〕 1　適用する使用者 　奈良県の区域内で発電用・送電用・配電用電気機械器具製造業、産業用電気機械器具製造業、民生用電気機械器具製造業、これらの産業において管理，補助的経済活動を行う事業所、電子部品・デバイス・電子回路製造業（光ディスク・磁気ディスク・磁気テープ製造業及び当該産業において管理,補助的経済活動を行う事業所を除く。以下同じ。）又は純粋持株会社（管理する全子会社を通じての主要な経済活動が発電用・送電用・配電用電気機械器具製造業、産業用電気機械器具製造業、民生用電気機械器具製造業又は電子部品・デバイス・電子回路製造業に分類されるものに限る。）を営む使用者 2　適用する労働者 　前号の使用者に使用される労働者。ただし、次に掲げる者を除く。 （1）18歳未満又は65歳以上の者 （2）雇入れ後3月未満の者であって、技能習得中のもの （3）次に掲げる業務に主として従事する者 　イ　清掃又は片付けの業務	883円 （R2.12.31）	54 1,120

（注）最低賃金との比較については、7頁の5を参照。

◆29 ──── 奈　良

区　分	最　低　賃　金　件　名 〔新 設 発 効 年 月 日〕 適　　用　　範　　囲	最　低　賃　金　額 時　間　額（日　額） （改正発効年月日）	適用使用者数 適用労働者数（人）
特 定 最 低 賃 金	ロ　手作業により又は手工具若しくは小型動力機を用いて行う組線、巻線、かしめ、穴あけ、切断、取付け、バリ取り、洗浄、刻印打ち、検数、選別、レッテルはり、値札付け、包装、軽易な運搬、袋詰め、箱詰め又は電線被覆はく離、目視による部品の検査の業務 ハ　帳票の入力及び転記、書類等の集配・複写、郵送物等の仕分け・発送、消耗品の補充、炊事・湯茶の手配・給仕、受付・電話取次、これらに準ずる軽微な業務		
	奈 良 県 **自 動 車 小 売 業** 最 低 賃 金 ㊙ 〔H1.11.25〕 1　適用する使用者 　奈良県の区域内で自動車小売業（二輪自動車小売業（原動機付自転車を含む。）を除く。以下同じ。）、当該産業において管理、補助的経済活動を行う事業所又は純粋持株会社（管理する全子会社を通じての主要な経済活動が自動車小売業に分類されるものに限る。）を営む使用者 2　適用する労働者 　前号の使用者に使用される労働者。ただし、次に掲げる者を除く。 (1)　18歳未満又は65歳以上の者 (2)　雇入れ後3月未満の者であって、技能習得中のもの (3)　次に掲げる業務に主として従事する者 　イ　清掃又は片付けの業務 　ロ　洗車又はワックスかけの業務 　ハ　塗装におけるマスキングの業務 　ニ　駐車場内整理又は納車引取りの業務 　ホ　帳票の入力及び転記、書類等の集配・複写、郵送物等の仕分け・発送、消耗品の補充、炊事・湯茶の手配・給仕、受付・電話取次、これらに準ずる軽微な業務 　ヘ　レジ打ち、品出し、在庫整理の業務 　ト　一台積車両運搬車を用いた事業拠点間の車両移動の業務	885円 （R2.12.31）	394 3,330
	奈良県**木材・木製品・家具・装備品製造業**最低賃金 ◎ 1　適用する使用者 　奈良県の区域内で木材・木製品製造業又は家具・装備品製造業を営む使用者 2　適用する労働者 　前号の使用者に使用される労働者。ただし、次に掲げる者を除く。 (1)　18歳未満又は65歳以上の者 (2)　雇入れ後3月未満の者であって、技能習得中のもの (3)　清掃又は片付けの業務に主として従事する者	519円（4,148円）→ ㊞ 816円（6,527円） 次に掲げる業務に主として従事する者であって、当該業務に従事した期間が技能習得期間を含め通算して2年以上のもの イ　製材の段取り又は木取りの業務 ロ　製材用原木を帯のこ盤又は丸のこ盤（以下「製材用のこぎり」という。）を使用して所定寸法にひき割る業務のうち、機械の操作、歩出し又は腹押しの業務 ハ　製材用のこぎりの目立ての業務 ニ　製材製品のうち柱及び造作材の格付け選別の業務 （H1. 1.25）	399 2,470

和歌山──────30

区　分	最　低　賃　金　件　名〔新　設　発　効　年　月　日〕適　用　範　囲	最　低　賃　金時　間　額（改正発効年月日）	適用使用者数適用労働者数（人）
地域別最低賃金	**和　歌　山　県　最　低　賃　金**〔S48. 1.20〕和歌山県の区域内の事業場で働くすべての労働者とその使用者	831円（R2.10. 1）	31,377324,700
特定最低賃金	**和　歌　山　県 鉄 鋼 業 最 低 賃 金㊡**〔H2. 3.25〕1　適用する使用者　　和歌山県の区域内で鉄鋼業（鉄素形材製造業、その他の鉄鋼業及びこれらの産業において管理，補助的経済活動を行う事業所を除く。以下同じ。）又は純粋持株会社（管理する全子会社を通じての主要な経済活動が鉄鋼業に分類されるものに限る。）を営む使用者2　適用する労働者　　前号の使用者に使用される労働者。ただし、次に掲げる者を除く。（1）18歳未満又は65歳以上の者（2）雇入れ後6月未満の者であって、技能習得中のもの（3）清掃、片付け又は賄いの業務に主として従事する者	949円（R2.12.30）	235,030
	和　歌　山　県 百貨店，総合スーパー 最 低 賃 金㊑〔H2. 5.19〕1　適用する使用者　　和歌山県の区域内で百貨店，総合スーパー、当該産業において管理，補助的経済活動を行う事業所又は純粋持株会社（管理する全子会社を通じての主要な経済活動が百貨店，総合スーパーに分類されるものに限る。）を営む使用者2　適用する労働者　　前号の使用者に使用される労働者。ただし、次に掲げる者を除く。（1）18歳未満又は65歳以上の者（2）雇入れ後6月未満の者であって、技能習得中のもの（3）清掃又は片付けの業務に主として従事する者	851円（R3. 2.11）	101,650

（注）最低賃金との比較については、7頁の5を参照。

31 ───── 鳥　取

区　分	最　低　賃　金　件　名 〔新 設 発 効 年 月 日〕 適　用　範　囲	最　低　賃　金 時　間　額 （改正発効年月日）	適用使用者数（人） 適用労働者数
地域別最低賃金	鳥　取　県　最　低　賃　金 〔S47. 6. 1〕 鳥取県の区域内の事業場で働くすべての労働者とその使用者	792円 （R2.10. 2）	18,760 204,400
特　定　最　低　賃　金	鳥取県電子部品・デバイス・電子回路、電気機械器具、情報通信機械器具製造業最低賃金㊡ 〔S63.12.24〕 1　適用する使用者 　鳥取県の区域内で電子部品・デバイス・電子回路製造業、電気機械器具製造業（電気計測器製造業及び当該産業において管理，補助的経済活動を行う事業所を除く。以下同じ。）、情報通信機械器具製造業又は純粋持株会社（管理する全子会社を通じての主要な経済活動が電子部品・デバイス・電子回路製造業、電気機械器具製造業又は情報通信機械器具製造業に分類されるものに限る。）を営む使用者 2　適用する労働者 　前号の使用者に使用される労働者。ただし、次に掲げる者を除く。 （1）18歳未満又は65歳以上の者 （2）雇入れ後 6 月未満の者であって、技能習得中のもの （3）次に掲げる業務に主として従事する者 　イ　清掃又は片付けの業務 　ロ　手作業により又は手工具若しくは小型動力機を用いて行う組線、取付け、包装又は箱詰めの業務	809円 （R2.12.30）	173 8,210
	鳥取県各種商品小売業最低賃金㊡ 〔H3.12.30〕 1　適用する使用者 　鳥取県の区域内で各種商品小売業又は純粋持株会社（管理する全子会社を通じての主要な経済活動が各種商品小売業に分類されるものに限る。）を営む使用者 2　適用する労働者 　前号の使用者に使用される労働者。ただし、次に掲げる者を除く。 （1）18歳未満又は65歳以上の者 （2）雇入れ後 6 月未満の者であって、技能習得中のもの （3）清掃又は片付けの業務に主として従事する者	718円 → ㊵ （H28.12.17）	7 1,390

島　根 ────── ◆32◆

区　分	最　低　賃　金　件　名 〔新設発効年月日〕 適　用　範　囲	最　低　賃　金 時　間　額 （改正発効年月日）	適用使用者数 適用労働者数（人）
地域別最低賃金	島　根　県　最　低　賃　金 〔S47. 8. 1〕 島根県の区域内の事業場で働くすべての労働者とその使用者	792円 （R2.10. 1）	24,394 254,200
特定最低賃金	**島根県製鋼・製鋼圧延業、鉄素形材製造業**最低賃金㊧ 〔H2. 7.12〕 1　適用する使用者 　島根県の区域内で製鋼・製鋼圧延業、鉄素形材製造業、これらの産業において管理，補助的経済活動を行う事業所又は純粋持株会社（管理する全子会社を通じての主要な経済活動が製鋼・製鋼圧延業又は鉄素形材製造業に分類されるものに限る。）を営む使用者 2　適用する労働者 　前号の使用者に使用される労働者。ただし、次に掲げる者を除く。 （1）18歳未満又は65歳以上の者 （2）雇入れ後6月未満の者であって、技能習得中のもの （3）次に掲げる業務に主として従事する者 　イ　清掃、片付け又は整理の業務 　ロ　選別、検数、結束又は包装の業務 　ハ　運転停止中の機械、器具その他の設備の掃除の業務 　ニ　手作業による運搬の業務	922円 （R2.11.13）	13 2,520
	島根県はん用機械器具、生産用機械器具、業務用機械器具製造業最低賃金㊧ 〔H2. 7. 6〕 1　適用する使用者 　島根県の区域内でポンプ・圧縮機器製造業、一般産業用機械・装置製造業（建設用クレーン製造業を含む。以下同じ。）、その他のはん用機械・同部分品製造業、農業用機械製造業（農業用器具を除く）（農業用トラクタ製造業を除く。以下同じ。）、縫製機械製造業、包装・荷造機械製造業、化学機械・同装置製造業、金属加工機械製造業、金属用金型・同部分品・附属品製造業、非金属用金型・同部分品・附属品製造業、ロボット製造業、事務用機械器具製造業、サービス用・娯楽用機械器具製造業、これらの産業において管理，補助的経済活動を行う事業所又は純粋持株会社（管理する全子会社を通じての主要な経済活動がポンプ・圧縮機器製造業、一般産業用機械・装置製造業、その他のはん用機械・同部分品製造業、農業用機械製造業（農業用器具を除く）、縫製機械製造業、包装・荷造機械製造業、化学機械・同装置製造業、金属加工機械製造業、金属用金型・同部分品・附属品製造業、非金属用金型・同部分品・附属品製造業、ロボット製造業、事務用機械器具製造業又はサービス用・娯楽用機械器具製造業に分類されるものに限る。）を営む使用者 2　適用する労働者 　前号の使用者に使用される労働者。ただし、次に掲げる者を除く。 （1）18歳未満又は65歳以上の者 （2）雇入れ後6月未満の者であって、技能習得中のもの （3）次に掲げる業務に主として従事する者 　イ　清掃、片付け又は整理の業務 　ロ　選別、検数、結束又は包装の業務 　ハ　運転停止中の機械、器具その他の設備の掃除の業務 　ニ　手作業による運搬の業務	898円 （R2.11.27）	119 3,090

（注）最低賃金との比較については、7頁の5を参照。

◆32 ──── 島　根

区　分	最　低　賃　金　件　名 〔新 設 発 効 年 月 日〕 適　　用　　範　　囲	最　低　賃　金 時　間　額 （改正発効年月日）	適用使用者数（人） 適用労働者数
特　定　最　低　賃　金	島根県**電子部品・デバイス・電子回路、電気機械器具、情報通信機械器具製造業**最低賃金Ⓐ 〔S63.12.17〕 1　適用する使用者 　島根県の区域内で発電用・送電用・配電用電気機械器具製造業、産業用電気機械器具製造業、電子応用装置製造業、通信機械器具・同関連機械器具製造業、映像・音響機械器具製造業、電子計算機・同附属装置製造業、これらの産業において管理，補助的経済活動を行う事業所、電子部品・デバイス・電子回路製造業（光ディスク・磁気ディスク・磁気テープ製造業及び当該産業において管理，補助的経済活動を行う事業所を除く。以下同じ。）又は純粋持株会社(管理する全子会社を通じての主要な経済活動が発電用・送電用・配電用電気機械器具製造業、産業用電気機械器具製造業、電子応用装置製造業、通信機械器具・同関連機械器具製造業、映像・音響機械器具製造業、電子計算機・同附属装置製造業又は電子部品・デバイス・電子回路製造業に分類されるものに限る。）を営む使用者 2　適用する労働者 　前号の使用者に使用される労働者。ただし、次に掲げる者を除く。 　(1) 18歳未満又は65歳以上の者 　(2) 雇入れ後6月未満の者であって、技能習得中のもの 　(3) 次に掲げる業務に主として従事する者 　　イ　清掃、片付け又は整理の業務 　　ロ　選別、検数、結束又は包装の業務 　　ハ　運転停止中の機械、器具その他の設備の掃除の業務 　　ニ　手作業による運搬の業務 　　ホ　部分品の組立て又は加工の業務のうち、手工具若しくは小型動力機による組線、取付け若しくはかしめの業務又は熱処理を伴わない、刃物若しくはへらによるはんだ付け部の修正及び掃除を行う軽易な業務	825円 （R2.11.21）	62 7,060
	島根県**自動車・同附属品製造業**最低賃金Ⓐ 〔H2.7.13〕 1　適用する使用者 　島根県の区域内で自動車・同附属品製造業（自動車製造業（二輪自動車を含む）を除く。以下同じ。）、当該産業において管理，補助的経済活動を行う事業所又は純粋持株会社(管理する全子会社を通じての主要な経済活動が自動車・同附属品製造業に分類されるものに限る。）を営む使用者 2　適用する労働者 　前号の使用者に使用される労働者。ただし、次に掲げる者を除く。 　(1) 18歳未満又は65歳以上の者 　(2) 雇入れ後6月未満の者であって、技能習得中のもの 　(3) 次に掲げる業務に主として従事する者 　　イ　清掃、片付け又は整理の業務 　　ロ　選別、検数、結束又は包装の業務 　　ハ　運転停止中の機械、器具その他の設備の掃除の業務 　　ニ　手作業による運搬の業務	887円 （R2.12.5）	25 1,930

島　根 ─── ◆32◆

区　分	最　低　賃　金　件　名 〔新 設 発 効 年 月 日〕 適　用　範　囲	最　低　賃　金 時　間　額 （改正発効年月日）	適用使用者数 適用労働者数（人）
特 定 最 低 賃 金	**島根県百貨店，総合スーパー最低賃金**㊒ 　　　　　　　　　　　　　　　〔H2.5.4〕 　1　適用する使用者 　　島根県の区域内で百貨店，総合スーパー、当該産業にお いて管理，補助的経済活動を行う事業所又は純粋持株会社 （管理する全子会社を通じての主要な経済活動が百貨店， 総合スーパーに分類されるものに限る。）を営む使用者 　2　適用する労働者 　　前号の使用者に使用される労働者。ただし、次に掲げる 者を除く。 　(1)　18歳未満又は65歳以上の者 　(2)　雇入れ後6月未満の者であって、技能習得中のもの 　(3)　清掃又は片付けの業務に主として従事する者	750円 → ㊑ （H29.11.22）	20 2,640
	島根県自動車（新車）小売業最低賃金㊚ 　　　　　　　　　　　　　　　〔H2.5.10〕 　1　適用する使用者 　　島根県の区域内で自動車（新車）小売業、当該産業にお いて管理，補助的経済活動を行う事業所又は純粋持株会社 （管理する全子会社を通じての主要な経済活動が自動車（新 車）小売業に分類されるものに限る。）を営む使用者 　2　適用する労働者 　　前号の使用者に使用される労働者。ただし、次に掲げる 者を除く。 　(1)　18歳未満又は65歳以上の者 　(2)　雇入れ後6月未満の者であって、技能習得中のもの 　(3)　清掃又は片付けの業務に主として従事する者	872円 （R2.11.29）	206 2,130

（注）最低賃金との比較については、7頁の5を参照。

◆33▶——— 岡　山

区　分	最　低　賃　金　件　名〔新設発効年月日〕適　用　範　囲	最　低　賃　金時　間　額（改正発効年月日）	適用使用者数適用労働者数（人）
地域別最低賃金	岡　山　県　最　低　賃　金〔S47. 6. 1〕岡山県の区域内の事業場で働くすべての労働者とその使用者	834円（R2.10. 3）	57,344731,200
特定最低賃金	岡 山 県 耐 火 物 製 造 業 最 低 賃 金㊙〔H2. 3.15〕1　適用する使用者　　岡山県の区域内で耐火物製造業、当該産業において管理，補助的経済活動を行う事業所又は純粋持株会社（管理する全子会社を通じての主要な経済活動が耐火物製造業に分類されるものに限る。）を営む使用者2　適用する労働者　　前号の使用者に使用される労働者。ただし、次に掲げる者を除く。　（1）18歳未満又は65歳以上の者　（2）雇入れ後６月未満の者であって、技能習得中のもの　（3）清掃又は片付けの業務に主として従事する者	924円（R1.12.19）	311,830
	岡 山 県 鉄 鋼 業 最 低 賃 金㊙〔H7.12.15〕1　適用する使用者　　岡山県の区域内で鉄鋼業（銑鉄鋳物製造業（鋳鉄管，可鍛鋳鉄を除く）及び当該産業において管理，補助的経済活動を行う事業所を除く。以下同じ。）又は純粋持株会社（管理する全子会社を通じての主要な経済活動が鉄鋼業に分類されるものに限る。）を営む使用者2　適用する労働者　　前号の使用者に使用される労働者。ただし、次に掲げる者を除く。　（1）18歳未満又は65歳以上の者　（2）雇入れ後３月未満の者であって、技能習得中のもの　（3）清掃又は片付けの業務に主として従事する者	962円（R1.12.14）	1096,390

岡　山————◆33◆

区分	最　低　賃　金　件　名 〔新設発効年月日〕 適　用　範　囲	最　低　賃　金 時　間　額 （改正発効年月日）	適用使用者数 適用労働者数（人）
特 定 最 低 賃 金	岡山県**空気圧縮機・ガス圧縮機・送風機、家庭用エレベータ、冷凍機・温湿調整装置、玉軸受・ころ軸受、農業用機械、縫製機械、生活関連産業用機械、基礎素材産業用機械、半導体・フラットパネルディスプレイ製造装置、真空装置・真空機器、他に分類されない生産用機械・同部分品、事務用機械器具、サービス用・娯楽用機械器具製造業**最低賃金㊙ 　　　　　　　　　　　　　　　　　〔H2. 8.22〕 1　適用する使用者 　　岡山県の区域内で次に掲げるいずれかの産業を営む使用者 (1) 空気圧縮機・ガス圧縮機・送風機製造業 (2) 家庭用エレベータ製造業 (3) 冷凍機・温湿調整装置製造業 (4) 玉軸受・ころ軸受製造業 (5) 農業用機械製造業（農業用器具を除く）（農業用トラクタ製造業を除く。） (6) 縫製機械製造業 (7) 生活関連産業用機械製造業（包装・荷造機械製造業を除く。） (8) 基礎素材産業用機械製造業（化学機械・同装置製造業を除く。） (9) 半導体・フラットパネルディスプレイ製造装置製造業 (10) 真空装置・真空機器製造業 (11) 他に分類されない生産用機械・同部分品製造業 (12) 事務用機械器具製造業 (13) サービス用・娯楽用機械器具製造業 (14) (1)から(13)までに掲げる産業において管理，補助的経済活動を行う事業所 (15) 純粋持株会社（管理する全子会社を通じての主要な経済活動が(1)から(13)までに掲げる産業に分類されるものに限る。） 2　適用する労働者 　　前号の使用者に使用される労働者。ただし、次に掲げる者を除く。 (1) 18歳未満又は65歳以上の者 (2) 雇入れ後6月未満の者であって、技能習得中のもの (3) 清掃又は片付けの業務に主として従事する者	934円 （R1.12.27）	167 4,980
金	岡山県**電子部品・デバイス・電子回路、電気機械器具、情報通信機械器具製造業**最低賃金㊙ 　　　　　　　　　　　　　　　　　〔H1. 3.18〕 1　適用する使用者 　　岡山県の区域内で次に掲げるいずれかの産業を営む使用者 (1) 電子部品・デバイス・電子回路製造業 (2) 電気機械器具製造業（内燃機関電装品製造業のうち自動車用組電線製造業、医療用計測器製造業（心電計製造業を除く。）及びこれらの産業において管理，補助的経済活動を行う事業所を除く。） (3) 情報通信機械器具製造業 (4) 純粋持株会社（管理する全子会社を通じての主要な経済活動が(1)から(3)までに掲げる産業に分類されるものに限る。） 2　適用する労働者 　　前号の使用者に使用される労働者。ただし、次に掲げる者を除く。 (1) 18歳未満又は65歳以上の者 (2) 雇入れ後6月未満の者であって、技能習得中のもの (3) 清掃又は片付けの業務に主として従事する者	878円 （R1.12.25）	163 9,580

（注）最低賃金との比較については、7頁の5を参照。

◆33 ──── 岡　山

区　分	最　低　賃　金　件　名 〔新 設 発 効 年 月 日〕 適　用　範　囲	最　低　賃　金 時　間　額 （改正発効年月日）	適用使用者数 適用労働者数（人）
特 定 最 低 賃 金	岡山県**自動車・同附属品製造業**最低賃金㊿ 　　　　　　　　　　　　　〔H2. 9. 7〕 1　適用する使用者 　　岡山県の区域内で自動車・同附属品製造業、当該産業に おいて管理，補助的経済活動を行う事業所又は純粋持株会 社（管理する全子会社を通じての主要な経済活動が自動車・ 同附属品製造業に分類されるものに限る。）を営む使用者 2　適用する労働者 　　前号の使用者に使用される労働者。ただし、次に掲げる 者を除く。 　(1) 18歳未満又は65歳以上の者 　(2) 雇入れ後３月未満の者であって、技能習得中のもの 　(3) 清掃又は片付けの業務に主として従事する者	921円 （R1.12.29）	178 13,620
	岡山県**船舶製造・修理業，舶用機関製造業**最低賃金㊔ 　　　　　　　　　　　　　〔H2. 3.23〕 1　適用する使用者 　　岡山県の区域内で船舶製造・修理業，舶用機関製造業（船 舶製造・修理業のうち木造船製造・修理業、木製漁船製造・ 修理業及び舟艇製造・修理業を除く。以下同じ。）、当該産 業において管理，補助的経済活動を行う事業所又は純粋持 株会社（管理する全子会社を通じての主要な経済活動が船 舶製造・修理業，舶用機関製造業に分類されるものに限る。） を営む使用者 2　適用する労働者 　　前号の使用者に使用される労働者。ただし、次に掲げる 者を除く。 　(1) 18歳未満又は65歳以上の者 　(2) 雇入れ後３月未満の者であって、技能習得中のもの 　(3) 清掃又は片付けの業務に主として従事する者	954円 （R1.12.18）	57 3,080
	岡 山 県 **各 種 商 品 小 売 業** 最 低 賃 金㊿ 　　　　　　　　　　　　　〔H2. 9.21〕 1　適用する使用者 　　岡山県の区域内で各種商品小売業又は純粋持株会社（管 理する全子会社を通じての主要な経済活動が各種商品小売 業に分類されるものに限る。）を営む使用者 2　適用する労働者 　　前号の使用者に使用される労働者。ただし、次に掲げる 者を除く。 　(1) 18歳未満又は65歳以上の者 　(2) 雇入れ後６月未満の者であって、技能習得中のもの 　(3) 清掃又は片付けの業務に主として従事する者	880円 （R1.12.25）	45 4,550

広　島 ─── 34

区　分	最　低　賃　金　件　名 〔新 設 発 効 年 月 日〕 適　用　範　囲	最　低　賃　金 時　間　額 （改正発効年月日）	適用使用者数 適用労働者数（人）
地域別最低賃金	広　島　県　最　低　賃　金 〔47.10. 1〕 広島県の区域内の事業場で働くすべての労働者とその使用者	871円 （R1.10. 1）	92,682 1,164,700
特定最低賃金	広島県製鉄業、鋼材、銑鉄鋳物、可鍛鋳鉄製造業、その他の鉄鋼業最低賃金㊜ 〔H2. 5.10〕 1　適用する使用者 　広島県の区域内で高炉による製鉄業、製鋼を行わない鋼材製造業（表面処理鋼材を除く）、銑鉄鋳物製造業（鋳鉄管，可鍛鋳鉄を除く）、可鍛鋳鉄製造業、その他の鉄鋼業、これらの産業において管理，補助的経済活動を行う事業所又は純粋持株会社（管理する全子会社を通じての主要な経済活動が高炉による製鉄業、製鋼を行わない鋼材製造業（表面処理鋼材を除く）、銑鉄鋳物製造業（鋳鉄管，可鍛鋳鉄を除く）、可鍛鋳鉄製造業又はその他の鉄鋼業に分類されるものに限る。）を営む使用者 2　適用する労働者 　前号の使用者に使用される労働者。ただし、次に掲げる者を除く。 （1）18歳未満又は65歳以上の者 （2）雇入れ後6月未満の者であって、技能習得中のもの （3）清掃又は片付けの業務に主として従事する者	970円 （R2.12.31）	232 8,950
	広島県建設用・建築用金属製品、その他の金属製品製造業最低賃金㊛ 〔H2. 4.11〕 1　適用する使用者 　広島県の区域内で建設用・建築用金属製品製造業（製缶板金業を含む）、その他の金属製品製造業、これらの産業において管理，補助的経済活動を行う事業所又は純粋持株会社（管理する全子会社を通じての主要な経済活動が建設用・建築用金属製品製造業（製缶板金業を含む）又はその他の金属製品製造業に分類されるものに限る。）を営む使用者 2　適用する労働者 　前号の使用者に使用される労働者。ただし、次に掲げる者を除く。 （1）18歳未満又は65歳以上の者 （2）雇入れ後6月未満の者であって、技能習得中のもの （3）次に掲げる業務に主として従事する者 　イ　清掃又は片付けの業務 　ロ　卓上において手工具又は小型電動工具を用いて行う巻線、はんだ付け、かえり取り、鋳ばり取り又はかしめの業務	923円 （R2.12.31）	624 7,230

（注）最低賃金との比較については、7頁の5を参照。

◆**34** ──── 広 島

区 分	最 低 賃 金 件 名 〔新 設 発 効 年 月 日〕 適 用 範 囲	最 低 賃 金 時 間 額 （改正発効年月日）	適用使用者数 適用労働者数（人）
特 定	**広島県はん用機械器具、生産用機械器具、業務用機械器具製造業最低賃金**㊕ 　　　　　　　　　　　　　　　〔H2. 3.31〕 1　適用する使用者 　広島県の区域内ではん用機械器具製造業、生産用機械器具製造業（建設用ショベルトラック製造業及び当該産業において管理，補助的経済活動を行う事業所を除く。以下同じ。）、業務用機械器具製造業（計量器・測定器・分析機器・試験機・測量機械器具・理化学機械器具製造業、医療用機械器具・医療用品製造業、光学機械器具・レンズ製造業、武器製造業及びこれらの産業において管理，補助的経済活動を行う事業所を除く。以下同じ。）又は純粋持株会社（管理する全子会社を通じての主要な経済活動がはん用機械器具製造業、生産用機械器具製造業又は業務用機械器具製造業に分類されるものに限る。）を営む使用者 2　適用する労働者 　前号の使用者に使用される労働者。ただし、次に掲げる者を除く。 　(1)　18歳未満又は65歳以上の者 　(2)　雇入れ後6月未満の者であって、技能習得中のもの 　(3)　次に掲げる業務に主として従事する者 　　イ　清掃又は片付けの業務 　　ロ　卓上において手工具又は小型電動工具を用いて行う巻線、はんだ付け、かえり取り、鋳ばり取り又はかしめの業務	935円 （R2.12.31）	1,278 26,500
最 低 賃 金	**広島県電子部品・デバイス・電子回路、電気機械器具、情報通信機械器具製造業最低賃金**㊕ 　　　　　　　　　　　　　　　〔H2. 3.15〕 1　適用する使用者 　広島県の区域内で発電用・送電用・配電用電気機械器具製造業、産業用電気機械器具製造業、電子応用装置製造業、電気計測器製造業（医療用計測器製造業を除く。以下同じ。）、通信機械器具・同関連機械器具製造業、映像・音響機械器具製造業、これらの産業において管理，補助的経済活動を行う事業所、電子部品・デバイス・電子回路製造業又は純粋持株会社（管理する全子会社を通じての主要な経済活動が発電用・送電用・配電用電気機械器具製造業、産業用電気機械器具製造業、電子応用装置製造業、電気計測器製造業、通信機械器具・同関連機械器具製造業、映像・音響機械器具製造業又は電子部品・デバイス・電子回路製造業に分類されるものに限る。）を営む使用者 2　適用する労働者 　前号の使用者に使用される労働者。ただし、次に掲げる者を除く。 　(1)　18歳未満又は65歳以上の者 　(2)　雇入れ後6月未満の者であって、技能習得中のもの 　(3)　次に掲げる業務に主として従事する者 　　イ　清掃又は片付けの業務 　　ロ　部品の組立て又は加工の業務のうち、手作業により又は手工具若しくは小型電動工具を用いて行う巻線、かえり取り、鋳ばり取り、かしめ、組線、取付け又は小物部品の包装若しくは箱入れの業務	897円 （R2.12.31）	349 15,760

広　島───34

区分	最 低 賃 金 件 名 〔新設発効年月日〕 適　用　範　囲	最 低 賃 金 時 間 額 （改正発効年月日）	適用使用者数（人） 適用労働者数
特定最低賃金	**広島県自動車・同附属品製造業**最低賃金㊤ 　　　　　　　　　　　〔H2. 5.24〕 　1　適用する使用者 　　広島県の区域内で自動車・同附属品製造業、当該産業において管理，補助的経済活動を行う事業所又は純粋持株会社（管理する全子会社を通じての主要な経済活動が自動車・同附属品製造業に分類されるものに限る。）を営む使用者 　2　適用する労働者 　　前号の使用者に使用される労働者。ただし、次に掲げる者を除く。 　（1）18歳未満又は65歳以上の者 　（2）雇入れ後6月未満の者であって、技能習得中のもの 　（3）次に掲げる業務に主として従事する者 　　イ　清掃又は片付けの業務 　　ロ　卓上において手工具又は小型電動工具を用いて行うばり取り又ははんだ付けの業務	915円 （R2.12.31）	303 33,030
	広島県船舶製造・修理業，舶用機関製造業最低賃金㊤ 　　　　　　　　　　　〔H2. 3.31〕 　1　適用する使用者 　　広島県の区域内で船舶製造・修理業，舶用機関製造業、当該産業において管理，補助的経済活動を行う事業所又は純粋持株会社（管理する全子会社を通じての主要な経済活動が船舶製造・修理業，舶用機関製造業に分類されるものに限る。）を営む使用者 　2　適用する労働者 　　前号の使用者に使用される労働者。ただし、次に掲げる者を除く。 　（1）18歳未満又は65歳以上の者 　（2）雇入れ後6月未満の者であって、技能習得中のもの 　（3）次に掲げる業務に主として従事する者 　　イ　清掃又は片付けの業務 　　ロ　卓上において手工具又は小型電動工具を用いて行う巻線、はんだ付け、かえり取り、鋳ばり取り又はかしめの業務	957円 （R2.12.31）	449 10,510
	広島県各種商品小売業最低賃金㊤ 　　　　　　　　　　　〔H2. 1.26〕 　1　適用する使用者 　　広島県の区域内で各種商品小売業又は純粋持株会社（管理する全子会社を通じての主要な経済活動が各種商品小売業に分類されるものに限る。）を営む使用者 　2　適用する労働者 　　前号の使用者に使用される労働者。ただし、次に掲げる者を除く。 　（1）18歳未満又は65歳以上の者 　（2）雇入れ後6月未満の者であって、技能習得中のもの 　（3）倉庫番、値札付け、清掃又は片付けの業務に主として従事する者	878円 （R1.12.31）	64 8,110

（注）最低賃金との比較については、7頁の5を参照。

区　分	最　低　賃　金　件　名 〔新 設 発 効 年 月 日〕 適　　用　　範　　囲	最　低　賃　金 時　間　額 （改正発効年月日）	適用使用者数（人） 適用労働者数
特 定 最 低 賃 金	**広 島 県 自 動 車 小 売 業 最 低 賃 金**㊕ 〔H2. 3.31〕 1　適用する使用者 　　広島県の区域内で自動車小売業（二輪自動車小売業（原動機付自転車を含む）を除く。以下同じ。）、当該産業において管理，補助的経済活動を行う事業所又は純粋持株会社（管理する全子会社を通じての主要な経済活動が自動車小売業に分類されるものに限る。）を営む使用者 2　適用する労働者 　　前号の使用者に使用される労働者。ただし、次に掲げる者を除く。 　(1)　18歳未満又は65歳以上の者 　(2)　雇入れ後6月未満の者であって、技能習得中のもの 　(3)　清掃又は片付けの業務に主として従事する者	913円 （R2.12.31）	1,675 11,050

山　口 —— ◆35

区　分	最　低　賃　金　件　名 〔新設発効年月日〕 適　用　範　囲	最　低　賃　金 時　間　額 （改正発効年月日）	適用使用者数 適用労働者数 （人）
地域別最低賃金	山　口　県　最　低　賃　金 〔S47. 4.30〕 山口県の区域内の事業場で働くすべての労働者とその使用者	829円 （R1.10. 5）	44,043 514,000
特　定　最　低　賃　金	山口県**鉄鋼業、非鉄金属製錬・精製業、非鉄金属・同合金圧延業、非鉄金属素形材製造業**最低賃金㊓ 〔H2. 5.20〕 1　適用する使用者 　　山口県の区域内で非鉄金属第1次製錬・精製業、非鉄金属第2次製錬・精製業（非鉄金属合金製造業を含む）、非鉄金属・同合金圧延業（抽伸，押出しを含む）、非鉄金属素形材製造業（非鉄金属鍛造品製造業を除く。以下同じ。）、これらの産業において管理，補助的経済活動を行う事業所、鉄鋼業（高炉による製鉄業及び当該産業において管理，補助的経済活動を行う事業所を除く。以下同じ。）又は純粋持株会社（管理する全子会社を通じての主要な経済活動が非鉄金属第1次製錬・精製業、非鉄金属第2次製錬・精製業（非鉄金属合金製造業を含む）、非鉄金属・同合金圧延業（抽伸，押出しを含む）、非鉄金属素形材製造業又は鉄鋼業に分類されるものに限る。）を営む使用者 2　適用する労働者 　　前号の使用者に使用される労働者。ただし、次に掲げる者を除く。 （1）18歳未満又は65歳以上の者 （2）雇入れ後6月未満の者であって、技能習得中のもの （3）次に掲げる業務に主として従事する者 　　イ　清掃、片付け又は炊事の業務 　　ロ　手作業による洗浄、包装又は箱詰めの業務 　　ハ　倉庫番又は場内整理の業務	967円 （R2.12.15）	67 8,710
	山口県**電子部品・デバイス・電子回路、電気機械器具、情報通信機械器具製造業**最低賃金㊓ 〔H2. 3.28〕 1　適用する使用者 　　山口県の区域内で電子部品・デバイス・電子回路製造業、電気機械器具製造業（自動車用ワイヤハーネス製造業、民生用電気機械器具製造業、医療用計測器製造業（心電計製造業を除く。）及びこれらの産業において管理，補助的経済活動を行う事業所を除く。以下同じ。）、情報通信機械器具製造業又は純粋持株会社（管理する全子会社を通じての主要な経済活動が電子部品・デバイス・電子回路製造業、電気機械器具製造業又は情報通信機械器具製造業に分類されるものに限る。）を営む使用者 2　適用する労働者 　　前号の使用者に使用される労働者。ただし、次に掲げる者を除く。 （1）18歳未満又は65歳以上の者 （2）雇入れ後6月未満の者であって、技能習得中のもの （3）次に掲げる業務に主として従事する者 　　イ　清掃又は片付けの業務 　　ロ　手作業による包装、箱詰め、選別、検数、捺印、値札付け又は洗浄の業務	893円 （R2.12.15）	84 3,540

（注）最低賃金との比較については、7頁の5を参照。

◆35 ──── 山　口

区　分	最　低　賃　金　件　名 〔新 設 発 効 年 月 日〕 適　用　範　囲	最　低　賃　金 時　間　額 （改正発効年月日）	適用使用者数（人） 適用労働者数
特 定	山口県 輸送用機械器具製造業 最低賃金㊣ 〔R2. 5.24〕 1　適用する使用者 　　山口県の区域内で輸送用機械器具製造業（航空機・同附属品製造業、産業用運搬車両・同部分品・附属品製造業、その他の輸送用機械器具製造業（自転車・同部分品製造業を除く。）及びこれらの産業において管理，補助的経済活動を行う事業所を除く。以下同じ。）又は純粋持株会社（管理する全子会社を通じての主要な経済活動が輸送用機械器具製造業に分類されるものに限る。）を営む使用者 2　適用する労働者 　　前号の使用者に使用される労働者。ただし、次に掲げる者を除く。 （1）18歳未満又は65歳以上の者 （2）雇入れ後6月未満の者であって、技能習得中のもの （3）次に掲げる業務に主として従事する者 　イ　清掃、片付け又は炊事の業務 　ロ　手作業により又は手工具、小型手持動力機若しくは小型機械を用いて行うかしめ、簡易な組立て、レッテル貼り、電線切断又は簡易な部分品の検査の業務 　ハ　手工具又は小型手持動力機を用いて行う簡易なバリ取り又は面取りの業務 　ニ　手作業による包装、箱詰め、シーリング、マスキング、塗布又は部分品若しくは材料の接着、仕分け若しくは取りそろえの業務	937円 （R2.12.15）	156 16,040
最 低 賃 金	山口県 百貨店，総合スーパー 最低賃金㊣ 〔H2.12.16〕 1　適用する使用者 　　山口県の区域内で百貨店，総合スーパー、当該産業において管理，補助的経済活動を行う事業所又は純粋持株会社（管理する全子会社を通じての主要な経済活動が百貨店，総合スーパーに分類されるものに限る。）を営む使用者 2　適用する労働者 　　前号の使用者に使用される労働者。ただし、次に掲げる者を除く。 （1）18歳未満又は65歳以上の者 （2）雇入れ後6月未満の者であって、技能習得中のもの （3）清掃、片付け又は炊事の業務に主として従事する者	859円 （R2.12.15）	22 2,900

徳　島 ━━━ ◆36

区　分	最　低　賃　金　件　名 〔新 設 発 効 年 月 日〕 適　　用　　範　　囲	最　低　賃　金 時　間　額 （改正発効年月日）	適用使用者数 適用労働者数（人）
地域別最低賃金	**徳 島 県 最 低 賃 金** 〔S47.11. 1〕 徳島県の区域内の事業場で働くすべての労働者とその使用者	796円 （R2.10. 4）	23,551 259,100
特　定　最　低　賃　金	徳島県**造作材・合板・建築用組立材料製造業**最低賃金㊚ 〔S63.12.29〕 1　適用する使用者 　徳島県の区域内で造作材・合板・建築用組立材料製造業 （繊維板製造業及び床板製造業を除く。以下同じ。）、当該 産業において管理，補助的経済活動を行う事業所又は純粋 持株会社（管理する全子会社を通じての主要な経済活動が 造作材・合板・建築用組立材料製造業に分類されるものに 限る。）を営む使用者 2　適用する労働者 　前号の使用者に使用される労働者。ただし、次に掲げる 者を除く。 （1）18歳未満又は65歳以上の者 （2）雇入れ後 6 月未満の者であって、技能習得中のもの （3）次に掲げる業務に主として従事する者 　イ　清掃、片付けその他これらに準ずる軽易な業務 　ロ　木材の結束・包装・箱詰め又は手作業による木材の 　　研磨の業務	875円 （R2.12.21）	35 650
	徳島県**はん用機械器具、生産用機械器具、業務用機械器具製造業**最低賃金㊚ 〔H1.12.29〕 1　適用する使用者 　徳島県の区域内ではん用機械器具製造業、生産用機械器 具製造業（メリヤス針製造業及び当該産業において管理， 補助的経済活動を行う事業所を除く。以下同じ。）、業務用 機械器具製造業（計量器・測定器・分析機器・試験機・測 量機械器具・理化学機械器具製造業、医療用機械器具・医 療用品製造業、光学機械器具・レンズ製造業、武器製造業 及びこれらの産業において管理，補助的経済活動を行う事 業所を除く。以下同じ。）又は純粋持株会社（管理する全 子会社を通じての主要な経済活動がはん用機械器具製造 業、生産用機械器具製造業又は業務用機械器具製造業に分 類されるものに限る。）を営む使用者 2　適用する労働者 　前号の使用者に使用される労働者。ただし、次に掲げる 者を除く。 （1）18歳未満又は65歳以上の者 （2）雇入れ後 6 月未満の者であって、技能習得中のもの （3）次に掲げる業務に主として従事する者 　イ　清掃、片付けその他これらに準ずる軽易な業務 　ロ　玉軸受、ころ軸受製造業に係る業務のうち、切削く 　　ずの取り除き等の業務	928円 （R2.12.21）	128 3,930

（注）最低賃金との比較については、7 頁の 5 を参照。

36 ──── 徳　島

区　分	最　低　賃　金　件　名 〔新 設 発 効 年 月 日〕 適　　用　　範　　囲	最　低　賃　金 時　間　額 （改正発効年月日）	適用使用者数（人） 適用労働者数
特 定 最 低 賃 金	徳島県**電子部品・デバイス・電子回路、電気機械器具、情報通信機械器具製造業**最低賃金㊝ 　　　　　　　　　　　　　　　〔S63.12.29〕 1　適用する使用者 　　徳島県の区域内で電子部品・デバイス・電子回路製造業、電気機械器具製造業（発電用・送電用・配電用電気機械器具製造業、産業用電気機械器具製造業、電球・電気照明器具製造業及びこれらの産業において管理，補助的経済活動を行う事業所を除く。以下同じ。）、情報通信機械器具製造業又は純粋持株会社（管理する全子会社を通じての主要な経済活動が電子部品・デバイス・電子回路製造業、電気機械器具製造業又は情報通信機械器具製造業に分類されるものに限る。）を営む使用者 2　適用する労働者 　　前号の使用者に使用される労働者。ただし、次に掲げる者を除く。 　(1)　18歳未満又は65歳以上の者 　(2)　雇入れ後6月未満の者であって、技能習得中のもの 　(3)　次に掲げる業務に主として従事する者 　　イ　清掃、片付けその他これらに準ずる軽易な業務 　　ロ　手工具又は小型動力機を用いて行う組線、取付け、かしめ及び巻線の業務	888円 （R2.12.21）	28 9,460

香　川─────37

区　分	最　低　賃　金　件　名 〔新設発効年月日〕 適　用　範　囲	最　低　賃　金 時　間　額 （改正発効年月日）	適用使用者数 適用労働者数 （人）
地域 別最 低賃 金	香　川　県　最　低　賃　金 〔S47. 6. 1〕 香川県の区域内の事業場で働くすべての労働者とその使用者	820円 （R2.10. 1）	32,728 377,000
特 定 最 低 賃 金	香川県 冷凍調理食品製造業 最低賃金㊣ 〔H1.12.15〕 1　適用する使用者 　香川県の区域内で冷凍調理食品製造業、当該産業におい て管理,補助的経済活動を行う事業所又は純粋持株会社（管 理する全子会社を通じての主要な経済活動が冷凍調理食品 製造業に分類されるものに限る。）を営む使用者 2　適用する労働者 　前号の使用者に使用される労働者。ただし、次に掲げる 者を除く。 （1）18歳未満又は65歳以上の者 （2）雇入れ後 6 月未満の者であって、技能習得中のもの （3）次に掲げる業務に主として従事する者 　イ　清掃、片付け又は雑役の業務 　ロ　手作業による原料の前処理の業務 　ハ　手作業による容器の洗浄、ラベル貼り、紙箱の組立 　　て、容器詰め又は包装の業務	821円 （R2.12.15）	60 2,020
	香川県 はん用機械器具、生産用機械器具、業務用機 械器具製造業 最低賃金㊣ 〔H1.12.15〕 1　適用する使用者 　香川県の区域内ではん用機械器具製造業、生産用機械器 具製造業、業務用機械器具製造業（計量器・測定器・分析 機器・試験機・測量機械器具・理化学機械器具製造業、医 療用機械器具・医療用品製造業、光学機械器具・レンズ製 造業、武器製造業及びこれらの産業において管理,補助的 経済活動を行う事業所を除く。以下同じ。）又は純粋持株 会社（管理する全子会社を通じての主要な経済活動がはん 用機械器具製造業、生産用機械器具製造業又は業務用機械 器具製造業に分類されるものに限る。）を営む使用者 2　適用する労働者 　前号の使用者に使用される労働者。ただし、次に掲げる 者を除く。 （1）18歳未満又は65歳以上の者 （2）雇入れ後 6 月未満の者であって、技能習得中のもの （3）清掃、片付け又は雑役の業務に主として従事する者	943円 （R2.12.15）	326 6,230

（注）最低賃金との比較については、 7 頁の 5 を参照。

37 ———— 香 川

区 分	最 低 賃 金 件 名 〔新 設 発 効 年 月 日〕 適 用 範 囲	最 低 賃 金 時 間 額 （改正発効年月日）	適用使用者数 適用労働者数（人）
特 定 最 低 賃 金	**香川県電子部品・デバイス・電子回路、電気機械器具、情報通信機械器具製造業**最低賃金公 　　　　　　　　　　　　　　　　　　　　〔S63.12.15〕 　1　適用する使用者 　　　香川県の区域内で電子部品・デバイス・電子回路製造業（光ディスク・磁気ディスク・磁気テープ製造業及び当該産業において管理，補助的経済活動を行う事業所を除く。以下同じ。）、電気機械器具製造業（電池製造業、その他の電気機械器具製造業及びこれらの産業において管理，補助的経済活動を行う事業所を除く。以下同じ。）、情報通信機械器具製造業又は純粋持株会社（管理する全子会社を通じての主要な経済活動が電子部品・デバイス・電子回路製造業、電気機械器具製造業又は情報通信機械器具製造業に分類されるものに限る。）を営む使用者 　2　適用する労働者 　　　前号の使用者に使用される労働者。ただし、次に掲げる者を除く。 　(1)　18歳未満又は65歳以上の者 　(2)　雇入れ後6月未満の者であって、技能習得中のもの 　(3)　次に掲げる業務に主として従事する者 　　イ　清掃、片付け又は賄いの業務 　　ロ　手作業により又は手工具若しくは卓上旋盤、卓上ボール盤、手持電動工具その他これらに準ずる操作が容易な小型動力機を用いて行う運搬、包装、箱詰め、袋詰め、みがき、選別、検査、組立て、取付け、マーク打ち、塗油、組線、巻線、かしめ、穴あけ、ねじ切り、曲げ、打抜き又はバリ取りの業務（これらの業務のうち流れ作業の中で行う業務を除く。）	886円 （R2.12.15）	135 5,140
	香川県船舶製造・修理業，舶用機関製造業最低賃金公 　　　　　　　　　　　　　　　　　　　　〔H1.12.15〕 　1　適用する使用者 　　　香川県の区域内で船舶製造・修理業，舶用機関製造業、当該産業において管理，補助的経済活動を行う事業所又は純粋持株会社（管理する全子会社を通じての主要な経済活動が船舶製造・修理業，舶用機関製造業に分類されるものに限る。）を営む使用者 　2　適用する労働者 　　　前号の使用者に使用される労働者。ただし、次に掲げる者を除く。 　(1)　18歳未満又は65歳以上の者 　(2)　雇入れ後6月未満の者であって、技能習得中のもの 　(3)　清掃、片付け又は雑役の業務に主として従事する者	956円 （R2.12.15）	130 3,670

愛　媛 ─── ◆38

区　分	最　低　賃　金　件　名 〔新設発効年月日〕 適　用　範　囲	最　低　賃　金 時　間　額 （改正発効年月日）	適用使用者数 適用労働者数（人）
地域別最低賃金	**愛 媛 県 最 低 賃 金** 〔S48. 4. 1〕 愛媛県の区域内の事業場で働くすべての労働者とその使用者	793円 （R2.10. 3）	43,966 495,000
特 定 最 低 賃 金	**愛 媛 県 パルプ 、 紙製造業 最低 賃金**㊧ 〔H2.12.25〕 1　適用する使用者 　愛媛県の区域内でパルプ製造業又は紙製造業（機械すき和紙製造業、手すき和紙製造業、内装用ライナー製造業及び建材原紙製造業を除く。以下同じ。）及びこれら産業において管理，補助的経済活動を行う事業所又は純粋持株会社（管理する全子会社を通じての主要な経済活動がパルプ製造業又は紙製造業に分類されるものに限る。）を営む使用者 2　適用する労働者 　前号の使用者に使用される労働者。ただし、次に掲げる者を除く。 （1）18歳未満又は65歳以上の者 （2）雇入れ後 6 月未満の者であって、技能習得中のもの （3）次の業務に主として従事する者 　イ　清掃又は片付けの業務 　ロ　手作業による梱包、レッテルはり、捺印、選別又は検査の業務 　ハ　炊事、湯茶の給仕、守衛又は雑役の業務	924円 （R2.12.25）	17 2,900
	愛媛県はん用機械器具、生産用機械器具、業務用機械器具製造業最低賃金㊪ 〔H1.12.25〕 1　適用する使用者 　愛媛県の区域内ではん用機械器具製造業、生産用機械器具製造業、業務用機械器具製造業（計量器・測定器・分析機器・試験機・測量機械器具・理化学機械器具製造業、医療用機械器具・医療用品製造業、光学機械器具・レンズ製造業、武器製造業及びこれら産業において管理，補助的経済活動を行う事業所を除く。以下同じ。）又は純粋持株会社（管理する全子会社を通じての主要な経済活動がはん用機械器具製造業、生産用機械器具製造業又は業務用機械器具製造業に分類されるものに限る。）を営む使用者 2　適用する労働者 　前号の使用者に使用される労働者。ただし、次に掲げる者を除く。 （1）18歳未満又は65歳以上の者 （2）雇入れ後 6 月未満の者であって、技能習得中のもの （3）次の業務に主として従事する者 　イ　清掃又は片付けの業務 　ロ　バリ取り・溶接かす取り、洗浄、さび若しくは傷の防止のための塗装、検数、包装又は手作業による機械部品の組立ての業務 　ハ　中子の造型、卓上ボール盤による穴あけ又はプレスによる打抜きの業務	930円 （R2.12.25）	422 10,020

（注）最低賃金との比較については、 7 頁の 5 を参照。

38─────── 愛　媛

区　分	最　低　賃　金　件　名 〔新 設 発 効 年 月 日〕 適　　用　　範　　囲	最　低　賃　金 時　間　額 （改正発効年月日）	適用使用者数 適用労働者数（人）
特 定 最 低 賃 金	愛媛県**電子部品・デバイス・電子回路、電気機械器具、情報通信機械器具製造業**最低賃金㊬ 〔H15.12.25〕 1　適用する使用者 　　愛媛県の区域内で電子部品・デバイス・電子回路製造業、電気機械器具製造業（発電用・送電用・配電用電気機械器具製造業、産業用電気機械器具製造業及びこれら産業において管理，補助的経済活動を行う事業所を除く。以下同じ。）、情報通信機械器具製造業又は純粋持株会社（管理する全子会社を通じての主要な経済活動が電子部品・デバイス・電子回路製造業、電気機械器具製造業又は情報通信機械器具製造業に分類されるものに限る。）を営む使用者 2　適用する労働者 　　前号の使用者に使用される労働者。ただし、次に掲げる者を除く。 （1）18歳未満又は65歳以上の者 （2）雇入れ後6月未満の者であって、技能習得中のもの （3）次の業務に主として従事する者 　　イ　清掃又は片付けの業務 　　ロ　手作業による検数、選別、包装、袋詰め、箱詰め又は洗浄の業務 　　ハ　手作業により又は手工具若しくは小型手持電動工具を用いて行う磨き、組立て、取付け、マーク打ち、塗油、組線、巻線、かしめ、曲げ又はバリ取りの業務（これらの業務のうち、流れ作業の中で行う業務を除く。）	895円 （R2.12.25）	63 4,060
	愛媛県**船舶製造・修理業，舶用機関製造業**最低賃金㊰ 〔H1.12.25〕 1　適用する使用者 　　愛媛県の区域内で船舶製造・修理業，舶用機関製造業、当該産業において管理，補助的経済活動を行う事業所又は純粋持株会社（管理する全子会社を通じての主要な経済活動が船舶製造・修理業，舶用機関製造業に分類されるものに限る。）を営む使用者 2　適用する労働者 　　前号の使用者に使用される労働者。ただし、次に掲げる者を除く。 （1）18歳未満又は65歳以上の者 （2）雇入れ後6月未満の者であって、技能習得中のもの （3）次の業務に主として従事する者 　　イ　清掃又は片付けの業務 　　ロ　小物類のサンダーがけ、断熱・防火材（木ぎ装を除く。）の取付け若しくは取外し、パイプ水圧試験の検査補助、パイプ・ゴムホース類の漏れの点検又は足場部材の整備の業務 　　ハ　簡単な工具若しくは器具の修理又は消耗品の払出しの業務	938円 （R2.12.25）	271 5,470

愛　媛————38

区　分	最　低　賃　金　件　名 〔新 設 発 効 年 月 日〕 適　用　範　囲	最　低　賃　金 時　間　額 （改正発効年月日）	適用使用者数 適用労働者数（人）
特 定 最 低 賃 金	愛 媛 県 **各 種 商 品 小 売 業** 最 低 賃 金 ⑤ 〔H2.12.25〕 1　適用する使用者 　　愛媛県の区域内で各種商品小売業又は純粋持株会社（管理する全子会社を通じての主要な経済活動が各種商品小売業に分類されるものに限る。）を営む使用者 2　適用する労働者 　　前号の使用者に使用される労働者。ただし、次に掲げる者を除く。 　(1)　18歳未満又は65歳以上の者 　(2)　雇入れ後6月未満の者であって、技能習得中のもの 　(3)　次に掲げる業務に主として従事する者 　　　清掃、片付け、倉庫番、レッテルはり、値札付け、包装又は袋詰めの業務	810円 （R2.12.25）	22 3,740

（注）最低賃金との比較については、7頁の5を参照。

39 ───── 高 知

区分	最 低 賃 金 件 名 〔新 設 発 効 年 月 日〕 適 用 範 囲	最 低 賃 金 時 間 額 （改正発効年月日）	適用使用者数 適用労働者数（人）
地域別最低賃金	**高 知 県 最 低 賃 金** 〔S47. 7.15〕 高知県の区域内の事業場で働くすべての労働者とその使用者	792円 （R2.10. 3）	24,017 242,600
特定最低賃金	**高知県電子部品・デバイス・電子回路、電子応用装置、映像・音響機械器具製造業最低賃金㉿**　〔S63.12.30〕 1　適用する使用者 　高知県の区域内で電子応用装置製造業、映像・音響機械器具製造業（電気音響機械器具製造業を除く。以下同じ。）、これらの産業において管理, 補助的経済活動を行う事業所、電子部品・デバイス・電子回路製造業（光ディスク・磁気ディスク・磁気テープ製造業及び当該産業において管理, 補助的経済活動を行う事業所を除く。以下同じ。）又は純粋持株会社（管理する全子会社を通じての主要な経済活動が電子応用装置製造業、映像・音響機械器具製造業又は電子部品・デバイス・電子回路製造業に分類されるものに限る。）を営む使用者 2　適用する労働者 　前号の使用者に使用される労働者。ただし、次に掲げる者を除く。 (1) 18歳未満又は65歳以上の者 (2) 雇入れ後6月未満の者であって、技能習得中のもの (3) 次に掲げる業務に主として従事する者 　イ　清掃又は片付けの業務 　ロ　手作業により又は手工具若しくは操作の容易な小型動力機を用いて行う運搬、包装、箱詰め、袋詰め又は部品そう入の業務。ただし、部品そう入については、基幹的業務となっているものを除く。	793円 （R1.12.29）	6 460
	高知県一般貨物自動車運送業最低賃金㉿ 〔H1.12.30〕 1　適用する使用者 　高知県の区域内で一般貨物自動車運送業を営む使用者 2　適用する労働者 　前号の使用者に使用される労働者であって、貨物の運搬に供する車両総重量8トン以上又は最大積載量5トン以上の自動車の運転の業務に従事するもの。ただし、次に掲げる者を除く。 (1) 21歳未満又は65歳以上の者 (2) 雇入れ後6月未満の者 (3) 集荷場、貨物ターミナル等貨物の集散する場所の間を運送する貨物を集荷し又は当該場所の間を運送した貨物を配達する業務に従事する者 (4) 生コンクリート又は土砂等（土砂等を運搬する大型自動車による交通事故の防止等に関する特別措置法（昭和42年法律第131号）第2条第1項の土砂等をいう。）を運搬する業務に従事する者	910円 （H19. 6. 2）	302 1,670

区　分	最　低　賃　金　件　名 〔新設発効年月日〕 適　用　範　囲	最　低　賃　金 時　間　額 （改正発効年月日）	適用使用者数 適用労働者数 （人）
地域別最低賃金	福　岡　県　最　低　賃　金 　　　　　　　　　　　　　　〔S49. 2. 1〕 福岡県の区域内の事業場で働くすべての労働者とその使用者	842円 （R2.10. 1）	159,057 2,018,000
特 定 最 低 賃 金	福岡県**製鉄業、製鋼・製鋼圧延業、鋼材製造業**最低賃金㊙ 　　　　　　　　　　　　　　〔H2. 3.31〕 1　適用する使用者 　　福岡県の区域内で製鉄業、製鋼・製鋼圧延業、製鋼を行わない鋼材製造業（表面処理鋼材を除く）、これらの産業において管理，補助的経済活動を行う事業所又は純粋持株会社（管理する全子会社を通じての主要な経済活動が製鉄業、製鋼・製鋼圧延業又は製鋼を行わない鋼材製造業（表面処理鋼材を除く）に分類されるものに限る。）を営む使用者 2　適用する労働者 　　前号の使用者に使用される労働者。ただし、次に掲げる者を除く。 （1）18歳未満又は65歳以上の者 （2）雇入れ後 6 月未満の者であって、技能習得中のもの （3）清掃又は片付けの業務に主として従事する者	976円 （R2.12.10）	42 6,900
	福岡県**電子部品・デバイス・電子回路、電気機械器具、情報通信機械器具製造業**最低賃金㊙ 　　　　　　　　　　　　　　〔S63.12.31〕 1　適用する使用者 　　福岡県の区域内で電子部品・デバイス・電子回路製造業、電気機械器具製造業、情報通信機械器具製造業又は純粋持株会社（管理する全子会社を通じての主要な経済活動が電子部品・デバイス・電子回路製造業、電気機械器具製造業又は情報通信機械器具製造業に分類されるものに限る。）を営む使用者 2　適用する労働者 　　前号の使用者に使用される労働者。ただし、次に掲げる者を除く。 （1）18歳未満又は65歳以上の者 （2）雇入れ後 6 月未満の者であって、技能習得中のもの （3）次の業務に主として従事する者 　イ　清掃又は片付けの業務 　ロ　手工具又は小型動力機を用いて行う業務のうち、 　　㈠組線、かしめ、取付け又は巻線の業務 　　㈡バリ取り、かえり取り又は鋳ばり取りの業務（これらの業務のうち流れ作業の中で行う業務を除く。） 　ハ　手作業による包装・袋詰め・箱詰め、材料の送給又は取り揃えの業務	927円 （R2.12.10）	617 20,620
	福　岡　県**輸送用機械器具製造業**最低賃金㊙ 　　　　　　　　　　　　　　〔H2.11. 5〕 1　適用する使用者 　　福岡県の区域内で輸送用機械器具製造業（船舶製造・修理業，舶用機関製造業、自転車・同部分品製造業及びこれらの産業において管理，補助的経済活動を行う事業所を除く。以下同じ。）又は純粋持株会社（管理する全子会社を通じての主要な経済活動が輸送用機械器具製造業に分類されるものに限る。）を営む使用者 2　適用する労働者 　　前号の使用者に使用される労働者。ただし、次に掲げる者を除く。 （1）18歳未満又は65歳以上の者 （2）雇入れ後 6 月未満の者であって、技能習得中のもの （3）清掃、片付け、賄い又は湯沸しの業務に主として従事する者	944円 （R1.12.10）	256 22,870

（注）最低賃金との比較については、7 頁の 5 を参照。

40 ──── 福　岡

区　分	最　低　賃　金　件　名 〔新 設 発 効 年 月 日〕 適　　用　　範　　囲	最　低　賃　金 時　　間　　額 （改正発効年月日）	適用使用者数 (人) 適用労働者数
特 定 最 低 賃 金	福岡県**百貨店，総合スーパー**最低賃金㊝ 　　　　　　　　　　　　　　〔H16.12.10〕 1　適用する使用者 　　福岡県の区域内で百貨店，総合スーパー、当該産業において管理，補助的経済活動を行う事業所又は純粋持株会社（管理する全子会社を通じての主要な経済活動が百貨店，総合スーパーに分類されるものに限る。）を営む使用者 2　適用する労働者 　　前号の使用者に使用される労働者。ただし、次に掲げる者を除く。 　(1)　18歳未満又は65歳以上の者 　(2)　雇入れ後3月未満の者であって、技能習得中のもの 　(3)　清掃又は片付けの業務に主として従事する者 　(4)　倉庫番、包装、袋詰め、場内整理、検品又は容器の洗浄の業務に従事する者	889円 （R1.12.10）	92 15,960
	福岡県**自動車（新車）小売業**最低賃金㊝ 　　　　　　　　　　　　　　〔H2. 6.20〕 1　適用する使用者 　　福岡県の区域内で自動車（新車）小売業、当該産業において管理，補助的経済活動を行う事業所又は純粋持株会社（管理する全子会社を通じての主要な経済活動が自動車（新車）小売業に分類されるものに限る。）を営む使用者 2　適用する労働者 　　前号の使用者に使用される労働者。ただし、次に掲げる者を除く。 　(1)　18歳未満又は65歳以上の者 　(2)　雇入れ後3月未満の者であって、技能習得中のもの 　(3)　清掃又は片付けの業務に主として従事する者	941円 （R2.12.10）	806 9,600

佐　賀　──────41

区　分	最　低　賃　金　件　名 〔新 設 発 効 年 月 日〕 適　用　範　囲	最　低　賃　金 時　間　額 （改正発効年月日）	適用使用者数 適用労働者数（人）
地域別最低賃金	**佐　賀　県　最　低　賃　金** 〔S47.12.25〕 佐賀県の区域内の事業場で働くすべての労働者とその使用者	792円 （R2.10. 2）	26,639 315,200
特　定　最　低　賃　金	**佐賀県陶磁器・同関連製品製造業**最低賃金㊢ 〔H1. 3.29〕 1　適用する使用者 　佐賀県の区域内で陶磁器・同関連製品製造業、当該産業において管理，補助的経済活動を行う事業所又は純粋持株会社（管理する全子会社を通じての主要な経済活動が陶磁器・同関連製品製造業に分類されるものに限る。）を営む使用者 2　適用する労働者 　前号の使用者に使用される労働者。ただし、次に掲げる者を除く。 　(1)　18歳未満又は65歳以上の者 　(2)　雇入れ後6月未満の者であって、技能習得中のもの 　(3)　清掃又は片付けの業務に主として従事する者	793円 （R2.12. 2）	187 1,900
	佐賀県ポンプ・圧縮機器、一般産業用機械・装置、その他のはん用機械・同部分品、農業用機械、建設機械・鉱山機械、生活関連産業用機械、基礎素材産業用機械、金属加工機械、半導体・フラットパネルディスプレイ製造装置、その他の生産用機械・同部分品製造業最低賃金㊢ 〔H2. 3.10〕 1　適用する使用者 　佐賀県の区域内でポンプ・圧縮機器製造業、一般産業用機械・装置製造業（冷凍機・温湿調整装置製造業を除く。以下同じ。）、その他のはん用機械・同部分品製造業、農業用機械製造業（農業用器具を除く）、建設機械・鉱山機械製造業（建設用ショベルトラック製造業を除く。以下同じ。）、生活関連産業用機械製造業、基礎素材産業用機械製造業、金属加工機械製造業、半導体・フラットパネルディスプレイ製造装置製造業、その他の生産用機械・同部分品製造業、これらの管理、補助的経済活動を行う事業所又は純粋持株会社〔管理する全子会社を通じての主要な経済活動がポンプ・圧縮機器製造業、一般産業用機械・装置製造業、その他のはん用機械・同部分品製造業、農業用機械製造業（農業用器具を除く）、建設機械・鉱山機械製造業、生活関連産業用機械製造業、基礎素材産業用機械製造業、金属加工機械製造業、半導体・フラットパネルディスプレイ製造装置製造業又はその他の生産用機械・同部分品製造業に分類されるものに限る。）を営む使用者 2　適用する労働者 　前号の使用者に使用される労働者。ただし、次に掲げる者を除く。 　(1)　18歳未満又は65歳以上の者 　(2)　雇入れ後6月未満の者であって、技能習得中のもの 　(3)　清掃又は片付けの業務に主として従事する者	870円 （R2.12.19）	161 4,180

（注）最低賃金との比較については、7頁の5を参照。

41 ——— 佐 賀

区 分	最 低 賃 金 件 名 〔新 設 発 効 年 月 日〕 適 用 範 囲	最 低 賃 金 時 間 額 （改正発効年月日）	適用使用者数（人） 適用労働者数
特 定 最 低 賃 金	佐賀県**発電用・送電用・配電用電気機械器具、産業 用電気機械器具、電球・電気照明器具、電池、その 他の電気機械器具、通信機械器具・同関連機械器具、 電子計算機・同付属装置、電子デバイス、電子部品、 記録メディア、電子回路、ユニット部品、その他の 電子部品・デバイス・電子回路製造業**最低賃金㊡ 〔H2. 2.11〕 1　適用する使用者 　佐賀県の区域内で発電用・送電用・配電用電気機械器具 製造業、産業用電気機械器具製造業、電球・電気照明器具 製造業、電池製造業、その他の電気機械器具製造業、通信 機械器具・同関連機械器具製造業、電子計算機・同付属装 置製造業、電子デバイス製造業、電子部品製造業、記録メ ディア製造業、電子回路製造業、ユニット部品製造業、そ の他の電子部品・デバイス・電子回路製造業、これらの産 業において管理，補助的経済活動を行う事業所又は純粋持 株会社（管理する全子会社を通じての主要な経済活動が発 電用・送電用・配電用電気機械器具製造業、産業用電気機 械器具製造業、電球・電気照明器具製造業、電池製造業、 その他の電気機械器具製造業、通信機械器具・同関連機械 器具製造業、電子計算機・同付属装置製造業、電子デバイ ス製造業、電子部品製造業、記録メディア製造業、電子回 路製造業、ユニット部品製造業又はその他の電子部品・デ バイス・電子回路製造業に分類されるものに限る。）を営 む使用者 2　適用する労働者 　前号の使用者に使用される労働者。ただし、次に掲げる 者を除く。 （1）18歳未満又は65歳以上の者 （2）雇入れ後 6 月未満の者であって、技能習得中のもの （3）清掃又は片付けの業務に主として従事する者	839円 （R2.12.17）	73 7,000

長　崎──────42

区　分	最　低　賃　金　件　名 〔新　設　発　効　年　月　日〕 適　用　範　囲	最　低　賃　金 時　間　額 （改正発効年月日）	適用使用者数 適用労働者数（人）
地域別最低賃金	長　崎　県　最　低　賃　金 〔S48. 1. 1〕 長崎県の区域内の事業場で働くすべての労働者とその使用者	793円 （R2.10. 3）	43,827 474,700
特定最低賃金	長崎県**はん用機械器具、生産用機械器具製造業**最低賃金㊝ 〔H2. 3.31〕 1　適用する使用者 　長崎県の区域内で次に掲げるいずれかの産業を営む使用者 　(1)　はん用機械器具製造業（家庭用エレベーター製造業、冷凍機・温湿調整装置製造業及びこれらの産業において管理，補助的経済活動を行う事業所を除く。） 　(2)　生産用機械器具製造業（農業用機械製造業（農業用器具を除く）（農業用トラクタ製造業を除く。）、建設用ショベルトラック製造業、繊維機械製造業及びこれらの産業において管理，補助的経済活動を行う事業所を除く。） 　(3)　純粋持株会社（管理する全子会社を通じての主要な経済活動が(1)又は(2)に掲げる産業に分類されるものに限る。） 2　適用する労働者 　前号の使用者に使用される労働者。ただし、次に掲げる者を除く。 　(1)　18歳未満又は65歳以上の者 　(2)　雇入れ後 6 月未満の者であって、技能習得中のもの 　(3)　次に掲げる業務に主として従事する者 　　イ　清掃、片付け又は雑役の業務 　　ロ　手作業による包装、袋詰め又は箱詰めの業務 　　ハ　軽易な運搬又は工具若しくは部品の整理の業務 　　ニ　書類等の事業所内集配又は複写の業務	875円 （R1.12. 7）	103 6,740
	長崎県**電子部品・デバイス・電子回路、電気機械器具、情報通信機械器具製造業**最低賃金㊞ 〔H2. 3.31〕 1　適用する使用者 　長崎県の区域内で次に掲げるいずれかの産業を営む使用者 　(1)　電子部品・デバイス・電子回路製造業（光ディスク・磁気ディスク・磁気テープ製造業及び当該産業において管理，補助的経済活動を行う事業所を除く。） 　(2)　電気機械器具製造業（電球・電気照明器具製造業、電池製造業、電気計測器製造業、その他の電気機械器具製造業及びこれらの産業において管理，補助的経済活動を行う事業所を除く。） 　(3)　情報通信機械器具製造業 　(4)　純粋持株会社（管理する全子会社を通じての主要な経済活動が(1)から(3)までに掲げる産業に分類されるものに限る。） 2　適用する労働者 　前号の使用者に使用される労働者。ただし、次に掲げる者を除く。 　(1)　18歳未満又は65歳以上の者 　(2)　雇入れ後 6 月未満の者であって、技能習得中のもの 　(3)　次に掲げる業務に主として従事する者 　　イ　清掃、片付け又は雑役の業務 　　ロ　手作業による包装、袋詰め又は箱詰めの業務 　　ハ　軽易な運搬又は工具若しくは部品の整理の業務	837円 （R2.12.20）	64 6,720

（注）最低賃金との比較については、7 頁の 5 を参照。

区　分	最　低　賃　金　件　名 〔新　設　発　効　年　月　日〕 適　　用　　範　　囲	最　低　賃　金 時　　間　　額 （改正発効年月日）	適用使用者数 適用労働者数（人）
特 定 最 低 賃 金	**長崎県船舶製造・修理業，舶用機関製造業**最低賃金㊝ 　　　　　　　　　　〔H2. 3.31〕 1　適用する使用者 　　長崎県の区域内で次に掲げるいずれかの産業を営む使用者 （1）船舶製造・修理業，舶用機関製造業 （2）（1）に掲げる産業において管理，補助的経済活動を行う事業所 （3）純粋持株会社（管理する全子会社を通じての主要な経済活動が(1)に掲げる産業に分類されるものに限る。） 2　適用する労働者 　　前号の使用者に使用される労働者。ただし、次に掲げる者を除く。 （1）18歳未満又は65歳以上の者 （2）雇入れ後6月未満の者であって、技能習得中のもの （3）次に掲げる業務に主として従事する者 　　イ　清掃、片付け又は雑役の業務 　　ロ　書類等の事業所内集配又は複写の業務	875円 （R1.11.29）	205 7,700

熊 本 ————— 43

区 分	最 低 賃 金 件 名 〔新設発効年月日〕 適 用 範 囲	最 低 賃 金 額 時 間 額（日 額） （改正発効年月日）	適用使用者数 適用労働者数（人）
地域別最低賃金	**熊 本 県 最 低 賃 金** 〔S48. 1. 1〕 熊本県の区域内の事業場で働くすべての労働者とその使用者	793円 （R2.10. 1）	52,700 614,900
特定最低賃金	**熊本県電子部品・デバイス・電子回路、電気機械器具、情報通信機械器具製造業**最低賃金㊙ 〔H2. 3.30〕 1　適用する使用者 　　熊本県の区域内で電子部品・デバイス・電子回路製造業、電気機械器具製造業、情報通信機械器具製造業又は純粋持株会社（管理する全子会社を通じての主要な経済活動が電子部品・デバイス・電子回路製造業、電気機械器具製造業又は情報通信機械器具製造業に分類されるものに限る。）を営む使用者 2　適用する労働者 　　前号の使用者に使用される労働者。ただし、次に掲げる者を除く。 （1）18歳未満又は65歳以上の者 （2）雇入れ後6月未満の者であって、技能習得中のもの （3）次に掲げる業務に主として従事する者 　イ　清掃又は片付けの業務 　ロ　手作業により又は手工具若しくは小型動力機を用いて行う巻線、組線、かしめ、洗浄、取付け、はんだ付け、バリ取り、選別、検査、包装、袋詰め、箱詰め又はこん包の業務（これらの業務のうち流れ作業で行う業務を除く。）	836円 （R2.12.15）	137 11,850
	熊本県自動車・同附属品製造業、船舶製造・修理業，舶用機関製造業最低賃金㊙ 〔H2. 7.27〕 1　適用する使用者 　　熊本県の区域内で自動車・同附属品製造業、船舶製造・修理業、舶用機関製造業、これらの産業において管理，補助的経済活動を行う事業所又は純粋持株会社（管理する全子会社を通じての主要な経済活動が自動車・同附属品製造業又は船舶製造・修理業，舶用機関製造業に分類されるものに限る。）を営む使用者 2　適用する労働者 　　前号の使用者に使用される労働者。ただし、次に掲げる者を除く。 （1）18歳未満又は65歳以上の者 （2）雇入れ後6月未満の者であって、技能習得中のもの （3）清掃又は片付けの業務に主として従事する者	888円 （R2.12.15）	126 9,400
	熊本県百貨店，総合スーパー最低賃金㊙ 〔H5.12. 25〕 1　適用する使用者 　　熊本県の区域内で百貨店，総合スーパー、当該産業において管理，補助的経済活動を行う事業所又は純粋持株会社（管理する全子会社を通じての主要な経済活動が百貨店，総合スーパーに分類されるものに限る。）を営む使用者 2　適用する労働者 　　前号の使用者に使用される労働者。ただし、次に掲げる者を除く。 （1）18歳未満又は65歳以上の者 （2）雇入れ後6月未満の者であって、技能習得中のもの （3）清掃又は片付けの業務に主として従事する者	796円 （R2.12.15）	35 4,530

（注）最低賃金との比較については、7頁の5を参照。

◆**44** ———— 大　分

区　分	最　低　賃　金　件　名 〔新 設 発 効 年 月 日〕 適　　用　　範　　囲	最　低　賃　金 時　　間　　額 （改正発効年月日）	適用使用者数 適用労働者数（人）
地域別最低賃金	**大　分　県　最　低　賃　金** 〔S48. 7.20〕 大分県の区域内の事業場で働くすべての労働者とその使用者	792円 （R2.10. 1）	37,385 426,700
特 定 最 低 賃 金	**大　分　県　鉄　鋼　業　最　低　賃　金**㊚ 〔H2. 6. 8〕 1　適用する使用者 　　大分県の区域内で鉄鋼業（製鉄業（高炉による製鉄業を除く。）、製鋼・製鋼圧延業及びこれらの産業において管理,補助的経済活動を行う事業所を除く。以下同じ。）又は純粋持株会社（管理する全子会社を通じての主要な経済活動が鉄鋼業に分類されるものに限る。）を営む使用者 2　適用する労働者 　　前号の使用者に使用される労働者。ただし、次に掲げる者を除く。 　(1)　18歳未満又は65歳以上の者 　(2)　雇入れ後 6 月未満の者であって、技能習得中のもの 　(3)　清掃又は片付けの業務に主として従事する者	951円 （R2.12.25）	18 3,290
	大　分　県　非　鉄　金　属　製　造　業　最　低　賃　金㊚ 〔H2. 6. 7〕 1　適用する使用者 　　大分県の区域内で非鉄金属製造業（非鉄金属・同合金圧延業（抽伸，押出しを含む）、非鉄金属素形材製造業（非鉄金属鍛造品製造業を除く。）及びこれらの産業において管理,補助的経済活動を行う事業所を除く。以下同じ。）又は純粋持株会社（管理する全子会社を通じての主要な経済活動が非鉄金属製造業に分類されるものに限る。）を営む使用者 2　適用する労働者 　　前号の使用者に使用される労働者。ただし、次に掲げる者を除く。 　(1)　18歳未満又は65歳以上の者 　(2)　雇入れ後 6 月未満の者であって、技能習得中のもの 　(3)　清掃又は片付けの業務に主として従事する者	911円 （R2.12.25）	11 1,410
	大分県電子部品・デバイス・電子回路、電気機械器具、情報通信機械器具製造業最低賃金㊕ 〔H1. 3. 29〕 1　適用する使用者 　　大分県の区域内で電子部品・デバイス・電子回路製造業、電気機械器具製造業（医療用計測器製造業（心電計製造業を除く。）及び当該産業において管理,補助的経済活動を行う事業所を除く。以下同じ。）、情報通信機械器具製造業又は純粋持株会社(管理する全子会社を通じての主要な経済活動が電子部品・デバイス・電子回路製造業、電気機械器具製造業又は情報通信機械器具製造業に分類されるものに限る。）を営む使用者 2　適用する労働者 　　前号の使用者に使用される労働者。ただし、次に掲げる者を除く。 　(1)　18歳未満又は65歳以上の者 　(2)　雇入れ後 6 月未満の者であって、技能習得中のもの 　(3)　次に掲げる業務に主として従事する者 　　イ　清掃又は片付けの業務 　　ロ　手作業により又は手工具若しくは小型電動工具を用いて行う巻線、穴あけ、ねじ切り、かしめ、洗浄、電線はく離、塗油、取付け、バリ取り、組線、捺印、はんだ付け、ラベルはり、選別又は検数の業務（これらの業務のうち流れ作業の中で行う業務を除く。） 　　ハ　手作業で行う袋詰め、箱詰め又は包装の業務	835円 （R2.12.25）	100 13,440

大 分 ─── 44

区 分	最 低 賃 金 件 名 〔新 設 発 効 年 月 日〕 適 用 範 囲	最 低 賃 金 時 間 額 （改正発効年月日）	適用使用者数 適用労働者数（人）
特 定 最 低 賃 金	**大分県自動車・同附属品製造業、船舶製造・修理業, 舶用機関製造業**最低賃金㋬ 〔H2.7.25〕 1 適用する使用者 　大分県の区域内で自動車・同附属品製造業、船舶製造・ 修理業,舶用機関製造業（船舶製造・修理業のうち木造船 製造・修理業、木製漁船製造・修理業、舟艇製造・修理業 を除く。以下同じ。）、これらの産業において管理,補助的 経済活動を行う事業所又は純粋持株会社（管理する全子会 社を通じての主要な経済活動が自動車・同附属品製造業又 は船舶製造・修理業,舶用機関製造業に分類されるものに 限る。）を営む使用者 2 適用する労働者 　前号の使用者に使用される労働者。ただし、次に掲げる 者を除く。 　(1) 18歳未満又は65歳以上の者 　(2) 雇入れ後6月未満の者であって、技能習得中のもの 　(3) 清掃又は片付けの業務に主として従事する者	878円 （R2.12.25）	154 8,450
	大分県各種商品小売業最低賃金㋬ 〔H2.8.6〕 1 適用する使用者 　大分県の区域内で各種商品小売業又は純粋持株会社（管 理する全子会社を通じての主要な経済活動が各種商品小売 業に分類されるものに限る。）を営む使用者 2 適用する労働者 　前号の使用者に使用される労働者。ただし、次に掲げる 者を除く。 　(1) 18歳未満又は65歳以上の者 　(2) 雇入れ後6月未満の者であって、技能習得中のもの 　(3) 清掃又は片付けの業務に主として従事する者	716円 → ㋛ （H28.12.25）	28 3,060
	大分県自動車（新車）小売業最低賃金㋬ 〔H2.8.5〕 1 適用する使用者 　大分県の区域内で自動車（新車）小売業、当該産業にお いて管理,補助的経済活動を行う事業所又は純粋持株会社 （管理する全子会社を通じての主要な経済活動が自動車（新 車）小売業に分類されるものに限る。）を営む使用者 2 適用する労働者 　前号の使用者に使用される労働者。ただし、次に掲げる 者を除く。 　(1) 18歳未満又は65歳以上の者 　(2) 雇入れ後6月未満の者であって、技能習得中のもの 　(3) 清掃又は片付けの業務に主として従事する者	848円 （R2.12.25）	170 2,560

（注）最低賃金との比較については、7頁の5を参照。

45 ——— 宮 崎

区 分	最 低 賃 金 件 名 〔新 設 発 効 年 月 日〕 適 用 範 囲	最 低 賃 金 時 間 額 （改正発効年月日）	適用使用者数 適用労働者数（人）
地域別最低賃金	宮 崎 県 最 低 賃 金 〔S49. 2.17〕 宮崎県の区域内の事業場で働くすべての労働者とその使用者	793円 （R2.10. 3）	37,255 395,000
特 定 最 低 賃 金	宮崎県部分肉・冷凍肉、肉加工品、処理牛乳・乳飲料、乳製品製造業最低賃金㊒ 〔H2. 8. 1〕 1　適用する使用者 　宮崎県の区域内で部分肉・冷凍肉製造業、肉加工品製造業、処理牛乳・乳飲料製造業、乳製品製造業（処理牛乳，乳飲料を除く）、これらの産業において管理，補助的経済活動を行う事業所又は純粋持株会社（管理する全子会社を通じての主要な経済活動が部分肉・冷凍肉製造業、肉加工品製造業、処理牛乳・乳飲料製造業又は乳製品製造業（処理牛乳，乳飲料を除く）に分類されるものに限る。）を営む使用者 2　適用する労働者 　前号の使用者に使用される労働者。ただし、次に掲げる者を除く。 (1)　18歳未満又は65歳以上の者 (2)　雇入れ後6月未満の者であって、技能習得中のもの (3)　清掃又は片付けの業務に主として従事する者	678円 → ㊜ （H26.12.26）	47 2,490
	宮崎県電子部品・デバイス・電子回路、電気機械器具、情報通信機械器具製造業最低賃金㊒ 〔H2. 3. 30〕 1　適用する使用者 　宮崎県の区域内で電子部品・デバイス・電子回路製造業、電気機械器具製造業（医療用計測器製造業（心電計製造業を除く。）及び当該産業において管理，補助的経済活動を行う事業所を除く。以下同じ。）、情報通信機械器具製造業又は純粋持株会社（管理する全子会社を通じての主要な経済活動が電子部品・デバイス・電子回路製造業、電気機械器具製造業又は情報通信機械器具製造業に分類されるものに限る。）を営む使用者 2　適用する労働者 　前号の使用者に使用される労働者。ただし、次に掲げる者を除く。 (1)　18歳未満又は65歳以上の者 (2)　雇入れ後6月未満の者であって、技能習得中のもの (3)　次に掲げる業務に主として従事する者 　イ　清掃、片付け、賄い又は工具の整理の業務 　ロ　手作業により又は手工具若しくは小型動力機を用いて行う組線、巻線、かしめ、洗浄、取付け、はんだ付け、バリ取り、溶接、刻印、選別又は検査の業務（これらの業務のうち流れ作業で行う業務を除く。） 　ハ　手作業による袋詰め、箱詰め、包装、レッテルはり、材料の送給又は取りそろえの業務	803円 （R2.12.25）	81 8,850

宮　崎 ─────◆45

区　分	最　低　賃　金　件　名 〔新設発効年月日〕 適　用　範　囲	最　低　賃　金 時　間　額 （改正発効年月日）	適用使用者数 適用労働者数（人）
特 定 最 低 賃 金	宮崎県 **各種商品小売業** 最低賃金㊡ 〔H2. 3. 28〕 　1　適用する使用者 　　宮崎県の区域内で各種商品小売業又は純粋持株会社（管理する全子会社を通じての主要な経済活動が各種商品小売業に分類されるものに限る。）を営む使用者 　2　適用する労働者 　　前号の使用者に使用される労働者。ただし、次に掲げる者を除く。 　（1）18歳未満又は65歳以上の者 　（2）雇入れ後 6 月未満の者であって、技能習得中のもの 　（3）清掃又は片付けの業務に主として従事する者	705円 → ㊢ （H27.12.24）	75 4,750
	宮崎県 **自動車（新車）小売業** 最低賃金㊡ 〔H2. 7. 25〕 　1　適用する使用者 　　宮崎県の区域内で自動車（新車）小売業、当該産業において管理，補助的経済活動を行う事業所又は純粋持株会社（管理する全子会社を通じての主要な経済活動が自動車（新車）小売業に分類されるものに限る。）を営む使用者 　2　適用する労働者 　　前号の使用者に使用される労働者。ただし、次に掲げる者を除く。 　（1）18歳未満又は65歳以上の者 　（2）雇入れ後 6 月未満の者であって、技能習得中のもの 　（3）次に掲げる業務に主として従事する者 　　イ　清掃又は片付けの業務 　　ロ　洗車又は納車引取りの業務	832円 （R2.12.30）	178 2,750

（注）最低賃金との比較については、7 頁の 5 を参照。

46 ——— 鹿児島

区分	最 低 賃 金 件 名 〔新 設 発 効 年 月 日〕 適 用 範 囲	最 低 賃 金 時 間 額 （改正発効年月日）	適用使用者数 適用労働者数（人）
地域別最低賃金	**鹿 児 島 県 最 低 賃 金** 〔S48. 3.20〕 鹿児島県の区域内の事業場で働くすべての労働者とその使用者	793円 （R2.10. 3）	53,323 588,900
特定最低賃金	鹿児島県**電子部品・デバイス・電子回路、電気機械器具、情報通信機械器具製造業**最低賃金㊡ 〔H1. 2. 20〕 1　適用する使用者 　鹿児島県の区域内で電子部品・デバイス・電子回路製造業、電気機械器具製造業（医療用計測器製造業（心電計製造業を除く。）及び当該産業において管理，補助的経済活動を行う事業所を除く。以下同じ。）、情報通信機械器具製造業又は純粋持株会社（管理する全子会社を通じての主要な経済活動が電子部品・デバイス・電子回路製造業、電気機械器具製造業又は情報通信機械器具製造業に分類されるものに限る。）を営む使用者 2　適用する労働者 　前号の使用者に使用される労働者。ただし、次に掲げる者を除く。 　(1)　18歳未満又は65歳以上の者 　(2)　雇入れ後6月未満の者であって、技能習得中のもの 　(3)　次に掲げる業務に主として従事する者 　　イ　清掃又は片付けの業務 　　ロ　手作業により又は手工具若しくは小型動力機を用いて行う組線、巻線、かしめ、取付け、バリ取り、かえり取り、鋳ばり取り、刻印又は選別の業務（これらの業務のうち流れ作業で行う業務を除く。） 　　ハ　手作業による包装、袋詰め、箱詰め、材料の送給又は取りそろえの業務	815円 （R2.12.27）	120 13,530
	鹿児島県**百貨店，総合スーパー**最低賃金㊡ 〔H15.12.14〕 1　適用する使用者 　鹿児島県の区域内で百貨店，総合スーパー、当該産業において管理，補助的経済活動を行う事業所又は純粋持株会社（管理する全子会社を通じての主要な経済活動が百貨店，総合スーパーに分類されるものに限る。）を営む使用者 2　適用する労働者 　前号の使用者に使用される労働者。ただし、次に掲げる者を除く。 　(1)　18歳未満又は65歳以上の者 　(2)　雇入れ後6月未満の者であって、技能習得中のもの 　(3)　清掃又は片付けの業務に主として従事する者	693円　→　㊏ （H26.12.26）	18 3,190
	鹿児島県**自動車（新車）小売業**最低賃金㊡ 〔H2. 8. 2〕 1　適用する使用者 　鹿児島県の区域内で自動車（新車）小売業、当該産業において管理，補助的経済活動を行う事業所又は純粋持株会社（管理する全子会社を通じての主要な経済活動が自動車（新車）小売業に分類されるものに限る。）を営む使用者 2　適用する労働者 　前号の使用者に使用される労働者。ただし、次に掲げる者を除く。 　(1)　18歳未満又は65歳以上の者 　(2)　雇入れ後6月未満の者であって、技能習得中のもの 　(3)　清掃又は片付けの業務に主として従事する者	847円 （R2.12.24）	370 3,460

沖　縄 —————— 47

区　分	最　低　賃　金　件　名 〔新 設 発 効 年 月 日〕 適　用　範　囲	最　低　賃　金 時　間　額 （改正発効年月日）	適用使用者数 適用労働者数（人）
地域別最低賃金	**沖　縄　県　最　低　賃　金** 〔S47. 9. 6〕 沖縄県の区域内の事業場で働くすべての労働者とその使用者	792円 （R2.10. 3）	42,990 487,000

特定最低賃金	**沖縄県 畜産食料品製造業 最低賃金㊤** 〔H2. 1. 21〕 1　適用する使用者 　沖縄県の区域内で畜産食料品製造業、当該産業において管理，補助的経済活動を行う事業所又は純粋持株会社（管理する全子会社を通じての主要な経済活動が畜産食料品製造業に分類されるものに限る。）を営む使用者 2　適用する労働者 　前号の使用者に使用される労働者。ただし、次に掲げる者を除く。 　(1) 18歳未満又は65歳以上の者 　(2) 雇入れ後6月未満の者であって、技能習得中のもの 　(3) 清掃、片付けその他これらに準ずる軽易な業務に主として従事する者	683円　→ ㊍ （H25.12.11）	59 2,490
	沖縄県 糖類製造業 最低賃金㊤ 〔H2. 1. 7〕 1　適用する使用者 　沖縄県の区域内で糖類製造業、当該産業において管理，補助的経済活動を行う事業所又は純粋持株会社（管理する全子会社を通じての主要な経済活動が糖類製造業に分類されるものに限る。）を営む使用者 2　適用する労働者 　前号の使用者に使用される労働者。ただし、次に掲げる者を除く。 　(1) 18歳未満又は65歳以上の者 　(2) 雇入れ後6月未満の者であって、技能習得中のもの 　(3) 清掃、片付けその他これらに準ずる軽易な業務に主として従事する者	769円　→ ㊍ （H30.11.25）	16 580
	沖縄県 清涼飲料、酒類製造業 最低賃金㊤ 〔H2. 1. 6〕 1　適用する使用者 　沖縄県の区域内で清涼飲料製造業、酒類製造業、これらの産業において管理，補助的経済活動を行う事業所又は純粋持株会社（管理する全子会社を通じての主要な経済活動が清涼飲料製造業又は酒類製造業に分類されるものに限る。）を営む使用者 2　適用する労働者 　前号の使用者に使用される労働者。ただし、次に掲げる者を除く。 　(1) 18歳未満又は65歳以上の者 　(2) 雇入れ後6月未満の者であって、技能習得中のもの 　(3) 清掃、片付けその他これらに準ずる軽易な業務に主として従事する者	686円　→ ㊍ （H25.11.23）	97 1,520

（注）最低賃金との比較については、7頁の5を参照。

134

47 ── 沖　縄

区　分	最　低　賃　金　件　名〔新設発効年月日〕適　用　範　囲	最　低　賃　金時　間　額（改正発効年月日）	適用使用者数適用労働者数（人）
特定最低賃金	沖縄県 **新聞業** 最低賃金㊝〔H2.1.3〕 1　適用する使用者 　沖縄県の区域内で新聞業、当該産業において管理，補助的経済活動を行う事業所又は純粋持株会社（管理する全子会社を通じての主要な経済活動が新聞業に分類されるものに限る。）を営む使用者 2　適用する労働者 　前号の使用者に使用される労働者。ただし、次に掲げる者を除く。 　(1) 18歳未満又は65歳以上の者 　(2) 雇入れ後6月未満の者であって、技能習得中のもの 　(3) 清掃、片付けその他これらに準ずる軽易な業務に主として従事する者	835円〔H2.1.3〕（R1.11.16）	10660
	沖縄県 **各種商品小売業** 最低賃金㊝〔H1.12.31〕 1　適用する使用者 　沖縄県の区域内で各種商品小売業又は純粋持株会社（管理する全子会社を通じての主要な経済活動が各種商品小売業に分類されるものに限る。）を営む使用者 2　適用する労働者 　前号の使用者に使用される労働者。ただし、次に掲げる者を除く。 　(1) 18歳未満又は65歳以上の者 　(2) 雇入れ後6月未満の者であって、技能習得中のもの 　(3) 清掃、片付けその他これらに準ずる軽易な業務に主として従事する者	770円 → ㊣（H30.11.23）	266,380
	沖縄県 **自動車（新車）小売業** 最低賃金㊝〔H8.12.18〕 1　適用する使用者 　沖縄県の区域内で自動車（新車）小売業、当該産業において管理，補助的経済活動を行う事業所又は純粋持株会社（管理する全子会社を通じての主要な経済活動が自動車（新車）小売業に分類されるものに限る。）を営む使用者 2　適用する労働者 　前号の使用者に使用される労働者。ただし、次に掲げる者を除く。 　(1) 18歳未満又は65歳以上の者 　(2) 雇入れ後6月未満の者であって、技能習得中のもの 　(3) 清掃、片付けその他これらに準ずる軽易な業務に主として従事する者	770円 → ㊣（H30.11.18）	682,020

Ⅳ　都道府県の地域別・特定最低賃金一覧

1　令和 2 年度 地域別最低賃金 改定状況

都道府県名	最低賃金時間額（単位：円）	発効年月日
北　海　道	861	R1.10. 3
青　　　森	793	R2.10. 3
岩　　　手	793	R2.10. 3
宮　　　城	825	R2.10. 1
秋　　　田	792	R2.10. 1
山　　　形	793	R2.10. 3
福　　　島	800	R2.10. 2
茨　　　城	851	R2.10. 1
栃　　　木	854	R2.10. 1
群　　　馬	837	R2.10. 3
埼　　　玉	928	R2.10. 1
千　　　葉	925	R2.10. 1
東　　　京	1,013	R1.10. 1
神　奈　川	1,012	R2.10. 1
新　　　潟	831	R2.10. 1
富　　　山	849	R2.10. 1
石　　　川	833	R2.10. 7
福　　　井	830	R2.10. 2
山　　　梨	838	R2.10. 9
長　　　野	849	R2.10. 1
岐　　　阜	852	R2.10. 1
静　　　岡	885	R1.10. 4
愛　　　知	927	R2.10. 1
三　　　重	874	R2.10. 1
滋　　　賀	868	R2.10. 1
京　　　都	909	R1.10. 1
大　　　阪	964	R1.10. 1
兵　　　庫	900	R2.10. 1
奈　　　良	838	R2.10. 1
和　歌　山	831	R2.10. 1
鳥　　　取	792	R2.10. 2
島　　　根	792	R2.10. 1
岡　　　山	834	R2.10. 3
広　　　島	871	R1.10. 1
山　　　口	829	R1.10. 5
徳　　　島	796	R2.10. 4
香　　　川	820	R2.10. 1
愛　　　媛	793	R2.10. 3
高　　　知	792	R2.10. 3
福　　　岡	842	R2.10. 1
佐　　　賀	792	R2.10. 2
長　　　崎	793	R2.10. 3
熊　　　本	793	R2.10. 1
大　　　分	792	R2.10. 1
宮　　　崎	793	R2.10. 3
鹿　児　島	793	R2.10. 3
沖　　　縄	792	R2.10. 3

2　特定最低賃金（令和3年3月末日現在効力を有するもの）
(1)　新産業別最低賃金　　　　　　　　　　　　　　　　　　　　　　　（単位：円）

項目　都道府県名	食料品・飲料製造業関係			
	時間額	日額		発効日
北 海 道	893	—		R 2.12. 6
千　　葉	889	—		H29.12.25
香　　川	821	—		R 2.12.15
宮　　崎	678	—		H26.12.26
沖　　縄	683	—	畜産食料品製造業	H25.12.11
沖　　縄	769	—	糖類製造業	H30.11.25
沖　　縄	686	—	清涼飲料、酒類製造業	H25.11.23

項目　都道府県名	繊 維 工 業 関 係			
	時間額	日額		発効日
石　　川	782	—		H29.12.31
福　　井	830	—	化学繊維を含む	R 1.12.24
愛　　知	732	—		H20.12.16
滋　　賀	789	—	注1	H28.12.30
兵　　庫	800	—		H28. 3. 1

項目　都道府県名	造作材・合板・建築用組立材料製造業			
	時間額	日額		発効日
徳　　島	875	—		R 2.12.21

項目　都道府県名	パルプ・紙・紙加工品製造業関係			
	時間額	日額		発効日
静　　岡	786	—		H27.12.31
愛　　媛	924	—		R 2.12.25

項目　都道府県名	印刷・同関連産業関係			
	時間額	日額		発効日
長　　野	850	—		R 1.12.31
京　　都	765	—		H22.12.18

項目　都道府県名	塗 料 製 造 業			
	時間額	日額		発効日
栃　　木	965	—		R 2.12.31
神 奈 川	894	—		H27. 3. 1
大　　阪	971	—		R 2.12. 1
兵　　庫	973	—		R 2.12. 1

項目　都道府県名	ゴ ム 製 品 製 造 業			
	時間額	日額		発効日
静　　岡	897	—		R 1.12.21

項目　都道府県名	窯業・土石製品製造業関係			
	時間額	日額		発効日
三　　重	901	—		R 2.12.21
滋　　賀	924	—		R 2.12.31
岡　　山	924	—		R 1.12.19
佐　　賀	793	—		R 2.12. 2

項目　都道府県名	鉄 鋼 業 関 係			
	時間額	日額		発効日
北 海 道	967	—		R 1.12. 1
青　　森	903	—		R 2.12.21
岩　　手	852	—	金属製品を含む	R 2.12.31
宮　　城	925	—		R 2.12.15
茨　　城	945	—		R 1.12.31
群　　馬	921	—		R 2.12.31
千　　葉	995	—		R 2.12.25
東　　京	871	—		H26. 3.23
神 奈 川	874	—		H26. 3.15
愛　　知	976	—		R 2.12.16
三　　重	739	5,907		H10.12.15
大　　阪	968	—		R 2.12. 1
兵　　庫	964	—		R 2.12. 1
和 歌 山	949	—		R 2.12.30
島　　根	922	—		R 2.11.13
岡　　山	962	—		R 1.12.14
広　　島	970	—		R 2.12.31
山　　口	967	—	非鉄金属を含む	R 2.12.15
福　　岡	976	—		R 2.12.10
大　　分	951	—		R 2.12.25

項目 都道府県名	非鉄金属製造業関係			
	時間額	日額		発効日
秋　田	895	—		R 2.12.25
福　島	866	—		R 2.12.18
埼　玉	948	—		R 2.12. 1
神奈川	821	—		H22.12.20
富　山	781	—		H2712.26
静　岡	935	—	鉄鋼を含む	R 1.12.21
三　重	921	—		R 2.12.21
大　阪	965	—		R 1.12. 1
大　分	911	—		R 2.12.25

項目 都道府県名	金属製品製造業関係			
	時間額	日額		発効日
石　川	763	6,102	注2	H11.12.26
三　重	843	—		H27.12.20
京　都	933	—		R 1.12.22
広　島	923	—		R 2.12.31

項目 都道府県名	一般機械器具製造業（はん用機械器具、生産用機械器具、業務用機械器具製造業）関係			
	時間額	日額		発効日
山　形	862	—		R 2.12.25
茨　城	907	—	注3	R 2.12.31
栃　木	913	—		R 2.12.31
群　馬	910	—		R 2.12.31
千　葉	922	—		H30.12.25
東　京	832	—		H22.12.31
神奈川	857	—		H25. 3. 1
石　川	922	—	金属製品、電気機器を含む	R 3. 1.10
福　井	874	—		R 1.12.24
長　野	905	—	輸送用機器を含む	R 2.12.11
愛　知	948	—		R 2.12.16
三　重	762	—		H15.12.15
滋　賀	933	—		R 2.12.31
京　都	822	—		H20.12.21
大　阪	968	—	金属製品、輸送用機器を含む	R 2.12. 1
兵　庫	944	—		R 2.12. 6
奈　良	898	—		R 2.12.31
島　根	898	—		R 2.11.27
岡　山	934	—		R 1.12.27
広　島	935	—		R 2.12.31
徳　島	928	—		R 2.12.21
香　川	943	—		R 2.12.15
愛　媛	930	—		R 2.12.25
佐　賀	870	—		R 2.12.19
長　崎	875	—		R 1.12. 7

項目 都道府県名	精密機械器具製造業（業務用機械器具、その他の製造業）関係			
	時間額	日額		発効日
岩　手	829	—		R 2.12.31
福　島	868	—		R 2.12.20
栃　木	912	—		R 2.12.31
埼　玉	963	—		R 2.12. 1
千　葉	887	—		H29.12.25
愛　知	875	—		H29.12.16
兵　庫	903	—		R 2.12. 1

138

項目 都道府県名	電気機械器具製造業（電子部品・デバイス・電子回路、電気機械器具、情報通信機械器具製造業）関係			
	時間額	日額		発効日
北海道	895	—		R 2.12. 1
青　森	833	—		R 2.12.21
岩　手	820	—		R 2.12.31
宮　城	864	—		R 2.12.20
秋　田	836	—		R 2.12.25
山　形	846	—		R 2.12.25
福　島	834	—		R 2.12.17
茨　城	904	—	精密機器を含む	R 2.12.31
栃　木	913	—		R 2.12.31
群　馬	910	—		R 2.12.31
埼　玉	954	—		R 2.12. 1
千　葉	954	—		R 2.12.25
東　京	829	—	精密機器を含む	H22.12.31
神奈川	890	—		H27. 3. 1
新　潟	910	—		R 2.12.30
富　山	851	—		R 2.12.18
石　川	870	—		R 2.12.31
福　井	857	—		R 1.12.24
山　梨	914	—		R 3. 1.14
長　野	894	—	精密機器を含む	R 2.12. 4
岐　阜	887	—		R 2.12.21
静　岡	920	—		R 2.12.21
愛　知	901	—		H30.12.16
三　重	906	—		R 2.12.21
滋　賀	917	—	精密機器を含む	R 2.12.31
京　都	936	—		R 1.12.22
大　阪	966	—		R 2.12. 1
兵　庫	902	—		R 2.12. 1
奈　良	883	—		R 2.12.31
鳥　取	809	—		R 2.12.30
島　根	825	—		R 2.11.21
岡　山	878	—		R 1.12.25
広　島	897	—		R 2.12.31
山　口	893	—		R 2.12.15
徳　島	888	—		R 2.12.21
香　川	886	—		R 2.12.15
愛　媛	895	—		R 2.12.25
高　知	793	—		R 1.12.29
福　岡	927	—		R 2.12.10
佐　賀	839	—		R 2.12.17
長　崎	837	—		R 2.12.20
熊　本	836	—		R 2.12.15
大　分	835	—		R 2.12.25
宮　崎	803	—		R 2.12.25
鹿児島	815	—		R 2.12.27

項目 都道府県名	輸送用機械器具製造業関係			
	時間額	日額		発効日
北海道	889	—	注4	R 2.12. 2
秋　田	877	—	自動車・同附属品	R 2.12.25
山　形	861	—	自動車・同附属品	R 2.12.25
福　島	870	—		R 2.12.12
栃　木	920	—	自動車・同附属品	R 2.12.31
群　馬	910	—	建設機械を含む	R 2.12.31
埼　玉	966	—		R 2.12. 1
東　京	838	—		H24. 2.18
神奈川	855	—	建設機械を含む	H25. 3. 1
富　山	912	—	注5	R 2.12.19
石　川	922	—		R 3. 1.10
山　梨	919	—	自動車・同附属品	R 3. 1.14
岐　阜	932	—	自動車・同附属品	R 2.12.21
岐　阜	971	—	航空機・同附属品	R 2.12.21
静　岡	951	—	一般機械器具を含む	R 2.12.21
愛　知	957	—	建設機械を含む	R 2.12.16
三　重	942	—	建設機械を含む	R 2.12.21
滋　賀	936	—		R 2.12.29
京　都	947	—	建設機械を含む	R 1.12.22
大　阪	970	—	自動車・同附属品	R 2.12. 1
兵　庫	978	—		R 2.12. 1
島　根	887	—	自動車・同附属品	R 2.12. 5
岡　山	921	—	自動車・同附属品	R 1.12.29
岡　山	954	—	船舶製造・修理業,舶用機関	R 1.12.18
広　島	915	—	自動車・同附属品	R 2.12.31
広　島	957	—	船舶製造・修理業,舶用機関	R 2.12.31
山　口	937	—		R 2.12.15
香　川	956	—	船舶製造・修理業,舶用機関	R 2.12.15
愛　媛	938	—	船舶製造・修理業,舶用機関	R 2.12.25
福　岡	944	—		R 1.12.10
長　崎	875	—	船舶製造・修理業,舶用機関	R 1.11.29
熊　本	888	—		R 2.12.15
大　分	878	—		R 2.12.25

項目 都道府県名	新聞・出版業関係			
	時間額	日額		発効日
沖　縄	835	—	新聞	R 1.11.16

項目 都道府県名	各種商品小売業			
	時間額	日額		発効日
青　森	825	―		R 2.12.21
岩　手	767	―		H28.12.11
茨　城	874	―		R 2.12.31
栃　木	874	―		R 2.12.31
埼　玉	849	―		H28.12. 1
千　葉	848	―		H28.12.25
新　潟	842	―		R 1.12.31
長　野	857	―		R 2.12.31
静　岡	886	―		R 1.12.21
愛　知	847	―		H28.12.16
滋　賀	840	―		H30.12.29
京　都	910	―		R 1.12.22
兵　庫	797	―		H28. 2. 1
鳥　取	718	―		H28.12.17
岡　山	880	―		R 1.12.25
広　島	878	―		R 1.12.31
愛　媛	810	―		R 2.12.25
大　分	716	―		H28.12.25
宮　崎	705	―		H27.12.24
沖　縄	770	―		H30.11.23

項目 都道府県名	百貨店, 総合スーパー			
	時間額	日額		発効日
岩　手	800	―		H30.12.28
富　山	865	―		R 2.12. 9
石　川	865	―		R 2.12.31
福　井	840	―		R 2.12.24
和歌山	851	―		R 3. 2.11
島　根	750	―		H29.11.22
山　口	859	―		R 2.12.15
福　岡	889	―		R 1.12.10
熊　本	796	―		R 2.12.15
鹿児島	693	―		H26.12.26

項目 都道府県名	自動車小売業関係			
	時間額	日額		発効日
青　森	864	―		R 2.12.21
岩　手	863	―		R 2.12.31
宮　城	891	―		R 2.12.24
秋　田	864	―	新車,自動車部分品・附属品を含む	R 2.12.25
福　島	868	―		R 2.12.24
埼　玉	962	―		R 2.12. 1
千　葉	922	―	新車	H30.12.25
神奈川	842	―		H23.12.21
新　潟	920	―	新車,自動車部分品・附属品を含む	R 2.12.18
富　山	769	―	新車	H23. 1.20
愛　知	943	―	新車	R 1.12.16
愛　知	800	―	新車,自動車部分品・附属品を含む	R 2.12.16
京　都	911	―	新車	R 2. 1. 9
大　阪	965			R 1.12. 1
兵　庫	901	―		R 1.12. 1
奈　良	885	―		R 2.12.31
島　根	872	―	新車	R 2.11.29
広　島	913	―		R 2.12.31
福　岡	941	―	新車	R 2.12.10
大　分	848	―	新車	R 2.12.25
宮　崎	832	―	新車	R 2.12.30
鹿児島	847	―	新車	R 2.12.24
沖　縄	770	―	新車	H30.11.18

項目 都道府県名	自動車整備業関係		
	時間額	日額	発効日
山　形	865	―	R 2.12.25

項目 都道府県名	一般貨物自動車運送業		
	時間額	日額	発効日
高　知	910	―	H19. 6. 2

注1　紡績業、化学繊維製造業、その他の織物業、染色整理業、繊維粗製品製造業、その他の繊維製造業
注2　洋食器・刃物・手道具・金物類、金属素形材製品、ボルト・ナット・リベット・小ねじ、木ねじ等、その他の金属製品製造業
注3　建設機械・鉱山機械製造業のうち建設用ショベルトラック製造業、繊維機械製造業（毛糸手編機械製造業（同附属品製造業を含む）を除く。）、包装・荷造機械製造業及びロボット製造業を除く
注4　船舶製造・修理業（木造船製造・修理業及び木製漁船製造・修理業を除く。）、船体ブロック製造業
注5　玉軸受・ころ軸受、他に分類されないはん用機械・装置、トラクタ、金属工作機械、機械工具、ロボット、自動車・同附属品製造業

140

(2) 従来の産業別最低賃金

（単位：円）

| 項目
都道
府県名 | 木材・木製品・家具・装備品製造業 | | | |
	時間額	日額		発効日
奈 良	816	6,527		H 1. 1.25

資料

Ⅰ　関係法令等

1　最 低 賃 金 法

昭和34. 4.15法律137号
改正　昭和43. 6. 3法律 90号
改正　昭和44. 7.18法律 64号
改正　昭和45. 5.16法律 60号
改正　昭和55.11.19法律 85号
改正　昭和58.12. 2法律 78号
改正　昭和59. 5. 8法律 25号
改正　昭和60. 6. 8法律 56号
改正　平成 4. 6. 3法律 67号
改正　平成10. 9.30法律112号
改正　平成11. 7.16法律 87号
改正　平成11. 7.16法律102号
改正　平成11.12.22法律160号
改正　平成13. 4.25法律 35号
改正　平成14. 5.31法律 54号
改正　平成19.12. 5法律129号
改正　平成20. 5. 2法律 26号
改正　平成24. 4. 6法律 27号
（施行　平成24.10. 1）

第1章　総則

（目的）

第1条　この法律は、賃金の低廉な労働者について、賃金の最低額を保障することにより、労働条件の改善を図り、もつて、労働者の生活の安定、労働力の質的向上及び事業の公正な競争の確保に資するとともに、国民経済の健全な発展に寄与することを目的とする。

（定義）

第2条　この法律において、次の各号に掲げる用語の意義は、当該各号に定めるところによる。

　一　労働者　労働基準法（昭和22年法律第49号）第9条に規定する労働者（同居の親族のみを使用する事業又は事務所に使用される者及び家事使用人を除く。）をいう。

　二　使用者　労働基準法第10条に規定する使用者をいう。

　三　賃金　労働基準法第11条に規定する賃金をいう。

第2章　最低賃金

第1節　総則

（最低賃金額）

第3条　最低賃金額（最低賃金において定める賃金の額をいう。以下同じ。）は、時間によつて定めるものとする。

（最低賃金の効力）

第4条　使用者は、最低賃金の適用を受ける労働者に対し、その最低賃金額以上の賃金を支払わなければならない。

2　最低賃金の適用を受ける労働者と使用者との間の労働契約で最低賃金額に達しない賃金を定めるものは、その部分については無効とする。この場合において、無効となつた部分は、最低賃金と同様の定をしたものとみなす。

3　次に掲げる賃金は、前2項に規定する賃金に算入しない。

一　1月をこえない期間ごとに支払われる賃金以外の賃金で厚生労働省令で定めるもの

二　通常の労働時間又は労働日の賃金以外の賃金で厚生労働省令で定めるもの

三　当該最低賃金において算入しないことを定める賃金

4　第1項及び第2項の規定は、労働者がその都合により所定労働時間若しくは所定労働日の労働をしなかつた場合又は使用者が正当な理由により労働者に所定労働時間若しくは所定労働日の労働をさせなかつた場合において、労働しなかつた時間又は日に対応する限度で賃金を支払わないことを妨げるものではない。

（現物給与等の評価）

第5条　賃金が通貨以外のもので支払われる場合又は使用者が労働者に提供した食事その他のものの代金を賃金から控除する場合においては、最低賃金の適用について、これらのものは、適正に評価されなければならない。

（最低賃金の競合）

第6条　労働者が2以上の最低賃金の適用を受ける場合は、これらにおいて定める最低賃金額のうち最高のものにより第4条の規定を適用する。

2　前項の場合においても、第9条第1項に規定する地域別最低賃金において定める最低賃金額については、第4条第1項及び第40条の規定の適用があるものとする。

（最低賃金の減額の特例）

第7条　使用者が厚生労働省令で定めるところにより都道府県労働局長の許可を受けたときは、次に掲げる労働者については、当該最低賃金において定める最低賃金額から当該最低賃金額に労働能力その他の事情を考慮して厚生労働省令で定める率を乗じて得た額を減額した額により第4条の規定を適用する。

一　精神又は身体の障害により著しく労働能力の低い者

二　試の使用期間中の者

三　職業能力開発促進法（昭和44年法律第64号）第24条第1項の認定を受けて行われる職業訓練のうち職業に必要な基礎的な技能及びこれに関する知識を習得させることを内容とするものを受ける者であつて厚生労働省令で定めるもの

四　軽易な業務に従事する者その他の厚生労働省令で定める者

（周知義務）

第8条　最低賃金の適用を受ける使用者は、厚生労働省令で定めるところにより、当該最低賃金の概要を、常時作業場の見やすい場所に掲示し、又はその他の方法で、労働者に周知させるための措置をとらなければならない。

第2節　地域別最低賃金

（地域別最低賃金の原則）

第9条　賃金の低廉な労働者について、賃金の最低額を保障するため、地域別最低賃金（一定の地域ごとの最低賃金をいう。以下同じ。）は、あまねく全国各地域について決定されなければならない。

2　地域別最低賃金は、地域における労働者の生計費及び賃金並びに通常の事業の賃金支払能力を考慮して定められなければならない。

3　前項の労働者の生計費を考慮するに当たつては、労働者が健康で文化的な最低限度の生活を営むことができるよう、生活保護に係る施策との整合性に配慮するものとする。

（地域別最低賃金の決定）

第10条　厚生労働大臣又は都道府県労働局長は、一定の地域ごとに、中央最低賃金審議会又は地方最低賃金審議会（以下「最低賃金審議会」という。）の調査審議を求め、その意見を聴いて、地域別最低賃金の決定をしなければならない。

2　厚生労働大臣又は都道府県労働局長は、前項の規定による最低賃金審議会の意見の提出があつた場合において、その意見により難いと認めるときは、理由を付して、最低賃金審議会に再審議を求めなければならない。

（最低賃金審議会の意見に関する異議の申出）

第11条　厚生労働大臣又は都道府県労働局長は、前条第1項の規定による最低賃金審議会の意見の提出があつたときは、厚生労働省令で定めるところにより、その意見の要旨を公示しなければならない。

2　前条第1項の規定による最低賃金審議会の意見に係る地域の労働者又はこれを使用する使用者は、前項の規定による公示があつた日から15日以内に、厚生労働大臣又は都道府県労働局長に、異議を申し出ることができる。

3　厚生労働大臣又は都道府県労働局長は、前項の規定による申出があつたときは、その申出について、最低賃金審議会に意見を求めなければならない。

4　厚生労働大臣又は都道府県労働局長は、第1項の規定による公示の日から15日を経過するまでは、前条第1項の決定をすることができない。第2項の規定による申出があつた場合において、前項の規定による最低賃金審議会の意見が提出されるまでも、同様とする。

（地域別最低賃金の改正等）

第12条　厚生労働大臣又は都道府県労働局長は、地域別最低賃金について、地域における労働者の生計費及び賃金並びに通常の事業の賃金支払能力を考慮して必要があると認めるときは、その決定の例により、その改正又は廃止の決定をしなければならない。

（派遣中の労働者の地域別最低賃金）

第13条　労働者派遣事業の適正な運営の確保及び派遣労働者の保護等に関する法律（昭和60年法律第88号）第44条第1項に規定する派遣中の労働者（第18条において「派遣中の労働者」という。）については、その派遣先の事業（同項に規定する派遣先の事業をいう。第18条において同じ。）の事業場の所在地を含む地域について決定された地域別最低賃金において定める最低賃金額により第4条の規定を適用す

る。

（地域別最低賃金の公示及び発効）

第14条　厚生労働大臣又は都道府県労働局長は、地域別最低賃金に関する決定をしたときは、厚生労働省令で定めるところにより、決定した事項を公示しなければならない。

2　第10条第1項の規定による地域別最低賃金の決定及び第12条の規定による地域別最低賃金の改正の決定は、前項の規定による公示の日から起算して30日を経過した日（公示の日から起算して30日を経過した日後の日であつて当該決定において別に定める日があるときは、その日）から、同条の規定による地域別最低賃金の廃止の決定は、同項の規定による公示の日（公示の日後の日であつて当該決定において別に定める日があるときは、その日）から、その効力を生ずる。

第3節　特定最低賃金

（特定最低賃金の決定等）

第15条　労働者又は使用者の全部又は一部を代表する者は、厚生労働省令で定めるところにより、厚生労働大臣又は都道府県労働局長に対し、当該労働者若しくは使用者に適用される一定の事業若しくは職業に係る最低賃金（以下「特定最低賃金」という。）の決定又は当該労働者若しくは使用者に現に適用されている特定最低賃金の改正若しくは廃止の決定をするよう申し出ることができる。

2　厚生労働大臣又は都道府県労働局長は、前項の規定による申出があつた場合において必要があると認めるときは、最低賃金審議会の調査審議を求め、その意見を聴いて、当該申出に係る特定最低賃金の決定又は当該申出に係る特定最低賃金の改正若しくは廃止の決定をすることができる。

3　第10条第2項及び第11条の規定は、前項の規定による最低賃金審議会の意見の提出があつた場合について準用する。この場合において、同条第2項中「地域」とあるのは、「事業若しくは職業」と読み替えるものとする。

4　厚生労働大臣又は都道府県労働局長は、第2項の決定をする場合において、前項において準用する第11条第2項の規定による申出があつたときは、前項において準用する同条第3項の規定による最低賃金審議会の意見に基づき、当該特定最低賃金において、一定の範囲の事業について、その適用を一定の期間を限つて猶予し、又は最低賃金額について別段の定めをすることができる。

5　第10条第2項の規定は、前項の規定による最低賃金審議会の意見の提出があつた場合について準用する。

第16条　前条第2項の規定により決定され、又は改正される特定最低賃金において定める最低賃金額は、当該特定最低賃金の適用を受ける使用者の事業場の所在地を含む地域について決定された地域別最低賃金において定める最低賃金額を上回るものでなければならない。

第17条　第15条第1項及び第2項の規定にかかわらず、厚生労働大臣又は都道府県労働局長は、同項の規定により決定され、又は改正された特定最低賃金が著しく不適当となつたと認めるときは、その決定の例により、その廃止の決定をすることができる。

（派遣中の労働者の特定最低賃金）

第18条　派遣中の労働者については、その派遣先の事業と同種の事業又はその派遣先の事業の事業場で使用される同種の労働者の職業について特定最低賃金が適用されている場合にあつては、当該特定最低賃金において定める最低賃金額により第4条の規定を適用する。

（特定最低賃金の公示及び発効）

第19条　厚生労働大臣又は都道府県労働局長は、特定最低賃金に関する決定をしたときは、厚生労働省令で定めるところにより、決定した事項を公示しなければならない。

2　第15条第2項の規定による特定最低賃金の決定及び特定最低賃金の改正の決定は、前項の規定による公示の日から起算して30日を経過した日（公示の日から起算して30日を経過した日後の日であつて当該決定において別に定める日があるときは、その日）から、同条第2項及び第17条の規定による特定最低賃金の廃止の決定は、前項の規定による公示の日（公示の日後の日であつて当該決定において別に定める日があるときは、その日）から、その効力を生ずる。

第3章　最低賃金審議会

（設置）

第20条　厚生労働省に中央最低賃金審議会を、都道府県労働局に地方最低賃金審議会を置く。

（権限）

第21条　最低賃金審議会は、この法律の規定によりその権限に属させられた事項をつかさどるほか、地方最低賃金審議会にあつては、都道府県労働局長の諮問に応じて、最低賃金に関する重要事項を調査審議し、及びこれに関し必要と認める事項を都道府県労働局長に建議することができる。

（組織）

第22条　最低賃金審議会は、政令で定めるところにより、労働者を代表する委員、使用者を代表する委員及び公益を代表する委員各同数をもつて組織する。

（委員）

第23条　委員は、政令で定めるところにより、厚生労働大臣又は都道府県労働局長が任命する。

2　委員の任期は、2年とする。ただし、補欠の委員の任期は、前任者の残任期間とする。

3　委員の任期が満了したときは、当該委員は、後任者が任命されるまでその職務を行うものとする。

4　委員は、非常勤とする。

（会長）

第24条　最低賃金審議会に会長を置く。

2　会長は、公益を代表する委員のうちから、委員が選挙する。

3　会長は、会務を総理する。

4　会長に事故があるときは、あらかじめ第2項の規定の例により選挙された者が会長の職務を代理する。

（専門部会等）

第25条　最低賃金審議会に、必要に応じ、一定の事業又は職業について専門の事項を調査審議させるため、専門部会を置くことができる。

2　最低賃金審議会は、最低賃金の決定又はその改正の決定について調査審議を求められたときは、専門部会を置かなければならない。

3　専門部会は、政令で定めるところにより、関係労働者を代表する委員、関係使用者を代表する委員及び公益を代表する委員各同数をもつて組織する。

4　第23条第1項及び第4項並びに前条の規定は、専門部会について準用する。

5　最低賃金審議会は、最低賃金の決定又はその改正若しくは廃止の決定について調査審議を行う場合においては、厚生労働省令で定めるところにより、関係労働者及び関係使用者の意見を聴くものとする。

6　最低賃金審議会は、前項の規定によるほか、審議に際し必要と認める場合においては、関係労働者、関係使用者その他の関係者の意見をきくものとする。

（政令への委任）

第26条　この法律に規定するもののほか、最低賃金審議会に関し必要な事項は、政令で定める。

第4章　雑則

（援助）

第27条　政府は、使用者及び労働者に対し、関係資料の提供その他最低賃金制度の円滑な実施に必要な援助に努めなければならない。

（調査）

第28条　厚生労働大臣は、賃金その他労働者の実情について必要な調査を行い、最低賃金制度が円滑に実施されるように努めなければならない。

（報告）

第29条　厚生労働大臣及び都道府県労働局長は、この法律の目的を達成するため必要な限度において、厚生労働省令で定めるところにより、使用者又は労働者に対し、賃金に関する事項の報告をさせることができる。

（職権等）

第30条　第10条第1項、第12条、第15条第2項及び第17条に規定する厚生労働大臣又は都道府県労働局長の職権は、2以上の都道府県労働局の管轄区域にわたる事案及び1の都道府県労働局の管轄区域内のみに係る事案で厚生労働大臣が全国的に関連があると認めて厚生労働省令で定めるところにより指定するものについては、厚生労働大臣が行い、1の都道府県労働局の管轄区域内のみに係る事案（厚生労働大臣の職権に属する事案を除く。）については、当該都道府県労働局長が行う。

2　厚生労働大臣は、都道府県労働局長が決定した最低賃金が著しく不適当であると認めるときは、その改正又は廃止の決定をなすべきことを都道府県労働局長に命ずることができる。

3　厚生労働大臣は、前項の規定による命令をしようとするときは、あらかじめ中央最低賃金審議会の意見を聴かなければならない。

4　第10条第2項の規定は、前項の規定による中央最低賃金審議会の意見の提出があつた場合について準用する。

（労働基準監督署長及び労働基準監督官）

第31条　労働基準監督署長及び労働基準監督官は、厚生労働省令で定めるところにより、この法律の施行に関する事務をつかさどる。

（労働基準監督官の権限）

第32条　労働基準監督官は、この法律の目的を達成するため必要な限度において、使用者の事業場に立ち入り、帳簿書類その他の物件を検査し、又は関係者に質問をすることができる。

2　前項の規定により立入検査をする労働基準監督官は、その身分を示す証票を携帯し、関係者に提示しなければならない。

3　第1項の規定による立入検査の権限は、犯罪捜査のために認められたものと解釈してはならない。

第33条　労働基準監督官は、この法律の規定に違反する罪について、刑事訴訟法（昭和23年法律第131号）

　の規定による司法警察員の職務を行う。

　（監督機関に対する申告）

第34条　労働者は、事業場にこの法律又はこれに基づく命令の規定に違反する事実があるときは、その事実を都道府県労働局長、労働基準監督署長又は労働基準監督官に申告して是正のため適当な措置をとるように求めることができる。

2　使用者は、前項の申告をしたことを理由として、労働者に対し、解雇その他不利益な取扱いをしてはならない。

　（船員に関する特例）

第35条　第6条第2項、第2章第2節、第16条及び第17条の規定は、船員法（昭和22年法律第100号）の適用を受ける船員（以下「船員」という。）に関しては、適用しない。

2　船員に関しては、この法律に規定する厚生労働大臣、都道府県労働局長若しくは労働基準監督署長又は労働基準監督官の権限に属する事項は、国土交通大臣、地方運輸局長（運輸監理部長を含む。）又は船員労務官が行うものとし、この法律中「厚生労働省令」とあるのは「国土交通省令」と、第3条中「時間」とあるのは「時間、日、週又は月」と、第7条第4号中「軽易な」とあるのは「所定労働時間の特に短い者、軽易な」と、第19条第2項中「第15条第2項」とあるのは「第15条第2項並びに第35条第3項及び第7項」と、「同条第2項及び第17条」とあるのは「第15条第2項及び第35条第7項」と、第30条第1項中「第10条第1項、第12条、第15条第2項及び第17条」とあるのは「第15条第2項並びに第35条第3項及び第7項」と、「都道府県労働局の管轄区域」とあるのは「地方運輸局又は運輸監理部の管轄区域（政令で定める地方運輸局にあつては、運輸監理部の管轄区域を除く。）」と読み替えるものとする。

3　国土交通大臣又は地方運輸局長（運輸監理部長を含む。）は、賃金の低廉な船員の労働条件の改善を図るため、船員の生計費、類似の船員の賃金及び通常の事業の賃金支払能力を考慮して必要があると認めるときは、交通政策審議会又は地方運輸局に置かれる政令で定める審議会（以下「交通政策審議会等」という。）の調査審議を求め、その意見を聴いて、船員に適用される特定最低賃金の決定をすることができる。

4　第10条第2項及び第11条の規定は、前項の規定による交通政策審議会等の意見の提出があつた場合について準用する。この場合において、同条第2項中「地域」とあるのは、「事業若しくは職業」と読み替えるものとする。

5　国土交通大臣又は地方運輸局長（運輸監理部長を含む。）は、第3項の決定をする場合において、前項において準用する第11条第2項の規定による申出があつたときは、前項において準用する同条第3項の規定による交通政策審議会等の意見に基づき、当該特定最低賃金において、一定の範囲の事業について、その適用を一定の期間を限つて猶予し、又は最低賃金額について別段の定めをすることができる。

6　第10条第2項の規定は、前項の規定による交通政策審議会等の意見の提出があつた場合について準用する。

7　国土交通大臣又は地方運輸局長（運輸監理部長を含む。）は、第15条第2項又はこの条第3項の規定により決定された船員に適用される特定最低賃金について、船員の生計費、類似の船員の賃金及び通常の事業の賃金支払能力を考慮して必要があると認めるときは、その決定の例により、その改正又は廃止の決定をすることができる。

8　船員職業安定法（昭和23年法律第130号）第89条第1項に規定する乗組み派遣船員については、その

船員派遣の役務の提供を受ける者の事業又はその船員派遣の役務の提供を受ける者に使用される同種の船員の職業について特定最低賃金が適用されている場合にあつては、当該特定最低賃金において定める最低賃金額により第4条の規定を適用する。

第36条　船員に関しては、この法律に規定する最低賃金審議会の権限に属する事項は、交通政策審議会等が行う。

第37条　交通政策審議会等に、必要に応じ、一定の事業又は職業について専門の事項を調査審議させるため、最低賃金専門部会を置くことができる。

2　交通政策審議会等は、最低賃金の決定又はその改正の決定について調査審議を求められたときは、最低賃金専門部会を置かなければならない。

3　第25条第5項及び第6項の規定は、交通政策審議会等について準用する。

（省令への委任）

第38条　この法律に規定するもののほか、この法律の施行に関し必要な事項は、厚生労働省令で定める。

　　　第5章　罰則

第39条　第34条第2項の規定に違反した者は、6月以下の懲役又は30万円以下の罰金に処する。

第40条　第4条第1項の規定に違反した者（地域別最低賃金及び船員に適用される特定最低賃金に係るものに限る。）は、50万円以下の罰金に処する。

第41条　次の各号の1に該当する者は、30万円以下の罰金に処する。

　一　第8条の規定に違反した者（地域別最低賃金及び船員に適用される特定最低賃金に係るものに限る。）

　二　第29条の規定による報告をせず、又は虚偽の報告をした者

　三　第32条第1項の規定による立入り若しくは検査を拒み、妨げ、若しくは忌避し、又は質問に対して陳述をせず、若しくは虚偽の陳述をした者

第42条　法人の代表者又は法人若しくは人の代理人、使用人その他の従業者が、その法人又は人の業務に関して、前3条の違反行為をしたときは、行為者を罰するほか、その法人又は人に対しても各本条の罰金刑を科する。

　　　附　則（平成24年4月6日法律第27号）（抄）

（施行期日）

第1条　この法律は、公布の日から起算して6月を超えない範囲内において政令で定める日から施行する。

2　最低賃金審議会令

昭和34. 5. 4政令163号
改正　昭和35. 6.20政令162号
改正　昭和45. 5.30政令151号
改正　平成11.12. 3政令390号
改正　平成12. 6. 7政令309号
改正　平成13. 9.27政令317号
改正　平成17. 9.30政令306号
改正　平成20. 4.25政令151号
改正　平成22. 8. 4政令178号
改正　平成28. 6.17政令238号
（施行　平成28. 6.21）

　（名称）

第1条　地方最低賃金審議会には、当該都道府県労働局の名を冠する。

　（組織）

第2条　中央最低賃金審議会の委員の数は、18人とする。

2　地方最低賃金審議会の委員の数は、15人とする。ただし、東京地方最低賃金審議会及び大阪地方最低賃金審議会にあつては、18人とする。

3　中央最低賃金審議会に、最低賃金法第25条第1項に規定する事項及び同条第2項に規定する最低賃金の決定又はその改正の決定その他特別の事項（第4条第2項において「最低賃金決定等」という。）を調査審議させるため必要があるときは、臨時委員を置くことができる。

　（委員の推薦）

第3条　厚生労働大臣又は都道府県労働局長は、中央最低賃金審議会又は地方最低賃金審議会（以下「審議会」という。）の労働者を代表する委員又は使用者を代表する委員を任命しようとするときは、関係労働組合又は関係使用者団体に対し、相当の期間を定めて、候補者の推薦を求めなければならない。

2　前項に規定する審議会の委員は、同項の規定による推薦があつた候補者のうちから任命するものとする。ただし、その期間内に推薦がなかつたときは、この限りでない。

　（臨時委員の任命等）

第4条　臨時委員は、関係労働者を代表する者、関係使用者を代表する者及び公益を代表する者のうちから、厚生労働大臣が任命する。

2　臨時委員は、その者の任命に係る最低賃金決定等に関する調査審議が終了したときは、解任されるものとする。

3　臨時委員は、非常勤とする。

4　前条の規定は、関係労働者を代表する臨時委員及び関係使用者を代表する臨時委員の任命について準用する。この場合において、同条第1項中「関係労働組合又は関係使用者団体」とあるのは「関係者（関係者の団体を含む。）」と、同条第2項中「推薦」とあるのは「推薦（厚生労働大臣が、会長の同意を得て、関係者を代表するに適当でないと認める候補者に係る推薦を除く。）」と読み替えるものとする。

　（会議）

第5条　審議会の会議は、会長が招集する。

2　審議会は、委員及び議事に関係のある臨時委員（地方最低賃金審議会にあつては、委員）の3分の2以上又は労働者関係委員（中央最低賃金審議会にあつては労働者を代表する委員及び議事に関係のある臨時委員のうち関係労働者を代表するもの、地方最低賃金審議会にあつては労働者を代表する委員をい

う。）、使用者関係委員（中央最低賃金審議会にあつては使用者を代表する委員及び議事に関係のある臨時委員のうち関係使用者を代表するもの、地方最低賃金審議会にあつては使用者を代表する委員をいう。）及び公益関係委員（中央最低賃金審議会にあつては公益を代表する委員及び議事に関係のある臨時委員のうち公益を代表するもの、地方最低賃金審議会にあつては公益を代表する委員をいう。）の各3分の1以上が出席しなければ、会議を開き、議決をすることができない。

3　審議会の議事は、委員及び議事に関係のある臨時委員（地方最低賃金審議会にあつては、委員）で会議に出席したものの過半数をもつて決し、可否同数のときは、会長の決するところによる。

（最低賃金専門部会）

第6条　最低賃金法第25条第1項又は第2項の規定により審議会に置かれる専門部会（以下「最低賃金専門部会」という。）の委員及び臨時委員（地方最低賃金審議会に置かれる最低賃金専門部会にあつては、委員）の数は、9人以内とする。

2　中央最低賃金審議会に置かれる最低賃金専門部会に属すべき委員及び臨時委員は、中央最低賃金審議会の委員及び臨時委員のうちから、厚生労働大臣が任命する。

3　中央最低賃金審議会に置かれる最低賃金専門部会に属すべき関係労働者を代表する臨時委員、関係使用者を代表する臨時委員及び公益を代表する臨時委員の数は、各同数とする。

4　第3条の規定は、地方最低賃金審議会に置かれる最低賃金専門部会の関係労働者を代表する委員及び関係使用者を代表する委員の任命について準用する。この場合において、同条第1項中「関係労働組合又は関係使用者団体」とあるのは「関係者（関係者の団体を含む。）」と、同条第2項中「推薦」とあるのは「推薦（都道府県労働局長が、会長の同意を得て、関係者を代表するに適当でないと認める候補者に係る推薦を除く。）」と読み替えるものとする。

5　審議会は、あらかじめその議決するところにより、最低賃金専門部会の決議をもつて審議会の決議とすることができる。

6　前条の規定は、最低賃金専門部会について準用する。この場合において、中央最低賃金審議会に置かれる最低賃金専門部会については、同条第2項中「中央最低賃金審議会」とあるのは「中央最低賃金審議会に置かれる最低賃金専門部会」と、「労働者を代表する委員」とあるのは「関係労働者を代表する委員」と、「使用者を代表する委員」とあるのは「関係使用者を代表する委員」と読み替えるものとし、地方最低賃金審議会に置かれる最低賃金専門部会については、同項中「地方最低賃金審議会」とあるのは「地方最低賃金審議会に置かれる最低賃金専門部会」と、「労働者を代表する委員」とあるのは「関係労働者を代表する委員」と、「使用者を代表する委員」とあるのは「関係使用者を代表する委員」と読み替えるものとする。

7　最低賃金専門部会は、その任務を終了したときは、審議会の議決により、これを廃止するものとする。

（庶務）

第7条　中央最低賃金審議会の庶務は厚生労働省労働基準局賃金課において、地方最低賃金審議会の庶務は当該都道府県労働局において、処理する。

（雑則）

第8条　この政令に規定するもののほか、審議会の議事及び運営に関し必要な事項は、会長が定める。

　　　附　則（省略）

3　最低賃金法施行規則

昭和34. 7.10労 働 省 令 16号
改正　昭和43. 8.20労 働 省 令 21号
改正　昭和44.10. 1労 働 省 令 24号
改正　昭和45. 9.30労 働 省 令 23号
改正　昭和53.12. 8労 働 省 令 45号
改正　昭和60. 9.30労 働 省 令 23号
改正　平成 5. 2.12労 働 省 令 1号
改正　平成11. 1. 8労 働 省 令 2号
改正　平成12. 1.31労 働 省 令 2号
改正　平成12.10.31労 働 省 令 41号
改正　平成20. 4.25厚生労働省令101号
改正　平成21. 5.29厚生労働省令113号
改正　平成31. 3.29厚生労働省令 44号
（施行　平成31. 4. 1）

（算入しない賃金）

第1条　最低賃金法（以下「法」という。）第4条第3項第1号の厚生労働省令で定める賃金は、臨時に支払われる賃金及び1月をこえる期間ごとに支払われる賃金とする。

2　法第4条第3項第2号の厚生労働省令で定める賃金は、次のとおりとする。

一　所定労働時間をこえる時間の労働に対して支払われる賃金

二　所定労働日以外の日の労働に対して支払われる賃金

三　午後10時から午前5時まで（労働基準法（昭和22年法律第49号）第37条第4項の規定により厚生労働大臣が定める地域又は期間については、午後11時から午前6時まで）の間の労働に対して支払われる賃金のうち通常の労働時間の賃金の計算額をこえる部分

（法第4条の規定の適用についての換算）

第2条　賃金が時間以外の期間又は出来高払制その他の請負制によつて定められている場合は、当該賃金が支払われる労働者については、次の各号に定めるところにより、当該賃金を時間についての金額に換算して、法第4条の規定を適用するものとする。

一　日によつて定められた賃金については、その金額を1日の所定労働時間数（日によつて所定労働時間数が異なる場合には、1週間における1日平均所定労働時間数）で除した金額

二　週によつて定められた賃金については、その金額を週における所定労働時間数（週によつて所定労働時間数が異なる場合には、4週間における1週平均所定労働時間数）で除した金額

三　月によつて定められた賃金については、その金額を月における所定労働時間数（月によつて所定労働時間数が異なる場合には、1年間における1月平均所定労働時間数）で除した金額

四　時間、日、週又は月以外の一定の期間によつて定められた賃金については、前3号に準じて算定した金額

五　出来高払制その他の請負制によつて定められた賃金については、当該賃金算定期間（賃金締切日がある場合には、賃金締切期間。以下この号において同じ。）において出来高払制その他の請負制によつて計算された賃金の総額を、当該賃金算定期間において出来高払制その他の請負制によつて労働した総労働時間数で除した金額

2　前項の場合において、休日手当その他同項各号の賃金以外の賃金（時間によつて定められた賃金を除く。）は、月によつて定められた賃金とみなす。

3　労働基準法第41条の2第1項の規定により労働する労働者に対する第1項の規定の適用については、同項第1号中「所定労働時間数（日によつて所定労働時間数が異なる場合には、1週間における1日平

均所定労働時間数）」とあり、同項第2号中「所定労働時間数（週によつて所定労働時間数が異なる場合には、4週間におけ1週平均所定労働時間数）」とあり、及び同項第3号中「所定労働時間数（月によつて所定労働時間数が異なる場合には、1年間における1月平均所定労働時間数）」とあるのは、「労働基準法第41条の2第1項第3号に規定する健康管理時間」とする。

（最低賃金の減額の特例）

第3条　法第7条第3号の厚生労働省令で定める者は、職業能力開発促進法施行規則（昭和44年労働省令第24号）第9条に定める普通課程若しくは短期課程（職業に必要な基礎的な技能及びこれに関する知識を習得させるためのものに限る。）の普通職業訓練又は同条に定める専門課程の高度職業訓練を受ける者であつて、職業を転換するために当該職業訓練を受けるもの以外のものとする。

2　法第7条第4号の厚生労働省令で定める者は、軽易な業務に従事する者及び断続的労働に従事する者とする。ただし、軽易な業務に従事する者についての同条の許可は、当該労働者の従事する業務が当該最低賃金の適用を受ける他の労働者の従事する業務と比較して特に軽易な場合に限り、行うことができるものとする。

第4条　法第7条の許可を受けようとする使用者は、許可申請書を当該事業場の所在地を管轄する労働基準監督署長を経由して都道府県労働局長に提出しなければならない。

2　前項の許可申請書は、法第7条第1号の労働者については様式第1号、同条第2号の労働者については様式第2号、同条第3号の労働者については様式第3号、前条第2項の軽易な業務に従事する者については様式第4号、同項の断続的労働に従事する者については様式第5号によるものとする。

3　第1項の許可申請書について、社会保険労務士又は社会保険労務士法人（以下この項において「社会保険労務士等」という。）が、行政手続等における情報通信の技術の利用に関する法律（平成14年法律第151号。以下この項において「情報通信技術利用法」という。）第3条第1項の規定により同項に規定する電子情報処理組織を使用して社会保険労務士法（昭和43年法律第89号）第2条第1項第1号の2の規定に基づき当該許可申請書の提出に関する手続を使用者に代わつて行う場合には、当該社会保険労務士等が当該使用者の職務を代行する契約を締結していることにつき証明することができる電磁的記録（情報通信技術利用法第2条第5号に規定する電磁的記録をいう。）を送信することをもつて、厚生労働省の所管する法令に係る行政手続等における情報通信の技術の利用に関する法律施行規則（平成15年厚生労働省令第40号）第4条第1項の手続に代えることができる。

（最低賃金の減額の率）

第5条　法第7条の厚生労働省令で定める率は、次の表の上欄に掲げる者の区分に応じ、それぞれ同表の下欄に定める率以下の率であつて、当該者の職務の内容、職務の成果、労働能力、経験等を勘案して定めるものとする。

法第7条第1号に掲げる者	当該掲げる者と同一又は類似の業務に従事する労働者であつて、減額しようとする最低賃金額と同程度以上の額の賃金が支払われているもののうち、最低位の能力を有するものの労働能率の程度に対する当該掲げる者の労働能率の程度に応じた率を100分の100から控除して得た率
法第7条第2号に掲げる者	100分の20

法第7条第3号に掲げる者	当該者の所定労働時間のうち、職業能力開発促進法（昭和44年法律第64号）第24条第1項の認定を受けて行われる職業訓練の時間（使用者が一定の利益を受けることとなる業務の遂行の過程内において行う職業訓練の時間を除く。）の1日当たりの平均時間数を当該者の1日当たりの所定労働時間数で除して得た率
第3条第2項の軽易な業務に従事する者	当該軽易な業務に従事する者と異なる業務に従事する労働者であつて、減額しようとする最低賃金額と同程度以上の額の賃金が支払われているもののうち、業務の負担の程度が最も軽易なものの当該負担の程度に対する当該軽易な業務に従事する者の業務の負担の程度に応じた率を100分の100から控除して得た率
第3条第2項の断続的労働に従事する者	当該者の1日当たりの所定労働時間数から1日当たりの実作業時間数を控除して得た時間数に100分の40を乗じて得た時間数を当該所定労働時間数で除して得た率

（周知義務）

第6条　法第8条の規定により使用者が労働者に周知させなければならない最低賃金の概要は、次のとおりとする。

一　適用を受ける労働者の範囲及びこれらの労働者に係る最低賃金額

二　法第4条第3項第3号の賃金

三　効力発生年月日

（最低賃金審議会の意見の要旨の公示）

第7条　法第11条第1項（法第15条第3項において準用する場合を含む。）の規定による公示は、厚生労働大臣の職権に係る事案については厚生労働大臣が官報に掲載することにより、都道府県労働局長の職権に係る事案については当該都道府県労働局長が当該都道府県労働局の掲示場に掲示することにより行うものとする。

（最低賃金審議会の意見に関する異議の申出）

第8条　法第11条第2項（法第15条第3項において準用する場合を含む。）の規定による異議の申出は、異議の内容及び理由を記載した異議申出書を、当該事案について前条の公示を行つた厚生労働大臣又は都道府県労働局長に提出することによつて行わなければならない。この場合において、厚生労働大臣に対する異議の申出は、関係都道府県労働局長を経由してしなければならない。

（最低賃金に関する決定の公示）

第9条　法第14条第1項及び第19条第1項の規定による公示は、官報に掲載することによつて行うものとする。

（特定最低賃金の決定等に関する関係労働者又は関係使用者の申出）

第10条　法第15条第1項の規定による申出は、次の各号に掲げる事項を記載した申出書を提出することによつて行なわなければならない。

一　申出をする者が代表する労働者又は使用者の範囲

二　特定最低賃金の決定に関する申出にあつては、当該特定最低賃金の適用を受けるべき労働者又は使

　　用者の範囲

　三　特定最低賃金の改正又は廃止の決定に関する申出にあつては、当該特定最低賃金の件名

　四　前2号に掲げるもののほか、申出の内容

　五　申出の理由

2　前項の申出書には、申出をする者が同項第1号に掲げる範囲の労働者又は使用者を代表する者であることを明らかにすることができる書類を添えなければならない。

3　第1項の申出は、当該事案が2以上の都道府県労働局の管轄区域にわたるものである場合は厚生労働大臣に、当該事案が1の都道府県労働局の管轄区域内のみに係るものである場合は当該都道府県労働局長にしなければならない。この場合において、厚生労働大臣に対する申出は、関係都道府県労働局長を経由してすることができる。

　　（関係労働者及び関係使用者の意見）

第11条　厚生労働大臣又は都道府県労働局長は、最低賃金の決定又はその改正若しくは廃止の決定について中央最低賃金審議会又は地方最低賃金審議会（以下「最低賃金審議会」という。）の調査審議を求めた場合には、遅滞なく、最低賃金審議会が法第25条第5項の規定により当該事案について関係労働者及び関係使用者の意見を聴く旨並びに意見を述べようとする関係労働者及び関係使用者は一定の期日までに最低賃金審議会に意見書を提出すべき旨を公示するものとする。

2　最低賃金審議会は、前項の意見書によるほか、当該意見書を提出した者その他の関係労働者及び関係使用者のうち適当と認める者をその会議（専門部会の会議を含む。）に出席させる等により、関係労働者及び関係使用者の意見をきくものとする。

3　第7条の規定は、第1項の規定による公示について準用する。

　　（報告）

第12条　使用者又は労働者は、最低賃金に関する決定又はその実施について必要な事項に関し厚生労働大臣又は都道府県労働局長から要求があつたときは、当該事項について報告しなければならない。

　　（職権）

第13条　都道府県労働局長は、当該都道府県労働局の管轄区域内のみに係る事案について、法第10条第1項、法第12条、法第15条第2項又は法第17条の規定により地方最低賃金審議会の調査審議を求めようとする場合において、当該事案が全国的に関連があると認めるとき、又は全国的に関連があるかどうか判断し難いときは、遅滞なく、意見を付してその旨を厚生労働大臣に報告しなければならない。

2　厚生労働大臣は、法第30条第1項の指定をしたときは、遅滞なく、その旨を当該都道府県労働局長に通知するものとする。前項の報告があつた事案について法第30条第1項の指定をしないことを決定したときも、同様とする。

3　都道府県労働局長は、第1項の報告をした事案については、前項の通知があるまでは、法第10条第1項、法第12条、法第15条第2項又は法第17条の規定による調査審議を求めてはならない。

4　都道府県労働局長は、第2項前段の通知を受けたときは、遅滞なく、申出書その他の関係書類を厚生労働大臣に送付しなければならない。

5　都道府県労働局長は、法第15条第1項の申出に係る事案について第2項前段の通知を受けた場合においては、遅滞なく、当該申出をした者にその旨を通知しなければならない。

6　第10条第3項の規定により都道府県労働局長に対してなされた申出に係る事案について、厚生労働大臣が法第30条第1項の指定をしたときは、当該申出は、厚生労働大臣に対してなされたものとみなす。

156

（労働基準監督署長及び労働基準監督官）

第14条 労働基準監督署長は、都道府県労働局長の指揮監督を受けて、この省令に規定するもののほか、法の施行に関する事務をつかさどる。

2 労働基準監督官は、上司の命を受けて、法に基く立入検査、司法警察員の職務その他の法の施行に関する事務をつかさどる。

（証票）

第15条 法第32条第2項の証票は、労働基準法施行規則（昭和22年厚生省令第23号）様式第18号によるものとする。

（公示事項の周知）

第16条 厚生労働大臣又は都道府県労働局長は、法又はこの省令の規定により公示した事項について、適当な方法により関係者に周知させるように努めるものとする。

（提出すべき申請書等の数）

第17条 第4条の許可申請書、第8条の異議申出書及び第10条第1項の申出書は2通提出しなければならない。

（様式の任意性）

第18条 この省令に定める申請書の様式は、必要な事項の最少限度を記載すべきことを定めるものであつて、これと異なる様式を用いることを妨げるものではない。

　　　附　則（平成21年5月29日厚生労働省令第113号）（抄）

（施行期日）

第1条 この省令は、平成22年4月1日から施行する。

　　　附　則（平成31年3月29日厚生労働省令第44号）（抄）

（施行期日）

第1条 この省令は、平成31年4月1日から施行する。

1）最低賃金法の一部を改正する法律について

（平成19年12月5日厚生労働省労働基準局長通達）

　最低賃金法の一部を改正する法律（平成19年法律第129号）については、本年3月13日に第166回国会に提出され、審議が重ねられてきたところであるが、第168回国会において一部修正の上11月28日に可決成立し、本日公布された。この法律は、公布の日から起算して1年を超えない範囲内において政令で定める日から施行される。

　就業形態の多様化等が進展する中で、最低賃金制度が賃金の低廉な労働者の労働条件の下支えとして十全に機能するようにすることが重要な課題となっている。

　今回の最低賃金法（昭和34年法律第137号）の改正は、最低賃金制度について、そのような社会経済情勢の変化に対応し、必要な見直しを行うこととしたものであり、その主たる内容は下記のとおりである。

　この法律の施行のために必要な関係省令については、今後、労働政策審議会に諮り、その答申を得て、制定することとしている。貴職におかれては、この法律の円滑な施行に万全を期すため、以上のことを十分御理解の上、所要の準備に努められたく、通達する。

記

1　最低賃金に係る総則
　⑴　最低賃金額
　　　最低賃金額は、時間によって定めるものとしたこと。（第3条関係）
　⑵　最低賃金の減額の特例
　　　使用者が厚生労働省令で定めるところにより都道府県労働局長の許可を受けたときは、次に掲げる労働者については、当該最低賃金において定める最低賃金額から当該最低賃金額に労働能力その他の事情を考慮して厚生労働省令で定める率を乗じて得た額を減額した額を当該労働者に適用される最低賃金額とするものとしたこと。（第7条関係）
　　①　精神又は身体の障害により著しく労働能力の低い者
　　②　試の使用期間中の者
　　③　職業能力開発促進法（昭和44年法律第64号）第24条第1項の認定を受けて行われる職業訓練のうち職業に必要な基礎的な技能及びこれに関する知識を習得させることを内容とするものを受ける者であって厚生労働省令で定めるもの
　　④　軽易な業務に従事する者その他の厚生労働省令で定める者

2　地域別最低賃金
　⑴　地域別最低賃金の原則
　　①　地域別最低賃金は、あまねく全国各地域について決定されなければならないものとしたこと。（第9条第1項関係）
　　②　地域別最低賃金は、地域における労働者の生計費及び賃金並びに通常の事業の賃金支払能力を考

慮して定められなければならないものとしたこと。(第9条第2項関係)

③ ②の労働者の生計費を考慮するに当たっては、労働者が健康で文化的な最低限度の生活を営むことができるよう、生活保護に係る施策との整合性に配慮するものとしたこと。(第9条第3項関係)

(2) 地域別最低賃金の決定

厚生労働大臣又は都道府県労働局長は、一定の地域ごとに、中央最低賃金審議会又は地方最低賃金審議会(以下「最低賃金審議会」という。)の調査審議を求め、その意見を聴いて、地域別最低賃金の決定をしなければならないものとしたこと。(第10条第1項関係)

(3) 地域別最低賃金の改正等

厚生労働大臣又は都道府県労働局長は、地域別最低賃金について、必要があると認めるときは、その決定の例により、その改正又は廃止の決定をしなければならないものとしたこと。(第12条関係)

(4) 派遣中の労働者の地域別最低賃金

労働者派遣事業の適正な運営の確保及び派遣労働者の就業条件の整備等に関する法律(昭和60年法律第88号)に規定する派遣中の労働者(3(2)において「派遣中の労働者」という。)については、その派遣先の事業の事業場の所在地を含む地域について決定された地域別最低賃金において定める最低賃金額を当該派遣中の労働者に適用される最低賃金額とするものとしたこと。(第13条関係)

3 特定最低賃金

(1) 特定最低賃金の決定等

① 労働者又は使用者の全部又は一部を代表する者は、厚生労働省令で定めるところにより、厚生労働大臣又は都道府県労働局長に対し、当該労働者若しくは使用者に適用される一定の事業若しくは職業に係る最低賃金(以下「特定最低賃金」という。)の決定又は当該労働者若しくは使用者に現に適用されている特定最低賃金の改正若しくは廃止の決定をするよう申し出ることができるものとしたこと。(第15条第1項関係)

② 厚生労働大臣又は都道府県労働局長は、①の申出があった場合において必要があると認めるときは、最低賃金審議会の調査審議を求め、その意見を聴いて、当該申出に係る特定最低賃金の決定又は当該申出に係る特定最低賃金の改正若しくは廃止の決定をすることができるものとしたこと。(第15条第2項関係)

(2) 派遣中の労働者の特定最低賃金

派遣中の労働者については、その派遣先の事業と同種の事業又はその派遣先の事業の事業場で使用される同種の労働者の職業について特定最低賃金が適用されている場合にあっては、当該特定最低賃金において定める最低賃金額を当該派遣中の労働者に適用される最低賃金額とするものとしたこと。(第18条関係)

4 労働協約に基づく地域的最低賃金の廃止

最低賃金の決定方式について、労働協約に基づく地域的最低賃金を廃止するものとしたこと。(改正前の第11条から第13条まで、第15条及び第18条関係)

5 その他

(1) 最低賃金審議会の委員の任期

　　最低賃金審議会の委員の任期を 2 年とするものとしたこと。(第23条第 2 項関係)
(2)　監督機関に対する申告
　①　労働者は、事業場に最低賃金法又はこれに基づく命令の規定に違反する事実があるときは、その
　　事実を監督機関に申告して、是正のため適当な措置をとるように求めることができるものとしたこ
　　と。(第34条第 1 項関係)
　②　使用者は、①の申告をしたことを理由として、労働者に対し、解雇その他不利益な取扱いをして
　　はならないものとしたこと。(第34条第 2 項関係)
(3)　船員に関する特例
　　船員に関する特例について所要の整備を行うものとしたこと。(第35条から第37条まで関係)
(4)　罰則
　①　労働者に対し、地域別最低賃金において定める最低賃金額を支払わなかった使用者は、50万円以
　　下の罰金に処するものとしたこと。(第40条関係)
　②　特定最低賃金については、最低賃金法の罰則の適用はないものとしたこと。
　③　その他罰則について所要の整備を行うものとしたこと。
(5)　その他
　　その他所要の整備を行うものとしたこと。

6　附則
(1)　施行期日
　　この法律は、公布の日から起算して 1 年を超えない範囲内において政令で定める日から施行するも
　　のとしたこと。(附則第 1 条関係)
(2)　経過措置等
　①　この法律の施行の際現に効力を有する労働協約に基づく地域的最低賃金は、この法律の施行後 2
　　年間は、なおその効力を有するものとしたこと。(附則第 3 条関係)
　②　この法律の施行の際現に効力を有する一定の事業又は職業について決定された最低賃金は、 3 (1)
　　による特定最低賃金とみなすものとしたこと。(附則第 5 条第 1 項関係)
　③　①及び②のほか、この法律の施行に関し必要な経過措置を定めるものとしたこと。
　④　関係法律について所要の改正を行うものとしたこと。

2）最低賃金法の一部を改正する法律の施行について

（平成20年7月1日厚生労働省労働基準局長通達）

　最低賃金法の一部を改正する法律（平成19年法律第129号。以下「改正法」という。）については、平成19年12月5日に公布され、同日付け基発第1205001号「最低賃金法の一部を改正する法律について」により貴職あて通達したところであるが、同法は、本年4月25日に公布された最低賃金法の一部を改正する法律の施行期日を定める政令（平成20年政令第150号）により、本日施行されたところである。これに伴い、最低賃金法の一部を改正する法律の施行に伴う関係政令の整理に関する政令（平成20年政令第151号）及び最低賃金法施行規則等の一部を改正する省令（平成20年厚生労働省令第101号。以下「改正省令」という。）が本年4月25日に公布され、それぞれ本日施行されたところである。改正法による改正後の最低賃金法（昭和34年法律第137号。以下「新法」という。）及び改正省令による改正後の最低賃金法施行規則（昭和34年労働省令第16号。以下「新則」という。）の内容等は下記のとおりであるので、これらの施行に遺漏なきを期されたい。

記

第1　改正法の趣旨

　　　わが国における最低賃金制度は、昭和34年の最低賃金法（昭和34年法律第137号）の制定以来、業者間協定方式を中心として次第に適用拡大が進んだが、昭和43年の最低賃金法の一部改正により業者間協定方式が廃止され、産業別又は地域別の最低賃金の設定が進み、昭和51年には全都道府県に地域別最低賃金が設定され、すべての労働者に最低賃金の適用が及んだ。さらに、その後も、目安制度の改善や産業別最低賃金の再編など運用面を中心に着実に改善が重ねられてきた。

　　　しかしながら、最賃金制度を取り巻く状況をみると、サービス経済化など産業構造の変化やパートタイム労働者等の増加による就業形態の多様化の進展、低賃金労働者層の増大などの環境変化がみられるところであり、このような中で最低賃金制度が安全網として一層適切に機能することが求められるようになった。

　　　また、産業別最低賃金については、従来から中央最低賃金審議会の報告において、制度のあり方を含めた検討を行うべきとされ、「規制改革・民間開放推進3か年計画」（平成16年3月19日閣議決定）においても、制度の見直しについて指摘を受けたところである。

　　　このため、最低賃金法の一部を改正し、地域別最低賃金がすべての労働者の賃金の最低額を保障する安全網として十全に機能するようにするとともに、産業別最低賃金等については、関係労使のイニシアティブにより設定するという観点から、その在り方を見直すこととしたものであること。

第2　目的規定の改正（新法第1条関係）

　　　改正法による改正前の最低賃金法（以下「旧法」という。）第1条においては、業種別、職種別、地域別といった、最低賃金の多元的な決定方式を前提としていたが、今般、すべての労働者の賃金の最低額を保障する安全網としての第一義的な機能は下記第6の地域別最低賃金が担うこととし、下記第7の特定最低賃金については、地域別最低賃金の補完的役割を果たすものと位置づけたことに伴

い、事業若しくは職業の種類又は地域に応じることとする部分を削除したものであること。

　なお、最低賃金制度の目的は、第一義的には、賃金の低廉な労働者に賃金の最低額を保障し、その労働条件の改善を図ることであり、第二義的には、こうした制度の実施によって労働者の生活の安定、労働力の質的向上及び事業の公正な競争の確保に資することであり、究極的には国民経済の健全な発展に寄与しようとすることであるが、こうした制度の目的は従来と変わるものではないこと。

第3　最低賃金額の表示単位の改正（新法第3条関係）

　旧法第4条及び改正省令による改正前の最低賃金法施行規則（以下「旧則」という。）第1条においては、最低賃金額の表示単位について、時間、日、週又は月のほか、出来高又は業績の一定の単位によることとしていたが、賃金支払形態、所定労働時間等の異なる労働者間の公平の観点や就業形態の多様化への対応の観点、さらにはわかりやすさの観点から、最低賃金額の表示単位を時間に一本化したものであること。

第4　最低賃金の競合規定の改正（新法第6条関係）

　2以上の最低賃金が競合する場合は、これらにおいて定める最低賃金額のうち最高のものにより新法第4条第1項を適用するものであり、こうした優先関係は従来と変わるものではないが、この場合においても、地域別最低賃金については、新法第4条第1項（最低賃金の効力）及び第40条（罰則）の規定の適用があることとしたものであること。したがって、特定最低賃金が適用される場合においても、地域別最低賃金において定める最低賃金額未満の賃金しか支払わなかった使用者については、新法第4条第1項違反として処罰することが可能であること。

第5　最低賃金の適用除外規定の廃止及び減額の特例規定の新設（新法第7条及び新則第3条から第5条まで関係）

1　趣旨

　旧法第8条においては、その雇用に悪影響を及ぼすおそれがあることから、使用者が都道府県労働局長の許可を受けたときは、同条各号に掲げる者について、最低賃金の適用を除外することができることとしていたが、従来、同条の許可に際しては、附款を付して支払下限額を定め、その支払いを求めるという運用をしてきたところである。しかしながら、今般、最低賃金の安全網としての機能を強化する観点から、最低賃金の適用対象をなるべく広範囲とすることが望ましく、労働者保護にも資することから、同条の適用除外規定を廃止し、新法第7条において、使用者が都道府県労働局長の許可を受けたときは、当該最低賃金において定める最低賃金額から当該最低賃金額に労働能力その他の事情を考慮して厚生労働省令で定める率を乗じて得た額を減額した額により新法第4条の規定を適用することとしたものであること。したがって、新法第7条の許可による減額後の最低賃金額（地域別最低賃金額に係るものに限る。）未満の賃金の支払いについては、新法第40条の罰則の適用があるものであること。

　また、旧法第8条第4号に規定していた「所定労働時間の特に短い者」については、日額、週額又は月額によって定められた最低賃金額の適用を前提としたものであったことから、最低賃金額の表示単位期間を時間に一本化したことに伴い、削除することとしたものであるが、その他の対象労働者の範囲については従来と変わるものではないこと。

2　減額率（新則第5条関係）

　新法第7条の厚生労働省令で定める率については、新則第5条において、対象労働者の区分に応じ、

それぞれ次の率以下の率であって、当該対象労働者の職務の内容、職務の成果、労働能力、経験等を勘案して定めることとしたものであること。

(1) 精神又は身体の障害により著しく労働能力の低い者（新法第7条第1号関係）

対象労働者と「同一又は類似の業務に従事する労働者であつて、減額しようとする最低賃金額と同程度以上の額の賃金が支払われているもののうち、最低位の能力を有するもの」の労働能率の程度に対する当該対象労働者の労働能率の程度に応じた率を100分の100から控除して得た率

(2) 試の使用期間中の者（新法第7条第2号関係）

100分の20

(3) 基礎的な技能及び知識を習得させるための職業訓練を受ける者（新法第7条第3号及び新則第3条第1項関係）

対象労働者の所定労働時間のうち、職業訓練の1日当たりの平均時間数を当該対象労働者の1日当たりの所定労働時間数で除して得た率

(4) 軽易な業務に従事する者（新法第7条第4号及び新則第3条第2項関係）

対象労働者と「異なる業務に従事する労働者であつて、減額しようとする最低賃金額と同程度以上の額の賃金が支払われているもののうち、業務の負担の程度が最も軽易なもの」の当該負担の程度に対する当該対象労働者の業務の負担の程度に応じた率を100分の100から控除して得た率

(5) 断続的労働に従事する者（新法第7条第4号及び新則第3条第2項関係）

対象労働者の1日当たりの所定労働時間数から1日当たりの実作業時間数を控除して得た時間数に100分の40を乗じて得た時間数を当該所定労働時間で除して得た率

第6 地域別最低賃金

1 地域別最低賃金の原則（新法第9条関係）

(1) 地域別最低賃金の理念（新法第9条第1項関係）

最低賃金制度が今後とも賃金の低廉な労働者の労働条件の下支えとして十全に機能するようにする必要があることから、地域別最低賃金をすべての労働者の賃金の最低限を保障する安全網として位置付けることとしたため、地域別最低賃金があまねく全国各地域について決定されるべきであるという理念を明確化したものであること。

(2) 地域別最低賃金の考慮要素（新法第9条第2項及び第3項関係）

新法第9条第2項においては、地域別最低賃金に係る決定基準の3つの要素は、いずれも当該地域におけるものであることを明確化したものであること。

新法第9条第3項においては、最低賃金と生活保護との関係について、生活保護が健康で文化的な最低限度の生活を保障するものであるという趣旨から考えると、最低賃金の水準が生活保護の水準より低い場合には、最低生計費の保障という観点から問題であるとともに、就労に対するインセンティブの低下及びモラルハザードの観点からも問題があることから、同条第2項の労働者の生計費を考慮する際の1つの要素として生活保護に係る施策があることを、法律上明確化したものであること。

なお、生活保護に係る施策との整合性は、各地方最低賃金審議会における審議に当たって考慮すべき3つの決定基準のうち生計費に係るものであるから、条文上は、生活保護に係る施策との整合性に配慮すると規定しているところであるが、法律上、特に生活保護に係る施策との整合性だけが明確化された点にかんがみれば、これは、最低賃金は生活保護を下回らない水準となるよう配慮す

るという趣旨であると解されるものであること。

2　地域別最低賃金の決定の義務付け等（新法第10条から第12条まで関係）

(1)　厚生労働大臣又は都道府県労働局長に対する地域別最低賃金の決定の義務付け（新法第10条第1項関係）

　　厚生労働大臣又は都道府県労働局長に対し、地域別最低賃金の決定を義務付けるものであること。

(2)　地域別最低賃金の決定手続等（新法第10条第2項、第11条及び第12条関係）

　①　決定手続（新法第10条第2項及び第11条関係）

　　　中央最低賃金審議会又は地方最低賃金審議会（以下「最低賃金審議会」という。）の意見の提示があった場合の公示等、最低賃金の具体的な決定手続については、従来と変わるものではないこと。

　　　なお、旧法第16条の2第4項に規定する、一定の事業に対する適用猶予については、地域別最低賃金をすべての労働者の賃金の最低限を保障する安全網と位置づけたことから、削除したものであること。

　②　地域別最低賃金の改正又は廃止（新法第12条関係）

　　　地域別最低賃金の決定が行政機関に対して義務付けられたことから、地域別最低賃金については、決定後も常に検討を加え、その決定基準についての事情の変更が認められる場合には、その改正又は廃止を決定権者に対して義務付けるものであること。

第7　特定最低賃金（新法第15条から第17条まで及び第19条関係）

1　特定最低賃金の趣旨

　　地域別最低賃金がすべての労働者の賃金の最低限を保障する安全網として全国に展開することを前提に、産業別最低賃金が企業内における賃金水準を設定する際の労使の取組みを補完し、公正な賃金決定にも資する面があったことを評価し、安全網とは別の役割を果たすものとして、関係労使の申出を受けた行政機関は、最低賃金審議会の意見を聴いて、特定最低賃金の決定を行うことができることとしたものであること。

2　特定最低賃金の決定手続（新法第15条及び第19条関係）

　　労働者又は使用者の全部又は一部を代表する者は、厚生労働大臣又は都道府県労働局長に対し、当該労働者若しくは使用者に適用される特定最低賃金の決定又は当該労働者若しくは使用者に現に適用されている特定最低賃金の改正若しくは廃止の決定をするよう申し出ることができるものであること。

　　この申出があった場合において、厚生労働大臣又は都道府県労働局長は、必要があると認めるときは、最低賃金審議会の調査審議を求め、その意見を聴いて、当該申出に係る特定最低賃金の決定又は当該申出に係る特定最低賃金の改正若しくは廃止の決定をすることができるものであること。

　　また、一定の事業に対する適用猶予については、特定最低賃金が関係労使の申出を受けて厚生労働大臣又は都道府県労働局長が決定するものであり、その決定に当たっては、十分に関係者の意見を反映させることが必要であるため、新法第15条第4項及び第5項において、旧法同様に規定したものであること。

　　なお、「今後の最低賃金制度の在り方について」（平成18年12月27日労働政策審議会答申）において、「産業別最低賃金の運用については、これまでの中央最低賃金審議会の答申及び全員協議会報告を踏

襲するものとする」とされているものであること。

3　特定最低賃金と地域別最低賃金の関係（新法第16条関係）

　　特定最低賃金において定める最低賃金額は、当該特定最低賃金の適用を受ける使用者の事業場の所在地を含む地域について決定された地域別最低賃金において定める最低賃金額を上回るものでなければならないことを明確化したものであること。

4　特定最低賃金の職権による廃止（新法第17条関係）

　　特定最低賃金が著しく不適当となった場合には、労使からの申出を待つことなく、当該最低賃金の決定権者である厚生労働大臣又は都道府県労働局長自らが職権で廃止できるものであること。「著しく不適当となった場合」とは、例えば、特定最低賃金の対象となる労働者が存在しなくなったにもかかわらず廃止がなされていない場合が考えられるところであるが、特定最低賃金が関係労使のイニシアティブにより決定されるものであることに留意し、慎重な検討を行うこと。

　　また、特定最低賃金が関係労使のイニシアティブにより決定されるものであることに留意し、職権による改正については規定しないこととしたものであること。

第8　派遣労働者に係る最低賃金の適用（新法第13条及び第18条関係）

　　従来、労働者派遣事業の適正な運営の確保及び派遣労働者の就業条件の整備等に関する法律（昭和60年法律第88号）第44条第1項に規定する派遣中の労働者（以下「派遣労働者」という。）に係る最低賃金については、派遣元の事業場に適用される最低賃金を適用していたところである。しかしながら、派遣労働者については、現に指揮命令を受けて業務に従事しているのが派遣先であり、賃金の決定に際しては、どこでどういう仕事をしているかを重視すべきであることから、派遣労働者については、派遣先の事業場に適用される最低賃金を適用することとしたものであること。

第9　労働協約に基づく地域的最低賃金の廃止（旧法第11条から第13条まで、第15条及び第18条並びに旧則第8条から第11条まで関係）

　　労働協約に基づく地域的最低賃金を廃止したものであること。

第10　その他

1　最低賃金審議会の委員の任期（新法第23条第2項関係）

　　最低賃金審議会の委員の任期を2年としたものであること。

2　監督機関に対する申告（新法第34条及び第39条関係）

(1)　労働者は、事業場に最低賃金法又はこれに基づく命令の規定に違反する事実があるときは、その事実を都道府県労働局長、労働基準監督署長又は労働基準監督官に申告して、是正のため適当な措置をとるように求めることができるものであること。（新法第34条第1項関係）

(2)　使用者は、上記(1)の申告をしたことを理由として、労働者に対し、解雇その他不利益な取扱いをしてはならないものであること。（新法第34条第2項関係）

(3)　上記(2)の不利益取扱いをした使用者に対しては、6月以下の懲役又は30万円以下の罰金に処するものであること。（新法第39条関係）

3　罰則（新法第40条から第42条まで関係）

(1)　地域別最低賃金等に係る不払い（新法第40条）

　　地域別最低賃金及び船員に適用される特定最低賃金に係る不払いについては、最低賃金制度の実効性を確保するため、労働基準法（昭和22年法律第49号）第24条（賃金の全額払い）の違反に係る同法第120条の罰金額の上限が30万円となっていることとの均衡を考慮し、罰金額の上限を50万円

に引き上げたものであること。

(2)　特定最低賃金に係る不払い（新法第40条）

　　特定最低賃金については、最低賃金法の罰則の適用はないこととしたものであること。ただし、特定最低賃金が適用される場合においても、支払賃金額が当該使用者の事業の事業場の所在地を含む地域について決定された地域別最低賃金において定める最低賃金額未満であるときは、新法第6条第2項の規定により、罰則の適用があるものであること。

(3)　その他（新法第41条及び第42条関係）

①　下記②、③等に係る罰金額の上限について、労働基準法第101条（労働基準監督官の権限）、第106条（法令等の周知義務）等の違反に係る同法第120条の罰金額の上限が30万円となっていることとの均衡を考慮し、30万円に引き上げたものであること。（新法第41条関係）

②　特定最低賃金に係る新法第8条に規定する周知義務違反については、すべての労働者の賃金に関する安全網として厚生労働大臣又は都道府県労働局長が決定義務を負う地域別最低賃金に係る周知義務違反に比して、使用者にとって非難されるべき程度が小さいと考えられることから、新法の罰則は適用しないこととしたものであること。（新法第41条第1号関係）

③　新法第32条の規定による立入りの拒否及び質問への不陳述についても処罰の対象とすることとしたものであること。（新法第41条第3号関係）

4　その他

その他所要の整備を行うものであること。

第11　経過措置等（改正法附則関係）

1　改正法の施行の際現に旧法第8条の規定により使用者が都道府県労働局長の許可を受けている労働者については、改正法の施行日から1年間は、新法第4条の規定は適用しないこととしたものであること。ただし、当該労働者について、当該期間内に新法第7条の規定による都道府県労働局長の許可があったときは、この限りでないこと。（改正法附則第2条関係）

2　改正法の施行の際現に効力を有する労働協約に基づく地域的最低賃金は、改正法の施行後2年間は、なおその効力を有することとしたものであること。（改正法附則第3条関係）

3　改正法の施行の際現に効力を有する地域別最低賃金は、上記第6による地域別最低賃金とみなすこととしたものであること。（改正法附則第4条関係）

4　改正法の施行の際現に効力を有する一定の事業又は職業について決定された最低賃金は、上記第7による特定最低賃金とみなすこととしたものであること。また、当該特定最低賃金については、新法第3条の規定は適用しないこととしたものであること。（改正法附則第5条関係）

5　改正法の施行日の前日において最低賃金審議会の委員である者の任期については、なお従前の例によることとしたものであること。（改正法附則第7条関係）

6　改正法の施行前にした行為に対する罰則の適用については、なお従前の例によることとしたものであること。（改正法附則第8条関係）

7　関係法律について所要の改正を行うこととしたものであること。

第12　関係通達の整備

1　昭和61年6月6日付け基発第333号「労働者派遣事業の適正な運営の確保及び派遣労働者の就業条件の整備等に関する法律（第3章第4節関係）の施行について」の記の4.(2)ロ(イ)中「派遣元の事業場に」を「派遣先の事業場に」に改めること。

2　平成15年4月8日付け基発第0408001号「知的障害者である労働者の労働条件の確保・改善について」
　の記の3中「適用除外」を「減額の特例」に改めること。
3　平成16年8月27日付け基発第0827001号「訪問介護労働者の法定労働条件の確保について」の記の
　2⑷イ中「最低賃金法第5条、最低賃金法施行規則第3条」を「最低賃金法第4条、最低賃金法施行
　規則第2条」に改めること。

4　令和2年度地域別最低賃金額改定の目安について

（令和2年7月22日中央最低賃金審議会答申）

　令和2年6月26日に諮問のあった令和2年度地域別最低賃金額改定の目安について、下記のとおり答申する。

記

1　令和2年度地域別最低賃金額改定の目安については、その金額に関し意見の一致をみるに至らなかった。
2　地方最低賃金審議会における審議に資するため、上記目安に関する公益委員見解（別紙1）及び中央最低賃金審議会目安に関する小委員会報告（別紙2）を地方最低賃金審議会に提示するものとする。
3　地方最低賃金審議会の審議の結果を重大な関心をもって見守ることとし、同審議会において、別紙1の2に示されている公益委員の見解を十分参酌され、自主性を発揮されることを強く期待するものである。
4　中小企業・小規模事業者が継続的に賃上げしやすい環境整備の必要性については労使共通の認識であり、生産性向上の支援や官公需における対応を含めた取引条件の改善等に引き続き取り組むことを政府に対し強く要望する。
5　行政機関が民間企業に業務委託を行っている場合に、年度途中の最低賃金額改定によって当該業務委託先における最低賃金の履行確保に支障が生じることがないよう、発注時における特段の配慮を要望する。

別紙1

令和2年度地域別最低賃金額改定の目安に関する公益委員見解

令和2年7月21日

1　令和2年度地域別最低賃金額については、新型コロナウイルス感染症拡大による現下の経済・雇用・労働者の生活への影響、中小企業・小規模事業者が置かれている厳しい状況、今後の感染症の動向の不透明さ、こうした中でも雇用の維持が最優先であること等を踏まえ、引上げ額の目安を示すことは困難であり、現行水準を維持することが適当との結論を下すに至った。
　目安小委員会の公益委員としては、地方最低賃金審議会においては、地域別最低賃金の審議に際し、上記見解を十分に参酌し、地域の経済・雇用の実態を見極め、地域間格差の縮小を求める意見も勘案しつつ、適切な審議が行われることを希望する。
2　（1）目安小委員会は、今年度の目安審議に当たって、平成29年全員協議会報告の3（2）で合意された今後の目安審議の在り方を踏まえ、特に地方最低賃金審議会における自主性発揮が確保できるよう整備充実や取捨選択を行った資料を基にするとともに、最低賃金は経済を支える上でも、地域の労働者の生活と賃金、地域産業の持続性を支える上でも重要な役割を果たしていることを踏まえつつ

も、感染症による経済・雇用への厳しい影響がみられる中、雇用の維持と事業継続、労働者の生活・くらしを守ることを最優先課題として官民、労使を挙げて尽力している状況について特段の配慮をした上で、諸般の事情を総合的に勘案して審議を行ってきた。

今年度の公益委員見解を取りまとめるに当たっては、

① 感染症の影響下の厳しい中にあっても、賃金引上げが可能な企業は、賃上げに前向きに取り組むことを通じ、可処分所得の継続的拡大と将来の安心の確保を図り、さらに消費の拡大につなげるという経済の好循環を継続・拡大させることや、非正規雇用労働者の処遇改善が社会的に求められていることに応じていくことが望ましいこと、

② 他方、感染症により経営状況が急激に悪化した企業が少なからず生じ、政府の支援策も活用しながら、労働時間の削減や労働者に休業をさせる等により雇用維持の努力をしている状況において、最低賃金引上げが雇用調整の契機とされることは避ける必要があること、

③ 雇用情勢については、令和元年の有効求人倍率は全ての都道府県で1倍を超え令和元年の雇用者数も増加傾向にあるものの、足下では、休業者数がリーマンショック時のピークを大幅に超える水準まで急増し、有効求人倍率の低下や失業率の上昇が見られるなど、感染症が雇用に与える影響を注視する必要があること、

④ 賃金改定状況調査結果第4表の賃金上昇率や春季賃上げ妥結状況等における賃金上昇率など賃金に関する指標は引き続きプラスの水準を示しているが、前年より上げ幅は縮小していること、加えて名目GDP成長率も大幅に下落していること、

⑤ 令和元年の雇用・経済に関する指標は感染症の影響が生じる前のものであり、直近のこれらの指標についても、各企業の労使の努力に加え、雇用維持と事業継続を支援するための経済対策による下支え効果が含まれていることなどから、目安の参考とするには慎重な検討を要すること、

⑥ 世界的に感染状況が拡大している中、日本においても緊急事態宣言解除後に再び新規感染者数の増加が見られるとともに、感染症による経済・雇用等への影響は地域・産業ごとに違いが見られるが、相当に広範囲に及んでおり、今後の感染症の動向や経済・雇用への影響が予断を許さない状況であること

等、様々な要素を総合的に勘案し、検討を行ったところである。

目安小委員会の公益委員としては、中央最低賃金審議会が地方最低賃金審議会の審議の結果を重大な関心をもって見守ることを要望する。

（2）生活保護水準と最低賃金との比較では、前年度に引き続き乖離が生じていないことが確認された。なお、来年度以降の目安審議においても、最低賃金法第9条第3項及び平成29年全員協議会報告の3（2）に基づき、引き続き、その時点における最新のデータに基づいて生活保護水準と最低賃金との比較を行い、乖離が生じていないか確認することが適当と考える。

（3）来年度の審議においては、新型コロナウイルス感染症等による様々な影響を踏まえながら、経済の好循環継続の鍵となる賃上げに向け、日本経済全体の生産性の底上げや、取引関係の適正化など、賃上げしやすい環境整備に不断に取り組みつつ、最低賃金についてはさらなる引上げを目指すことが社会的に求められていることも踏まえ、議論を行うことが適当と考える。

（4）最低賃金引上げが及ぼす影響については、平成29年全員協議会報告の3（2）及び4（3）に基づき、引き続き、影響率や雇用者数等を注視しつつ、慎重に検討していくことが必要である。

別紙2

中央最低賃金審議会目安に関する小委員会報告

令和2年7月21日

1　はじめに

　　令和2年度の地域別最低賃金額改定の目安については、累次にわたり会議を開催し、目安額の提示の是非やその根拠等についてそれぞれ真摯な議論が展開されるなど、十分審議を尽くしたところである。

2　労働者側見解

　　労働者側委員は、今回のコロナ禍の中、最低賃金を改定しないことは社会不安を増大させ格差を是認することと同義であり、中賃の役割からしてあってはならない。春季生活闘争では、労使の真摯な交渉を経て賃上げが行われており、この流れを最低賃金の改定により労使関係のない労働者にも波及すべきと主張した。

　　また、政労使で賃上げの重要性を確認し、ステップを踏んで最低賃金を引き上げてきた流れを止めるべきではなく、この流れを断ち切れば、デフレ回帰を惹起しかねないと述べ、雇用の確保と企業の持続性を担保することが現下の最重要課題であることは否定しないが、そのことと最低賃金引上げの重要性は分けて考えるべきと主張した。

　　更に、新型コロナウイルス感染症対策の予算措置はGDP押上げ効果があるとされており、最低賃金発効は早くても10月であることから、現下の厳しさだけをもって目安の示し方を議論すべきではない。今後の日本経済の再生に向けて、内需拡大や落ち込んだ消費マインドの上昇が必要であり、労働者が生活や雇用に不安を抱える中、最低賃金を引き上げることは、社会安定のセーフティネットを促進するメッセージとなり得ると主張した。

　　昨年度の目安答申の公益委員見解にあった通り、消費税増税による物価変動等の状況を勘案した審議を行うべきであり、とりわけ物価上昇に伴う実質賃金を維持することは基本である。今回のコロナ禍によって労働者の生活も苦しくなっていることも踏まえた審議を行うべきであり、特に、緊急事態宣言の中、社会機能を維持するために欠かせない仕事を担っているエッセンシャルワーカーと呼ばれる労働者は、最低賃金近傍で働く方も少なくなく、感染の不安や恐怖と闘いながら働き続けた労働者に報いるべきであり、最低賃金の引上げは社会的要請であると主張した。

　　また、現在の最低賃金は最高額の1,013円でも2,000時間働いて年収200万円程度に過ぎず、日本の最低賃金は国際的にみても相当低位にとどまっている。最低賃金は十分なセーフティネット機能を果たし得る、ナショナルミニマムにふさわしい水準に引き上げるべき。今年中に800円以下の地域をなくすこと、トップランナーであるAランクが1,000円に到達する考えを堅持したいと述べた。

　　地域間格差は、地方から隣県や都市部への労働力流出の一因である。加えて今回のコロナ禍は、大都市への労働力集中による経済の一極集中と感染リスク増大という弊害を明らかにしたことも踏まえれば、ランク間格差縮小に向けた抜本的な対応をとる必要があり、引き続き格差是正につなげる姿勢を見せるべきだと主張した。

　　労働者側委員としては、上記主張が十分に考慮されずに取りまとめられた下記1の公益委員見解については、不満の意を表明した。

3　使用者側見解

　　使用者側委員は、コロナ禍によって、日本経済はこれまでに経験したことのない危機的な状況に直面
しており、緊急事態宣言や休業要請等は大規模な需要喪失と幅広い業種や地域に影響をもたらし、宣言
解除後も以前の状況に戻っていない。とりわけ、経営基盤が脆弱な地方の中小企業・小規模事業者に甚
大な影響を与え続けているとの認識を示した。

　　また、多くの企業が助成金等を活用した休業等を実施した結果、休業者は354万人超とリーマンショ
ック時を2倍以上上回っている。雇用調整や解雇は今後も悪化する可能性があり、当分の間、感染症拡
大防止と事業活動の両立を余儀なくされる中、今年度の力強い景気回復は期待できないとの見方が強い
と述べた。

　　地方の中小企業・小規模事業者から最低賃金引下げを望む声が多く聞こえる中、今年度、有額の目安
を示すことは、事業継続と雇用維持のため、各種給付金・助成金を受けながらかろうじて持ちこたえて
いる多くの中小企業・小規模事業者を更なる窮地に追い込むことになるとの強い懸念を示した。

　　近年の最低賃金は、政府の引上げ方針という時々の事情への配慮を求められ、中小企業・小規模事業
者の経営実態と乖離した状況が続いた結果、昨年度の影響率は過去最高の16.3%に達しており、全国の
中小企業・小規模事業者から、年ごとに高まる影響率を考慮し、中小企業・小規模事業者の実態に基づ
いた納得感のある水準の決定を求める声が多く寄せられ、特に今年は、先行きの見えない深刻な経済情
勢の中、引下げを求める声も強まっていると主張した。

　　全世代型社会保障検討会議における「今は官民を挙げて雇用を守ることが最優先課題である」との総
理の発言や、「中小企業・小規模事業者が置かれている厳しい状況を考慮し、検討を進める」との総理
の指示を重く受け止めて審議に臨むべきと主張した。

　　コロナ禍により日本はもちろん世界が「非常事態」にあることを認識するべきであり、中小企業・小
規模事業者の経営状況は極めて厳しく、新型コロナウイルス感染症の影響だけでなく、働き方改革にも
対応しなければならない中で、多くの企業は事業継続と雇用維持にぎりぎりの努力を続けていると述べ
た。

　　「緊急事態」である今年度は、3要素のうち「通常の事業の賃金支払能力」を最も重視して審議すべ
きであり、その観点から新型コロナウイルス感染症による中小企業・小規模事業者の経営への影響を示
すデータを十分に踏まえて検討すべきと主張した。

　　今年度の目安は、事業継続と雇用維持を最優先とするメッセージを各地方最低賃金審議会に発信する
ため、リーマンショック後の目安と同等以上の配慮が必要であり、据え置き・凍結とすべきと強く主張
した。

4　意見の不一致

　　本小委員会（以下「目安小委員会」という。）としては、これらの意見を踏まえ目安を取りまとめる
べく努めたところであるが、労使の意見の隔たりが大きく、遺憾ながら目安を定めるに至らなかった。

5　公益委員見解及びその取扱い

　　公益委員としては、今年度の目安審議については、平成29年全員協議会報告の3（2）で合意された
今後の目安審議の在り方を踏まえ、加えて、新型コロナウイルス感染症による経済・雇用・労働者の生
活への影響等に配意した上で、諸般の事情を総合的に勘案し、下記1のとおり公益委員の見解を取りま
とめたものである。

　　目安小委員会としては、地方最低賃金審議会における円滑な審議に資するため、これを公益委員見解

として地方最低賃金審議会に示すよう総会に報告することとした。

　また、地方最低賃金審議会の自主性発揮及び審議の際の留意点に関し、下記2のとおり示し、併せて総会に報告することとした。

　更に、中小企業・小規模事業者が継続的に賃上げしやすい環境整備の必要性については労使共通の認識であり、生産性向上の支援や官公需における対応を含めた取引条件の改善等に引き続き取り組むことを政府に対し強く要望する。

　また、行政機関が民間企業に業務委託を行っている場合に、年度途中の最低賃金額改定によって当該業務委託先における最低賃金の履行確保に支障が生じることがないよう、発注時における特段の配慮を要望する。

記

（以下、別紙1と同じ）

5　目安制度とその見直しの経緯

1　目安制度

　昭和53年から、地域別最低賃金の全国的整合性を図るため、中央最低賃金審議会が、毎年、47都道府県を4つのランクに分け、地域別最低賃金額改定の「目安」を作成し、地方最低賃金審議会へ提示しています。

　目安は、地方最低賃金審議会の審議の参考として示すものであって、これを拘束するものではないこととされています。

　なお、地域別最低賃金額の表示については、従来、日額・時間額併用方式となっていましたが、平成14年度以降時間額単独方式に移行されており、目安についても、平成14年度以降時間額で示すこととなっています。

2　目安制度の見直しの経緯

　目安制度のあり方については、平成7年に初めて見直しが行われ、このとき「今後概ね5年ごとに見直しを行うことが適当」とされたことから、平成12年、平成16年、平成23年、平成29年にも見直しが行われています。

(1)　平成7年

> 「目安制度のあり方に関する全員協議会報告」（平成7.4.28）のポイント
>
> ①　最低賃金と一般賃金との関係
>
> 　　目安審議の際の重要な参考資料である賃金改定状況調査の賃金上昇率の算定方法を
>
> ・一般労働者及びパート労働者の全労働者について賃金上昇率を求める。
>
> ・男女構成の変化の影響が反映された賃金上昇率を算出する。
>
> ・就労日数の増減が反映されるよう賃金上昇率を算出（併せて月間労働日数の調整）。
>
> とすることが適当。
>
> ②　ランク区分及び表示方法
>
> ・各都道府県の経済実態に基づき各都道府県の各ランクへの振分けを見直し、今後見直し後のランクで目安を示す。
>
> ・各都道府県の経済実態は、賃金動向を始めとする20の諸指標（所得・消費に関する5指標、給与に関する10指標、企業経営に関する5指標）を総合化した指数で表す。各指標は原則として直近5年間の数値の平均値を使用。
>
> ・ランク数は従前どおり4ランク。各ランクへの振分けは、経済実態を示す総合指数を基本に、原則として総合指数の格差と分散度合を考慮して決定。
>
> ・表示方法は従前どおり各ランクごとの引上額による表示とするが、目安額の算定は新たなランクの都道府県の単純平均値方式に変更。
>
> ・ランク区分については総合指数に基づいて5年ごとに見直し。
>
> ③　表示単位
>
> ・表示単位は現行どおり日額・時間額併用方式を維持。また、目安額の表示単位についても現行の日額表示を維持。
>
> ④　今後の見直し
>
> ・ランク区分以外の事項も含め目安制度のあり方について、今後概ね5年ごとに見直しを行うことが適当。

（2）平成12年

「目安制度のあり方に関する全員協議会中間報告」（平成12.3.24）のポイント

① ランク振分け等ランク区分の見直し

・ランク数は、従来どおり4ランク。

・各ランクへの振分けは、総合指数の差に着目しつつ、ランク間の移動や各ランク毎の変動を抑え、各ランクにおける総合指数の分散度合を小さくすることも考慮して決定。

・総合指数は、中央最低賃金審議会においてランク区分の見直しのための基礎データにすぎず、地方最低賃金審議会において最低賃金額の順位を是正すべく措置されることを予定しない。

② 経済情勢等を踏まえた目安の決定のあり方等

・賃金改定状況調査結果を重要な参考資料とした上で、状況等を総合的に勘案して目安を審議し、決定していくことが必要。

・凍結事業所割合の状況を含む各種の経済社会情勢に係る指標について、検討を加え、適切な目安を示していくことが重要。

・目安は全国的なバランスを配慮するという観点から参考にされるべきもので、地方最低賃金審議会の審議決定を拘束するものではないことを堅持。

［「目安制度のあり方に関する全員協議会中間報告」（平成12.3.24）記の2（4）原文より抜粋］

（4）目安と地方最低賃金審議会における審議の関係

　以上の考え方により、中央最低賃金審議会としては目安を決定し、地方最低賃金審議会に示すものであるが、目安は、地方最低賃金審議会が審議を進めるに当たって、全国的なバランスを配慮するという観点から参考にされるべきものであって、地方最低賃金審議会の審議決定を拘束するものではないという従来からの取扱いを堅持すべきである。

　したがって、地方最低賃金審議会での最低賃金の改定に当たっては、目安を参考としつつ、賃上げの実施状況等の地域の事情を踏まえ、実態に即した自主的な判断を下し得るものであり、今後とも、地方最低賃金審議会での自主性の発揮を一層期待するものである。

「目安制度のあり方に関する全員協議会報告」（平成12.12.15）のポイント

　今後とも、経済社会情勢等の変化に対応した適切な見直しを図りつつ、目安制度を維持していくことが適当。

① 表示単位期間については、

・就業形態の多様化の進展や、最低賃金の影響を受ける労働者の就業実態をみると、主に賃金支払形態が時間給の労働者が多くなっていることから、最低賃金適用上の公平の観点及び実情を踏まえ、現行の日額・時間額併用方式から時間額単独方式へ一本化することが適当。

・時間額単独方式の実施に際して、具体的な課題について（時間額表示の金額が従来の日額単位の最低賃金額を上回る場合もあり得ることなど）、十分な議論が必要。

・表示単位期間を時間額単独方式に切り替えるまでの間は、現行の日額・時間額併用方式を維持。

② 表示方法

・ランク制度の意義を保つため、現行の各ランクごとの引上げ額による表示を引き続き用いる。

③ 参考資料のあり方

・労働者の生計費、類似の労働者の賃金及び通常の事業の賃金支払能力に係る各種統計資料に加え、審議における公労使三者の合意を重視する観点から、最低賃金の水準や影響について検討及び評価を行うため、一層の整備・充実を図ることが適当。

(3) 平成14年

「中央最低賃金審議会時間額表示問題全員協議会報告」（平成14.4.2）のポイント

① 時間額単独方式への移行

・地域別最低賃金額の表示単位期間は日額・時間額の併用方式となっているが、賃金支払形態、所定労働時間などの異なる労働者についての最低賃金適用上の公平の観点や就業形態の多様化への対応の観点、さらにはわかりやすさの観点から時間額のみの表示が望ましいので、地域別最低賃金額については時間額単独方式への移行を急ぐべき。

② 目安の表示方法

・地域別最低賃金の金額改定に係る目安は平成14年度から時間額で表示することが適当。

(4) 平成16年

「目安制度のあり方に関する全員協議会報告」（平成16.12.15）のポイント

① 表示方法及びランク区分のあり方

・表示単位期間が時間額単独方式に移行したこともあり、ランクごとの目安額の差が生じにくくなっており、ランク設定の意義が低下しているが、時間額単独方式への移行から短期間しか経過していないこと等から、当面、ランク制度は維持することが適当。ただし、次回の見直しの際には、ランク設定の必要性を改めて検討。

・ランク制度の維持を前提とするならば、当面は現行の各ランクごとの引上げ額による表示を引き続き用いることが適当。

② 賃金改定状況調査等参考資料のあり方

・賃金改定状況調査結果第4表の賃金上昇率の計算方法については、パートタイム労働者構成比の変化によって賃金上昇率が影響を受けることは望ましくないことから、今後は、パートタイム労働者構成比の変化による影響を除去して賃金上昇率を計算する方法を採用。

・賃金改定状況調査の対象事業所の選定については、労使の意見の一致がみられず、また、当該調査が短期間に調査結果の集計が求められるという性格も考慮すると、当面、調査対象事業所は変更しないことが適当。

③ 改定審議のあり方

・最低賃金は社会経済情勢を踏まえ時宜にかなった改正が行われるべきこと等を考慮すると、昭和52年答申を踏襲し、毎年目安を示すことが適当。

④　金額水準

　・最低賃金の金額審議に当たっては、引き続き各種資料を総合的に勘案し、最低賃金の機能が適切に発揮されるよう審議することが必要。

(5) 平成23年

「目安制度のあり方に関する全員協議会報告」（平成23.2.10）のポイント

①　表示方法及びランク区分のあり方

　・今般の検討では議論を尽くすまでには至らなかったが、これまでランク制度が果たしてきた役割等を踏まえ、当面は現行のランク制度を維持することが適当。

　・次回の見直しの際には、今般の検討で議論が尽くされなかった点も踏まえ、改正法の施行をはじめとする目安制度を取り巻く近年の状況の変化等も踏まえ、ランク設定のあり方について引き続き検討することが必要。

　・目安の表示方法は、当面は現行の表示方法を維持することが適当。

②　賃金改定状況調査等参考資料のあり方

　・賃金改定状況調査における調査対象事業所の選定については、短期間に調査結果の集計が求められるという賃金改定状況調査の性格も考慮すると、当面は現行の方法を維持することが適当。

　・次回の目安制度のあり方に関する見直しの際には、今般の検討で議論が尽くされなかった点も踏まえ、調査対象事業所の選定について引き続き検討することが必要。

　・賃金改定状況調査結果第4表については、ランク別、産業別及び男女別に表示してきたが、就業形態の多様化の進展等を踏まえ、これらの別によるほか、一般労働者・短時間労働者の別についても新たに表示することが適当。

　・その他の参考資料については、今般の検討を踏まえ、中小企業の生産性に係る資料を加えることが適当。

　・次回の目安制度のあり方に関する見直しの際には、今般の検討で議論が尽くされなかった点も踏まえ、参考資料のあり方について引き続き検討することが必要。

③　生活保護と最低賃金との乖離解消方法

　・当面は現行の乖離解消方法を維持するとともに、解消すべき生活保護との乖離額が年々変動しうるという問題については、引き続き対応を検討することが適当。

④　目安審議のあり方

　・平成22年度の目安の審議の評価については、意見の一致に至らなかったが、今後の目安審議について、公労使三者が、その真摯な話合いを通じて、①法の原則及び②目安制度を基にするとともに、それらの趣旨や経緯を踏まえ、③時々の事情を総合的に勘案して行うというあり方の重要性については、改めて確認するとの合意を得るに至った。

⑤　次期のランク区分の見直しについて

　・ランク区分については、平成7年の全員協議会報告に復して5年ごとに見直しを行い、平成28年度以後の目安の審議において新しいランク区分を用いることが適当。

(6) 平成29年

「目安制度の在り方に関する全員協議会報告」（平成29.3.28）のポイント

①目安制度の意義

・目安制度の必要性について、改めて地方最低賃金審議会委員の意見を聴取しつつ、目安制度の原点に立ち返って慎重に検討。

・最低賃金額の改定について、できるだけ全国的に整合性ある決定が行われるようにすべきであること、また、制度として定着し、地方最低賃金審議会の円滑な審議に重要な役割を果たしていることから、47都道府県をいくつかのランクに区分した上で目安を提示することの必要性について改めて確認。

②ランク区分の在り方

・ランク区分の基礎となる諸指標について、統計調査の新設・改廃の状況も踏まえ、19指標に見直し。

・ランク数は、47都道府県の総合指数の差、分布状況等に鑑み、従来どおり4ランク。

・各ランクへの振り分けについては、総合指数の差が比較的大きいところに着目しつつ、各ランクにおける総合指数の分散度合いをできる限り小さくすることにも留意し決定。

③目安審議の在り方

・今後の目安審議については、公労使三者が、その真摯な話合いを通じて、法の原則及び目安制度に基づき、時々の事情を勘案しつつ総合的に行うことが重要。

・地方最低賃金審議会に対して目安の合理的な根拠を示すための努力など目安への信頼感を確保するための取組を一層進めていくことが必要。

・最低賃金引上げの影響について、参考資料の見直し等によりこれまで以上に確認していくことが必要。

④参考資料の在り方

・賃金改定状況調査の調査対象事業所の選定については、当面は現行の方法を維持することが適当。

・参考資料については、経済社会状況の変化等も踏まえ、各種統計資料の取捨選択を行うとともに、最低賃金引上げの影響に係る資料を充実するなど、引き続き見直しについて検討することが必要。

・最低賃金引上げが及ぼす影響については、例えば都道府県別の影響率や雇用者数の動向に関する資料など広く様々な統計資料等を注視しながら、継続的に検討していくことが必要。

⑤今後の見直し

・ランク区分については、平成7年の全員協議会報告に復して5年ごとに見直しを行い、2022年度以後は当該見直しの結果に基づいて目安審議を行うことが適当。

各都道府県に適用される目安のランクの推移

ランク	S53年度～	H7年度～	H12年度～	H17年度～	H23年度～	H29年度～
A	大阪　東京　神奈川	東京　神奈川　大阪	東京　神奈川	東京　神奈川　愛知　大阪	東京　神奈川　愛知　大阪	東京　神奈川　大阪　愛知　千葉　埼玉
B	愛知　千葉　埼玉　兵庫　京都　静岡　岐阜　三重	愛知　千葉　埼玉　滋賀　京都　栃木　静岡　兵庫　茨城	愛知　大阪　千葉　滋賀　埼玉　京都　兵庫　都城　野岡　木岡	千葉　滋賀　兵庫　静岡　埼玉　京都　長野　富山　三重　広島　栃木	千葉　埼玉　静岡　三重　滋賀　栃木　広島　富山　兵庫　京都　茨城　岡山　群馬　山口	京都　兵庫　静岡　滋賀　茨城　栃木　広島　長野　富山　三重　山梨
C	山梨　長野　和歌山　石川　富山　茨城　栃木　群馬　滋賀　福井　新潟　福岡　広島　岡山　北海道　山口　奈良	三重　群馬　広島　山梨　富山　長野　奈良　岡山　和歌山　福井　香川　岐阜　宮城　石川　山口　北海道　新潟　福島	長野　広島　三重　群馬　茨城　富山　山梨　奈良　石川　岡山　香川　新潟　福島　岐阜　宮城　福井　北海道　和歌山	茨城　山梨　群馬　石川　奈良　山口　岡山　福井　宮城　福島　北海道　新潟　岐阜　和歌山	長　山　口　梨　良　岡　城　阜　潟　井　山　福　北海道　新潟	群馬　岡山　石川　香川　奈良　山口　福井　和歌山　山形　福井　北海道　新潟　徳島
D	宮城　高知　徳島　愛媛　香川　鳥取　福島　島根　山形　秋田　青森　岩手　佐賀　長崎　熊本　沖縄　大分　宮崎　鹿児島	福島　愛媛　大分　徳島　山形　鳥取　島根　佐賀　高知　熊本　岩手　鹿児島　福岡　長崎　青森　秋田　宮崎　沖縄	愛媛　大分　山形　徳島　島根　鳥取　佐賀　高知　熊本　岩手　鹿児島　福岡　長崎　青森　秋田　宮崎　沖縄	徳島　大分　島根　山形　愛媛　鳥取　佐賀　高知　熊本　岩手　鹿児島　本田　秋田　宮崎　長崎　青森　沖縄	徳島　大分　島根　山形　愛媛　鳥取　佐賀　高知　熊本　岩手　鹿児島　本田　秋田　宮崎　長崎　青森　沖縄	福島　大分　山形　愛媛　島根　鳥取　熊本　高知　岩手　鹿児島　佐賀　青森　秋田　宮崎　沖縄　長崎

6　中央最低賃金審議会目安制度の在り方に関する全員協議会報告

（平成29年3月28日中央最低賃金審議会了承）

中央最低賃金審議会目安制度の在り方に関する全員協議会（以下「全員協議会」という。）は、平成26年6月18日の中央最低賃金審議会において、現行目安制度の見直しについて付託を受けた後、主として①目安制度の意義、②ランク区分の在り方、③目安審議の在り方、④参考資料の在り方の4つの課題について、最低賃金を取り巻く状況の変化も踏まえ、目安制度の原点に立ち返って鋭意検討を重ね、下記のとおり全員協議会報告として取りまとめたので報告する。

記

1　目安制度の意義について
　(1) 目安制度の原点に立ち返った検討
　　　目安制度の見直しの検討に当たっては、平成23年の全員協議会報告において引き続き検討することとされた事項及び全員協議会で新たに提起された問題・指摘を踏まえ、地方最低賃金審議会会長や有識者からの意見も聴取しながら検討を行い、平成27年5月に論点の中間整理を行った（別紙1）。
　　　さらに、その後のランク区分の在り方の検討の過程において、ランク区分が目安制度の運用の基本に関わる部分であり、もう一度原点に立ち返って議論すべきである、また、関係者の理解と信頼を得るべく慎重に検討すべきであるとの意見があったことを踏まえ、目安制度の必要性について、改めて地方最低賃金審議会委員の意見を聴取しつつ、目安制度の原点に立ち返って慎重に検討を積み重ねた。
　(2) 目安制度の必要性について
　　　目安制度については、地方最低賃金審議会委員の意見も踏まえて検討した結果、その運用に当たっての課題が指摘されるものの、最低賃金額の改定について、できるだけ全国的に整合性ある決定が行われるようにすべきであること、また、制度として定着し、地方最低賃金審議会の円滑な審議に重要な役割を果たしていることから、47都道府県をいくつかのランクに区分した上で目安を提示することの必要性について改めて確認した。

2　ランク区分の在り方について
　(1) 指標の見直し
　　　ランク区分については、平成7年の見直しにおいて、賃金動向を始めとする諸指標を総合化した指数（以下「総合指数」という。）を各都道府県の経済実態とみなし、各都道府県の経済実態に基づき各ランクへの振り分けを行うこととし、当該諸指標については、各都道府県の経済実態を示す指標のうち特に最低賃金に関係が深いと考えられるものとして20指標を選定した。
　　　その後の全員協議会（平成12年、平成16年及び平成23年）においては、上記の基本的な考え方を踏襲し、見直しを行ってきた。
　　　今回のランク区分の見直しに当たっては、ランク区分の基礎となる諸指標について、近年の統計調査の新設・改廃の状況も踏まえ、所得・消費に関する指標について都道府県全体の状況を捉えるもの

となるようにするとともに、地域の労働者の賃金や企業の賃金支払能力をより的確に反映するよう、指標の安定性にも配慮しつつ、別紙2のとおり見直しを行った。具体的には、

イ　所得・消費に関する指標としては、

・所得を示す代表的なものとして県民所得及び雇用者報酬

・消費を示す代表的なものとして世帯支出、消費者物価及び家計最終消費支出

の合計5指標とした。

ロ　給与に関する指標としては、主として時間当たり給与（原則として所定内給与）をみることとし、

・規模計の給与（資料出所の異なる2指標）

・小規模事業所の給与（1指標）

・短時間労働者の給与（1指標）

・規模計の低賃金層の給与（第1・十分位数）（一般及び短時間労働者の各1指標）

・小規模事業所の低賃金層の給与（第1・十分位数）（1指標）

・新規高等学校卒業者の初任給（1指標）

・地域別最低賃金額

の合計9指標とした。

ハ　企業経営に関する指標としては、

・主要産業の生産性を示すものとして、製造業、建設業、卸売業・小売業、飲食サービス業及びサービス業のそれぞれの1事業従事者当たりの付加価値額

の合計5指標とした。

上記の指標について、都道府県の経済実態の中期的な変化の的確な把握の必要性、数値の安定性等に鑑み、別紙3のとおり、これまでの算出方法を踏まえながら、原則として直近の5年間で得られた数値の平均値をとった上で、当該平均値について最大値となる都道府県を100とした指数を算出して単純平均し、東京を100とした総合指数を算出した結果、新しい総合指数は別紙4のとおりとなった。

(2)　新しい総合指数に基づくランク区分及び各都道府県の各ランクへの振り分け

上記の新しい総合指数の状況を踏まえると、いくつかのランクに区分することが必要である。

ランク数については、47都道府県の総合指数の差、分布状況に鑑みると、4ランク程度に区分することが妥当であり、各都道府県の各ランクへの振り分けについては、以下の考え方に基づき、別紙5のとおりとすることが適当である。

イ　総合指数を順番に並べ、指数の差が比較的大きいところに着目する。

ロ　各ランクにおける総合指数の分散度合いをできる限り小さくすることにも留意する。

なお、この総合指数は、全員協議会においてランク区分の見直しのための基礎データとして用いたものであることは、平成12年の全員協議会報告において示されたとおりである。

3　目安審議の在り方について

(1)　近年の目安審議の評価

近年の目安審議は、①法の原則（最低賃金法第9条に定める地域別最低賃金の原則をいう。）、②目安制度（これまでの全員協議会において合意を得た目安制度の在り方及び賃金改定状況調査等参考資料等を総称する。）を基にするとともに、それらの趣旨や経緯を踏まえ、③時々の事情（時々の目安

審議で中央最低賃金審議会目安に関する小委員会が踏まえた事情を総称する。）を総合的に勘案して行われている。

　また、「生活保護に係る施策との整合性に配慮するものとする」規定が新たに加えられた最低賃金法改正法の施行を受けて、計画的に最低賃金の引上げが行われてきた結果、現行の比較方法において、平成26年度までに全ての都道府県で生活保護と最低賃金の乖離解消が図られたところである。

　平成28年度の目安審議では、「ニッポン一億総活躍プラン」（平成28年6月2日閣議決定）等に配意した審議が行われるとともに、地方最低賃金審議会に対して、中央最低賃金審議会目安に関する小委員会報告の趣旨等について、同小委員長の補足説明が行われた。

　これらに対する意見として、目安審議に当たっては、最低賃金の水準が最低賃金法第1条に規定する法の目的を満たしているかどうかという観点から議論することが必要であり、賃金改定状況調査結果の賃金上昇率に基づく最低賃金の引上げ幅の議論のみではなく、最低賃金のあるべき水準を重視した議論が必要であるとの意見や、地域間格差の縮小に向けて目安を示すことを考えるべきではないかとの意見があった。

　他方、近年、目安に占める時々の事情の比重が大きく、数値的な根拠が明確ではなくなっているという点から、目安に対する地方最低賃金審議会の信頼感が失われつつあるのではないか、との意見があった。また、最低賃金の引上げに伴い影響率が上昇している中、中小企業の経営状況に与える影響を懸念する意見や、最低賃金引上げの影響について配慮すべきとの意見があった。

　また、地域別最低賃金の最高額に対する最低額の比率が低下してきたことについて配慮すべきとの意見があった。

(2) 今後の目安審議の在り方について

　今後の目安審議については、公労使三者が、その真摯な話合いを通じて、法の原則及び目安制度に基づき、時々の事情を勘案しつつ総合的に行うことが重要である。その際、地方最低賃金審議会に対して目安の合理的な根拠を示すための努力など目安への信頼感を確保するための取組を一層進めていくことが必要である。

　また、近年の最低賃金の引上げ状況を踏まえ、最低賃金引上げの影響について、参考資料の見直し等によりこれまで以上に確認していくことが求められる。

　さらに、引き続き、利用可能な直近のデータに基づいて生活保護水準と最低賃金との比較を行い、乖離が生じていないか確認するなど、生活保護に係る施策との整合性に配慮することが適当である。

　なお、目安審議に当たっては、真摯な議論により十分審議を尽くすとともに、効率的な審議にも留意すべきである。

4　参考資料の在り方について

(1) 賃金改定状況調査について

　賃金改定状況調査については、適切に今日の経済や賃金の状況における実態を把握できているか検討すべきとの意見や、最低賃金近傍の労働者の実態を正確に反映するよう定期的に見直しを行うべきとの意見、業種の追加や配分、調査対象事業所の規模について改めて検討を行うべきであるとの意見があった。

　今般の検討の結果、短期間に調査結果の集計が求められるという賃金改定状況調査の性格も考慮すると、調査対象事業所の選定について、当面は現行の方法を維持することが適当である。

(2)　その他参考資料の在り方について

　　中央及び地方最低賃金審議会の審議に当たっては、最低賃金法第9条に規定されている地域別最低賃金の決定に当たって考慮すべきこととされている、地域における労働者の生計費及び賃金並びに通常の事業の賃金支払能力に係る各種統計資料を収集・整備してきたところである。

　　これに対して、地方最低賃金審議会委員の意見聴取の結果も踏まえ、各種統計資料の棚卸しを行い、真に必要な資料を取捨選択すべきとの意見があった。また、地方最低賃金審議会の自主性を発揮できるよう参考資料の見直しを行うべきとの意見もあった。

　　参考資料については、経済社会状況の変化等も踏まえ、各種統計資料の取捨選択を行うとともに、下記(3)の最低賃金引上げの影響に係る資料を充実するなど、引き続き見直しについて検討することが必要である。

(3)　最低賃金引上げが及ぼす影響の検討について

　　最低賃金引上げが及ぼす影響については、新たに参考資料を追加することも含め、その影響をどのように評価するかに関して様々な意見があったが、中央最低賃金審議会として、例えば都道府県別の影響率や雇用者数の動向に関する資料など広く様々な統計資料等を注視しながら、当該影響について継続的に検討していくことが必要である。

5　今後の見直しについて

　目安制度の在り方については、平成7年の全員協議会報告において、今後概ね5年ごとに見直しを行うことが適当であるとされているところである。次回の目安制度の在り方に関する見直しの際には、ランク区分については、平成7年の全員協議会報告に復して5年ごとに見直しを行い、平成34年度（2022年度）以後は当該見直しの結果に基づいて目安審議を行うことが適当である。

別紙1

中央最低賃金審議会目安制度の在り方に関する全員協議会論点の中間整理

平成27年5月25日

　本全員協議会は、平成26年6月の中央最低賃金審議会において現行目安制度の見直しについて付託を受け、その後9回にわたって検討を行ってきた。その過程で議論してきた内容は、いずれも最低賃金制度の運用の基本に関わる問題である。平成27年度の目安審議が開始される前にこれまでの議論の経過と当面の論点について、下記のとおり中間的に取りまとめる。

記

1．検討の経緯
　○　目安制度の在り方については、平成7年4月28日の中央最低賃金審議会目安制度の在り方に関する全員協議会報告において、おおむね5年ごとに見直しを行うことが適当とされ、これを受けて、平成12年、平成16年、平成23年に報告が行われてきたところである。
　○　平成23年の全員協議会報告においては、(1) ランク設定のあり方について、(2) 賃金改定状況調査等参考資料のあり方について、(3) 生活保護と最低賃金との乖離解消方法について、(4) 次期のランク区分の見直しについて、引き続き検討することが必要とされた。
　○　今回の全員協議会では、これらの残された検討課題に加え、最低賃金の在り方という根本的な視点に立ち戻って目安制度について検討することが必要である、近年の目安審議を振り返り、「地域における労働者の生計費及び賃金並びに通常の事業の賃金支払能力」という最低賃金法第9条第2項に規定される三つの考慮要素をどのように総合勘案すべきか検討することが必要であるという問題提起がなされた。
　○　また、近年の目安審議において、賃金改定状況調査結果の賃金上昇率（第4表）を大きく上回る引上げ率となっていることについて、地方最低賃金審議会に対して目安の根拠を十分に示すことができていないのではないか、との指摘もなされた。
　○　これらを踏まえ、これまで9回にわたり、①最低賃金の在り方、②法第9条第2項の三原則の在り方、③目安審議の在り方、④地方最低賃金審議会との関係の在り方、⑤目安審議における参考資料の5項目について、検討を行ってきたところである。

2．議論の経過
(1) 最低賃金の在り方について
　○　最低賃金法第1条は、賃金の低廉な労働者について賃金の最低額を保障することにより労働条件の改善を図ることを最低賃金制の第一義的目的として定め、労働者の生活の安定、労働力の質的向上及び事業の公正な競争の確保という社会政策、労働政策、経済政策等の各分野において効果を上げることを第二義的目的とし、国民経済の健全な発展に寄与することを究極的な目的として掲げている。
　○　これに加え、最低賃金法と立法精神を同じくする労働基準法第1条は、「労働条件は、労働者が人

たるに値する生活を営むための必要を充たすべきものでなければならない」としている。

○　最低賃金の決定に当たっては、現在の最低賃金額の水準を所与のものとして賃金改定状況調査等に基づく引上げ幅の議論のみを行うのではなく、上記のような最低賃金の在り方、目的を踏まえた、ワークペイとしての一定の水準を念頭に置きながら、目安審議を行うべきであるとの意見があった。

○　他方、最低賃金の決定は、本来、労使が自主的に対等の立場で話合いにより決定すべき賃金について、国家が強制力をもって介入するものであり、個別企業の労働条件の交渉と自ずと性質が異なることから、その最低基準としての性格を踏まえて議論するべきとの意見があった。

○　さらに、最低賃金の在り方を検討するに当たっては、産業構造や就業構造の変化を踏まえつつ、また、最低賃金近傍の賃金水準の労働者の属性を明らかにし、それらの者が最低賃金の引上げによってどのような影響を受けているのか、実態に即して議論すべきという意見があった。

(2) 法第9条第2項の三原則の在り方

○　最低賃金法第9条第2項は、地域別最低賃金は地域における労働者の生計費及び賃金並びに通常の事業の賃金支払能力を考慮して決定されるべきことを規定している。この三つは、最低賃金の決定にあたっていずれも考慮されるべき重要な要素であって、いずれかに重点を置くことなく、三つの観点から総合勘案して最低賃金を決定すべきものである。

○　諸外国においても、国内慣行及び国内事情による幅はあるものの、生計費等の労働者の必要、使用者の支払能力や経済開発上の要請、雇用等の経済的要素、類似の労働に対する賃金又は関連する給与所得者や他の社会的集団の相対的な生活水準といった要素が考慮されている。

○　平成19年の法改正では、法第9条第3項に当該労働者の生計費を考慮するに当たっては生活保護に係る施策との整合性に配慮することが規定された。これを踏まえ、生活保護水準と最低賃金との乖離については、毎年度の地域別最低賃金額改定の目安に関する公益委員見解において示される考え方のもと、地方最低賃金審議会において審議されてきた結果、平成26年度の最低賃金額改定において、法改正後初めてすべての都道府県において解消したところである。

○　三原則の在り方に関しては、目安審議においてこの三原則を総合的に勘案するに当たり、労使間で解釈に相違がある部分について、共通認識を整理すべきであるとの意見があった。特に、労働者の賃金は賃金水準そのものを指すのであって、当該労働者の賃金上昇率を指すものではないのではないか、という意見があった。

○　他方、企業の支払能力の観点から見た場合、あるべき賃金水準は同業種、同業態の類似の労働者をその時々に雇用することのできる賃金であって、最低賃金としてあるべき水準を示すことは適切ではないという意見があった。

○　さらに、生活保護水準と最低賃金額を比較するに当たっての具体的な算定方法については、平成23年報告を踏まえ、引き続き検討する必要があるとの意見があった。

(3) 目安審議の在り方について

○　現行の目安の審議は、①法第9条第2項の三原則、②これまでの全員協議会において合意を得た目安制度の在り方や賃金改定状況調査等参考資料等からなる目安制度を基にするとともに、それらの趣旨や経緯を踏まえ、③時々の目安の審議で中央最低賃金審議会目安に関する小委員会が踏まえた事情を総合的に勘案して行われている。

○　とりわけ、目安の審議に当たっては、賃金改定状況調査、なかんずく同調査による賃金上昇率（第4表）を重要な参考資料としてきており、平成7年度から平成17年度までの目安審議では、各ランク

に振り分けられた都道府県の地域別最低賃金額の単純平均値に各ランク同率の引上げ率を乗じた額を各ランクの目安額の算定の基準としていた。

○　このような賃金改定状況調査の位置付けについては、平成12年3月の全員協議会報告において、当該調査結果を重要な参考資料としつつも、これまで以上にその時々の状況を的確に把握の上、総合的に勘案して目安を審議し、決定していくことが求められる、とされ、平成23年の報告においてもこのような目安審議の在り方の重要性については、改めて確認するという合意がなされたところである。

○　近年の目安の審議では、目安に占める「時々の事情」の比重が大きく、賃金改定状況調査結果の賃金上昇率（第4表）を大幅に上回る引上げ率の目安となることが続いている。そのため、これらの引上げ率の数値的な根拠が明確ではなくなっており、「時々の事情」に代わる考慮要素を示すべきではないかという意見があった。

○　他方、円卓合意以降は、賃金改定状況調査結果の賃金上昇率（第4表）のみではなく最低賃金水準はどうあるべきかという視点を強めて議論を行ってきていると考えており、円卓合意、雇用戦略対話合意、平成19年法改正の経過を尊重し「時々の事情」を加味してきているということを地方最低賃金審議会に対して丁寧に説明する必要がある、との意見があった。

○　さらに、その時々の情勢を引き受けて議論していかなければならず、また、過去のデータだけでなく先行きも考慮すべきときもあるから、合理的な根拠が示せない場合もあるのではないか、との意見があった。

○　都道府県最低賃金については、都道府県内の都市部と周辺地域の格差や、企業間の規模の格差、業態間の格差、エリア間の格差を踏まえて、経済状況が厳しい業種等についての現状把握・分析をした上で、そこに目線を合わせて目安審議を行うべき、とする意見がある一方、周辺地域から都市部への人口・労働力移動の影響を考えて検討するべきという意見があった。

○　ランク設定の在り方については、平成23年の全員協議会において、ランク制度が採用された昭和53年から今日まで、全国的な整合性の確保にどのように寄与してきたのかという観点等からの検証と評価がなされるべきとの意見があった。また、長年労使が真摯な話合いを基に積み上げてきた経緯を十分に踏まえた上で、ランク制度のメリット・デメリットを十分に洗い出しながら慎重に検討していくべきとの意見があった。さらに、その際に議論が尽くされなかった点や、最低賃金法改正法の施行をはじめとする目安制度を取り巻く近年の状況の変化等も踏まえ、引き続き検討することが必要とされている。

○　これらの点に加えて、平成17年度まで、目安額の算定において各ランク同率の引上げ率となるようにしており、地域別最低賃金の最高額に対する最低額の比率がほぼ一定に保たれてきたが、平成18年度以降は生活保護水準との整合性への配慮等から上位ランクを多く引き上げてきた結果、最高額に対する最低額の比率が下がってきている点が指摘され、目安の出し方、ランク区分の設定の在り方と合わせて議論すべきではないかという意見があった。

○　また、何のためにランクを設定するのか、ランク設定に当たって用いる経済指標の在り方等についても議論すべきという意見があった。

○　目安の示し方については、昭和56年以降、公労使三者の合意ではなく、公益委員見解として目安が示されてきているところであるが、本来であれば、公労使合意した見解を目安として示すことが望ましいという意見があった。これについては、公労使の見解が完全に一致しない場合であっても、公益委員見解として目安を示すことに労使とも反対しないという現実的な解決方策であるという指摘があ

った。

○　目安審議の時期について、10月中の発効を目指して行われているが、企業の経営計画を考え、4月
1日に発効できうる目安審議時期を検討すべきとの意見があった。これに対し、現行の参考資料に基
づく事実をベースとした審議の方法では、改定時期が後ろ倒しになることから反対であるとの意見が
あった。ただし、最低賃金の引上げが一定の水準を達成することを念頭に行われる場合は異なった考
え方を取ることも可能であることから、目安審議の在り方と合わせて検討すべき課題であるという意
見があった。

(4)　地方最低賃金審議会との関係の在り方

○　目安制度における中央最低賃金審議会と地方最低賃金審議会との関係については、昭和52年12月の
中央最低賃金審議会答申「今後の最低賃金制のあり方について」において、都道府県ごとの地方最低
賃金審議会において、最低賃金を審議決定することを原則とする現行の決定方式は、全国的な整合性
を常に確保する保障に欠けるおそれがあることから、中央最低賃金審議会の指導性を強化し、(1) 最
低賃金額の決定の前提となる基本的事項について、できるだけ全国的に統一的な処理が行われるよ
う、中央最低賃金審議会がその考え方を整理し、これを地方最低賃金審議会に提示すること、(2) 最
低賃金額の改定については、できるだけ全国的に整合性ある決定が行われるよう、中央最低賃金審議
会は、毎年、47都道府県を数等のランクに分け、最低賃金額の改定についての目安を提示すること
とされた。それ以来、現在まで、目安制度は、経済社会情勢等の変化に対応しつつ必要な見直しを行う
ことにより、地方最低賃金審議会が地域別最低賃金額を改定する際の重要な参考資料である目安を提
示する制度として定着している。

○　これに対し、目安に占める「時々の事情」の比重が大きく、数値的な根拠が明確ではなくなってい
る、という点から、地方最低賃金審議会から中央最低賃金審議会への信頼感が失われつつあるのでは
ないか、この際、目安制度以前のように、目安を示さずに地方で最低賃金の決定を行った後に、中央
で事後的な検証のみ行ってはどうか、或いは、地方での審議に資する参考資料だけを示してはどうか、
といった意見があった。

○　5道府県の地方最低賃金審議会の会長からのヒアリングにおいて、ランク設定に当たって用いる経
済指標が適当かとの意見やランク区分を根本的に検討すべきとの意見があった。
また、目安は地方最低賃金審議会における議論に必要であるものの、根拠がわかりにくい、目安審議
で考慮したことを説明してほしい等の意見が多かった。

(5)　目安審議における参考資料について

○　目安の審議に当たっては、賃金改定状況調査、なかんずく同調査による賃金上昇率（第4表）を重
要な参考資料としてきた。平成12年3月の全員協議会報告においては、今後とも、同調査を重要な参
考資料とする取扱いを基本とすべきとしつつ、経済のグローバル化による競争の激化、右肩上がりの
経済から低成長経済への移行など構造的な変化の影響があらわれていることから、これまで以上に、
その時々の状況を的確に把握の上、総合的に勘案して目安を審議し、決定していくことが求められる
としている。

○　この点について、賃金改定状況調査が開始された昭和50年代は、経済成長下で引き上げられる賃金
の状況を把握してきたが、今日の経済や賃金の状況において、適切に実態を把握できているか検討す
べきという意見があった。

○　また、賃金改定状況調査はこれまでたびたび見直されてきたが、最低賃金近傍の労働者の実態を正

確に反映するよう、定期的に見直しを行うべきという意見や、業種の追加や配分、調査対象事業所の規模についても改めて検討を行うべきであるという意見があった。

3．当面の論点

　上記2のとおり、これまで目安制度に関する5項目に関して様々な点から検討を行ってきたところである。その中で、地方最低賃金審議会会長からのヒアリングにおいて述べられた意見も踏まえ、平成28年度以降の目安審議に向けて早期に検討を行うべき論点として、当面、以下について優先的に議論を行っていくこととする。これらの検討を行うに当たっては、最低賃金近傍の賃金水準の労働者の属性を明らかにし、最低賃金法の「賃金の低廉な労働者」の実態も考慮して議論する必要がある。

○　平成23年の全員協議会報告において「平成28年度以後の目安の審議において新しいランク区分を用いることが適当である」とされている、次期のランク区分の見直しについては、ランク区分の設定の在り方に関する意見、ランク設定に当たって用いる経済指標の在り方等についても議論すべきという意見があったことから、優先的に議論を進め、平成28年度の目安審議に備えることとする。

○　最低賃金の在り方、目的を踏まえた一定の水準等については引き続き議論していく必要があるものの、当面は、最低賃金の機能が適切に発揮できるような具体策を検討する必要がある。また、ここ数年の目安について「時々の事情」の比重が大きく、数値的な根拠が明確ではなくなっているのではないかという意見や、地方最低賃金審議会会長から表明された意見に対応するため、目安への信頼感を十分に確保する方策について早期に議論していく必要がある。これらの観点を踏まえ、目安審議における参考資料の在り方について、優先的に議論を進めることとする。

別紙 2

ランク区分の見直しの基礎とした指標

Ⅰ　所得・消費関係

① 　1 人当たりの県民所得

　　「県民経済計算年報」内閣府（平成21 〜 25年）

② 　雇用者 1 人当たりの雇用者報酬

　　「県民経済計算年報」内閣府（平成21 〜 25年）

③ 　1 世帯 1 月当たりの消費支出（単身世帯）

　　「全国消費実態調査」総務省（平成26年）

④ 　消費者物価地域差指数

　　「小売物価統計調査」総務省（平成25 〜 27年）

⑤ 　1 人当たり家計最終消費支出

　　「県民経済計算年報」内閣府（平成21 〜 25年）

Ⅱ　給与関係

⑥ 　1 人 1 時間当たり所定内給与額（ 5 人以上）

　　「賃金構造基本統計調査」厚生労働省（平成23 〜 27年）

⑦ 　常用労働者 1 人 1 時間当たり所定内給与額（ 5 人以上）

　　「毎月勤労統計調査 − 地方調査」厚生労働省（平成22 〜 26年）

⑧ 　常用労働者 1 人 1 時間当たり所定内給与額（中位数）（ 1 〜 29人（製造業99人））

　　「最低賃金に関する基礎調査」厚生労働省（平成24 〜 28年）

⑨ 　短時間労働者 1 人 1 時間当たり所定内給与額（ 5 人以上）

　　「賃金構造基本統計調査」厚生労働省（平成23 〜 27年）

⑩ 　1 人 1 時間当たり所定内給与における第 1 ・十分位数（ 5 人以上）

　　「賃金構造基本統計調査」厚生労働省（平成23 〜 27年）

⑪ 　短時間労働者 1 人 1 時間当たり所定内給与における第 1 ・十分位数（ 5 人以上）

　　「賃金構造基本統計調査」厚生労働省（平成23 〜 27年）

⑫ 　常用労働者 1 人 1 時間当たり所定内給与における第 1 ・十分位数（ 1 〜 29人（製造業99人））

　　「最低賃金に関する基礎調査」厚生労働省（平成24 〜 28年）

⑬ 　新規高校学卒者の初任給（10人以上）

　　「賃金構造基本統計調査」厚生労働省（平成23 〜 27年）

⑭ 　地域別最低賃金額

　　厚生労働省（平成24 〜 28年）

188

Ⅲ　企業経営関係

企業経営関係指標の産業の範囲について

⑮製造業

　　○産業大分類「製造業」

⑯建設業

　　○産業大分類「建設業」

⑰卸売業，小売業

　　○産業大分類「卸売業，小売業」

⑱飲食サービス業

　　○産業大分類「宿泊業，飲食サービス業」のうち、「宿泊業」以外

⑲サービス業

　　○「サービス業基本統計調査」の対象産業の範囲と可能な限り同範囲となるよう経済センサス活動調
　　　査における産業分類により集計
　　　　具体的な産業の範囲は以下のとおり
　　(1)　産業大分類「サービス業（他に分類されないもの）」のうち
　　　　　「廃棄物処理業」「自動車整備業」「機械等修理業」
　　　　　「職業紹介・労働者派遣業」「その他の事業サービス業」
　　　　　「その他のサービス業」
　　(2)　産業大分類「学術研究，専門・技術サービス業」
　　(3)　産業大分類「生活関連サービス業，娯楽業」
　　(4)　産業大分類「不動産業，物品賃貸業」のうち
　　　　　「不動産賃貸業・管理業」「物品賃貸業」
　　(5)　産業大分類「医療，福祉」のうち
　　　　　「保健衛生」「社会保険・社会福祉・介護事業」
　　(6)　産業大分類「教育，学習支援業」のうち「その他の教育，学習支援業」
　　(7)　産業大分類「宿泊業，飲食サービス業」のうち「宿泊業」
　　(8)　産業大分類「複合サービス事業」のうち「協同組合（他に分類されないもの）」

別紙3
ランク区分の見直しの基礎とした諸指標の状況

都道府県	①1人当たりの県民所得（平成21～25年）		②雇用者1人当たりの雇用者報酬（平成21～25年）		③1世帯1月当たりの消費支出（単身世帯）（平成26年）		④消費者物価地域差指数（平成25～27年）	
	原数値	指数	原数値	指数	原数値	指数	原数値	指数
東　　京	4,449,222	100.0	6,325,990	100.0	213,735	100.0	104.8	100.0
神　奈　川	2,925,636	65.8	5,018,081	79.3	173,028	81.0	103.7	98.9
大　　阪	2,952,099	66.4	5,266,436	83.3	143,522	67.1	100.3	95.7
愛　　知	3,294,318	74.0	4,559,388	72.1	181,406	84.9	98.7	94.1
埼　　玉	2,796,195	62.8	4,640,217	73.4	173,042	81.0	101.4	96.7
千　　葉	2,891,794	65.0	4,621,544	73.1	172,233	80.6	99.6	95.0
京　　都	2,929,511	65.8	4,556,044	72.0	170,164	79.6	100.8	96.2
兵　　庫	2,706,202	60.8	4,604,046	72.8	171,311	80.2	100.9	96.2
静　　岡	3,184,237	71.6	4,298,036	67.9	171,936	80.4	98.0	93.5
滋　　賀	3,177,669	71.4	4,263,633	67.4	153,706	71.9	99.3	94.8
茨　　城	3,034,168	68.2	4,521,194	71.5	156,650	73.3	98.3	93.7
栃　　木	3,018,923	67.9	4,733,546	74.8	154,681	72.4	98.8	94.3
広　　島	2,966,202	66.7	4,329,443	68.4	158,834	74.3	98.5	94.0
長　　野	2,615,828	58.8	4,543,401	71.8	190,078	88.9	97.1	92.7
富　　山	3,033,070	68.2	4,124,754	65.2	179,359	83.9	97.9	93.4
三　　重	2,931,578	65.9	4,440,479	70.2	150,489	70.4	98.3	93.8
山　　梨	2,785,305	62.6	4,502,475	71.2	155,868	72.9	98.3	93.8
群　　馬	2,873,646	64.6	4,267,600	67.5	167,926	78.6	96.8	92.3
岡　　山	2,687,716	60.4	4,288,054	67.8	157,243	73.6	98.6	94.1
石　　川	2,842,496	63.9	4,078,946	64.5	180,370	84.4	99.8	95.2
香　　川	2,779,498	62.5	4,452,137	70.4	164,853	77.1	98.1	93.6
奈　　良	2,456,704	55.2	4,844,206	76.6	161,117	75.4	97.4	92.9
宮　　城	2,592,342	58.3	4,290,483	67.8	160,501	75.1	98.2	93.6
福　　岡	2,773,773	62.3	4,455,285	70.4	159,320	74.5	97.3	92.8
山　　口	2,951,358	66.3	4,398,552	69.5	170,507	79.8	98.4	93.8
岐　　阜	2,664,300	59.9	4,116,398	65.1	176,883	82.8	97.0	92.5
福　　井	2,814,920	63.3	4,106,939	64.9	166,207	77.8	99.7	95.1
和　歌　山	2,661,860	59.8	4,006,123	63.3	133,666	62.5	100.0	95.4
北　海　道	2,473,079	55.6	4,315,116	68.2	151,979	71.1	99.1	94.5
新　　潟	2,657,921	59.7	4,082,772	64.5	149,051	69.7	98.4	93.9
徳　　島	2,731,967	61.4	4,173,624	66.0	152,804	71.5	98.5	94.0
福　　島	2,538,743	57.1	4,159,838	65.8	158,541	74.2	99.7	95.1
大　　分	2,460,640	55.3	4,093,654	64.7	158,667	74.2	97.5	93.0
山　　形	2,424,529	54.5	3,930,871	62.1	161,977	75.8	100.7	96.1
愛　　媛	2,511,955	56.5	3,931,339	62.1	127,779	59.8	97.9	93.4
島　　根	2,339,180	52.6	3,760,228	59.4	156,926	73.4	99.8	95.2
鳥　　取	2,277,351	51.2	3,698,994	58.5	167,319	78.3	98.3	93.8
熊　　本	2,366,116	53.2	3,943,996	62.3	144,622	67.7	98.2	93.6
長　　崎	2,359,034	53.0	3,836,475	60.6	145,200	67.9	99.3	94.8
高　　知	2,302,868	51.8	4,412,863	69.8	132,959	62.2	99.1	94.5
岩　　手	2,432,248	54.7	3,935,461	62.2	144,459	67.6	98.4	93.9
鹿　児　島	2,368,183	53.2	3,877,423	61.3	151,052	70.7	97.2	92.8
佐　　賀	2,449,827	55.1	3,253,514	51.4	144,284	67.5	97.1	92.6
青　　森	2,359,028	53.0	3,801,054	60.1	146,357	68.5	98.7	94.2
秋　　田	2,345,513	52.7	3,461,507	54.7	148,299	69.4	98.1	93.6
宮　　崎	2,276,772	51.2	3,733,120	59.0	152,484	71.3	96.1	91.7
沖　　縄	2,037,371	45.8	3,518,843	55.6	125,530	58.7	98.3	93.7

資料出所　①内閣府「県民経済計算年報」
　　　　　②内閣府「県民経済計算年報」
　　　　　③総務省「全国消費実態調査」
　　　　　④総務省「小売物価統計調査」

都道府県	⑤1人当たり家計最終消費支出（平成21～25年）		⑥1人1時間当たり所定内給与額（5人以上）（平成23～27年）		⑦常用労働者1人1時間当たり所定内給与額（5人以上）（平成22～平成26年）		⑧常用労働者1人1時間当たり所定内給与額（中位数）（1～29人（製造業99人））（平成24～28年）	
	原数値	指数	原数値	指数	原数値	指数	原数値	指数
東　　京	2,857,937	100.0	2,328	100.0	2,288	100.0	1,319	100.0
神　奈　川	2,499,436	87.5	2,031	87.3	1,948	85.2	1,123	85.2
大　　阪	2,128,460	74.5	1,924	82.7	1,924	84.1	1,155	87.6
愛　　知	2,342,502	82.0	1,891	81.3	1,843	80.6	1,181	89.5
埼　　玉	2,306,459	80.7	1,772	76.1	1,732	75.7	1,211	91.8
千　　葉	2,354,032	82.4	1,808	77.7	1,751	76.5	1,131	85.7
京　　都	2,270,913	79.5	1,828	78.5	1,726	75.4	1,065	80.7
兵　　庫	1,942,516	68.0	1,796	77.2	1,730	75.6	1,074	81.4
静　　岡	2,183,492	76.4	1,729	74.3	1,731	75.6	1,045	79.2
滋　　賀	2,104,342	73.6	1,786	76.7	1,735	75.8	1,048	79.4
茨　　城	2,048,247	71.7	1,780	76.5	1,715	75.0	1,066	80.8
栃　　木	2,134,907	74.7	1,722	74.0	1,701	74.4	1,064	80.7
広　　島	2,143,520	75.0	1,688	72.5	1,689	73.8	1,037	78.6
長　　野	2,157,166	75.5	1,648	70.8	1,642	71.8	1,182	89.6
富　　山	2,209,651	77.3	1,618	69.5	1,628	71.2	1,075	81.5
三　　重	2,086,160	73.0	1,752	75.3	1,744	76.2	1,014	76.9
山　　梨	2,084,956	73.0	1,668	71.6	1,638	71.6	967	73.3
群　　馬	2,089,277	73.1	1,668	71.7	1,658	72.5	1,074	81.4
岡　　山	2,098,516	73.4	1,655	71.1	1,658	72.5	1,022	77.5
石　　川	2,205,278	77.2	1,598	68.6	1,615	70.6	1,070	81.1
香　　川	2,232,897	78.1	1,607	69.1	1,647	72.0	1,052	79.8
奈　　良	1,828,683	64.0	1,731	74.4	1,665	72.8	1,049	79.5
宮　　城	2,111,061	73.9	1,649	70.8	1,646	71.9	984	74.6
福　　岡	2,064,112	72.2	1,649	70.8	1,666	72.8	993	75.3
山　　口	2,111,744	73.9	1,578	67.8	1,637	71.5	991	75.1
岐　　阜	1,889,966	66.1	1,620	69.6	1,615	70.6	1,031	78.1
福　　井	2,015,724	70.5	1,586	68.1	1,586	69.3	1,029	78.0
和　歌　山	2,087,646	73.0	1,612	69.3	1,630	71.3	983	74.5
北　海　道	2,087,330	73.0	1,548	66.5	1,557	68.1	1,024	77.7
新　　潟	2,164,307	75.7	1,538	66.1	1,578	69.0	1,020	77.3
徳　　島	2,030,615	71.1	1,582	68.0	1,587	69.4	1,018	77.2
福　　島	1,881,262	65.8	1,542	66.3	1,567	68.5	989	75.0
大　　分	2,105,271	73.7	1,479	63.5	1,467	64.1	931	70.6
山　　形	1,895,665	66.3	1,421	61.0	1,495	65.3	965	73.1
愛　　媛	1,925,286	67.4	1,528	65.6	1,500	65.6	941	71.3
島　　根	1,782,861	62.4	1,472	63.2	1,541	67.3	958	72.6
鳥　　取	1,910,973	66.9	1,456	62.6	1,475	64.5	945	71.7
熊　　本	1,924,637	67.3	1,496	64.3	1,509	65.9	921	69.8
長　　崎	1,951,240	68.3	1,449	62.3	1,438	62.8	896	67.9
高　　知	2,039,181	71.4	1,489	64.0	1,570	68.6	948	71.9
岩　　手	1,942,054	68.0	1,381	59.3	1,461	63.9	921	69.8
鹿　児　島	2,017,592	70.6	1,468	63.1	1,430	62.5	898	68.1
佐　　賀	1,609,530	56.3	1,422	61.1	1,437	62.8	941	71.3
青　　森	1,916,873	67.1	1,357	58.3	1,408	61.5	889	67.4
秋　　田	2,048,475	71.7	1,401	60.2	1,435	62.7	897	68.0
宮　　崎	1,885,349	66.0	1,391	59.8	1,394	60.9	920	69.7
沖　　縄	1,554,114	54.4	1,362	58.5	1,377	60.2	875	66.4

資料出所　⑤内閣府「県民経済計算年報」
　　　　　⑥厚生労働省「賃金構造基本統計調査」
　　　　　⑦厚生労働省「毎月勤労統計調査地方調査」
　　　　　⑧厚生労働省「最低賃金に関する基礎調査」

都道府県	⑨短時間労働者1人1時間当たり所定内給与額（5人以上）（平成23〜27年）		⑩1人1時間当たり所定内給与における第1・十分位数（5人以上）（平成23〜27年）		⑪短時間労働者1人1時間当たり所定内給与における第1・十分位数（5人以上）（平成23〜27年）		⑫常用労働者1人1時間当たり所定内給与における第1・十分位数（1〜29人（製造業99人））（平成24〜28年）	
	原数値	指数	原数値	指数	原数値	指数	原数値	指数
東 京	1,218	100.0	1,184	100.0	869	100.0	898	100.0
神 奈 川	1,126	92.5	1,086	91.7	856	98.4	872	97.1
大 阪	1,088	89.3	1,023	86.4	809	93.0	828	92.2
愛 知	1,068	87.7	1,036	87.5	799	91.9	812	90.4
埼 玉	1,033	84.8	994	84.0	801	92.2	828	92.2
千 葉	1,085	89.1	1,002	84.6	807	92.8	817	91.0
京 都	1,065	87.5	961	81.1	783	90.1	794	88.5
兵 庫	1,052	86.4	983	83.0	777	89.4	790	88.0
静 岡	1,014	83.3	966	81.6	775	89.1	798	88.9
滋 賀	1,009	82.9	991	83.7	760	87.5	780	86.9
茨 城	1,034	84.9	955	80.7	757	87.0	775	86.3
栃 木	979	80.4	937	79.1	751	86.4	784	87.3
広 島	1,011	83.0	938	79.2	752	86.5	766	85.3
長 野	1,011	83.0	932	78.7	757	87.1	792	88.2
富 山	1,008	82.8	939	79.3	744	85.6	776	86.4
三 重	1,014	83.3	950	80.2	769	88.5	778	86.7
山 梨	994	81.6	927	78.3	763	87.8	778	86.7
群 馬	1,001	82.2	927	78.3	755	86.8	773	86.1
岡 山	1,001	82.2	929	78.4	733	84.3	749	83.5
石 川	992	81.5	911	77.0	743	85.5	774	86.2
香 川	980	80.5	908	76.7	748	86.0	762	84.9
奈 良	1,041	85.5	927	78.3	746	85.8	758	84.4
宮 城	962	79.0	877	74.1	712	81.9	716	79.8
福 岡	940	77.2	882	74.5	713	82.1	728	81.1
山 口	947	77.8	880	74.3	710	81.6	722	80.4
岐 阜	989	81.2	920	77.7	759	87.3	760	84.7
福 井	988	81.1	887	74.9	739	85.0	757	84.3
和 歌 山	970	79.6	889	75.1	726	83.5	733	81.7
北 海 道	935	76.8	835	70.5	720	82.9	738	82.2
新 潟	956	78.5	885	74.7	719	82.7	746	83.1
徳 島	984	80.8	876	74.0	712	81.8	727	81.0
福 島	936	76.8	854	72.1	691	79.5	719	80.1
大 分	959	78.7	837	70.7	669	76.9	691	77.0
山 形	911	74.8	819	69.2	693	79.7	714	79.5
愛 媛	923	75.8	846	71.5	695	79.9	710	79.1
島 根	948	77.9	852	72.0	705	81.1	718	80.0
鳥 取	942	77.3	840	71.0	707	81.3	718	80.0
熊 本	884	72.6	812	68.6	669	76.9	692	77.1
長 崎	898	73.8	785	66.3	671	77.2	682	76.0
高 知	930	76.3	815	68.9	682	78.5	705	78.5
岩 手	875	71.8	790	66.7	669	76.9	689	76.8
鹿 児 島	893	73.3	796	67.2	669	76.9	683	76.1
佐 賀	898	73.7	806	68.1	681	78.4	700	77.9
青 森	856	70.3	762	64.3	663	76.2	674	75.1
秋 田	870	71.5	778	65.7	670	77.0	687	76.5
宮 崎	887	72.9	778	65.7	667	76.7	688	76.6
沖 縄	850	69.8	752	63.5	661	76.0	675	75.2

資料出所　⑨厚生労働省「賃金構造基本統計調査」
　　　　　⑩厚生労働省「賃金構造基本統計調査（特別集計）」
　　　　　⑪厚生労働省「賃金構造基本統計調査（特別集計）」
　　　　　⑫厚生労働省「最低賃金に関する基礎調査」

都道府県	⑬新規高校学卒者の初任給（10人以上）（平成23～27年）（神奈川＝100）		⑭地域別最低賃金額（平成24年～28年）		⑮1事業従事者当たり付加価値額（製造業）（平成24年）		⑯1事業従事者当たり付加価値額（建設業）（平成24年）	
	原数値	指数	原数値	指数	原数値	指数	原数値	指数
東　　京	167,840	99.2	889	100.0	6,472,624	89.6	6,314,848	100.0
神　奈　川	169,160	100.0	888	99.8	6,965,598	96.4	4,933,847	78.1
大　　阪	165,780	98.0	840	94.4	6,259,802	86.6	5,555,778	88.0
愛　　知	164,440	97.2	801	90.0	5,067,840	70.1	4,859,729	77.0
埼　　玉	163,980	96.9	805	90.5	5,430,859	75.1	4,578,605	72.5
千　　葉	163,820	96.8	798	89.7	5,301,544	73.4	4,442,214	70.3
京　　都	160,700	95.0	792	89.0	5,271,658	72.9	4,581,754	72.6
兵　　庫	162,240	95.9	780	87.7	5,765,108	79.8	4,759,387	75.4
静　　岡	162,260	95.9	768	86.3	5,462,608	75.6	4,396,051	69.6
滋　　賀	160,840	95.1	749	84.2	6,977,003	96.5	4,258,619	67.4
茨　　城	158,880	93.9	732	82.3	6,197,921	85.8	3,981,660	63.1
栃　　木	158,460	93.7	736	82.8	5,718,414	79.1	4,254,927	67.4
広　　島	159,840	94.5	753	84.7	5,542,563	76.7	4,393,281	69.6
長　　野	158,180	93.5	731	82.3	4,968,578	68.8	3,780,411	59.9
富　　山	159,320	94.2	731	82.2	5,166,283	71.5	4,243,346	67.2
三　　重	161,820	95.7	756	85.0	5,212,146	72.1	4,104,840	65.0
山　　梨	160,700	95.0	724	81.4	7,226,749	100.0	4,067,523	64.4
群　　馬	159,260	94.1	724	81.4	5,607,149	77.6	3,958,866	62.7
岡　　山	157,500	93.1	721	81.1	6,387,433	88.4	3,922,749	62.1
石　　川	156,960	92.8	721	81.1	5,112,066	70.7	4,173,936	66.1
香　　川	157,960	93.4	705	79.2	5,124,350	70.9	4,370,191	69.2
奈　　良	158,760	93.9	727	81.8	4,732,145	65.5	5,229,215	82.8
宮　　城	152,720	90.3	713	80.2	4,748,494	65.7	4,520,016	71.6
福　　岡	153,520	90.8	730	82.1	4,867,601	67.4	4,371,370	69.2
山　　口	153,400	90.7	718	80.7	7,141,531	98.8	3,748,491	59.4
岐　　阜	159,600	94.3	741	83.3	5,306,464	73.4	3,962,579	62.8
福　　井	156,360	92.4	719	80.8	5,104,929	70.6	4,142,661	65.6
和　歌　山	155,240	91.8	718	80.7	6,207,960	85.9	4,647,721	73.6
北　海　道	148,020	87.5	750	84.4	4,719,837	65.3	3,936,219	62.3
新　　潟	152,800	90.3	718	80.7	4,479,190	62.0	3,860,521	61.1
徳　　島	153,180	90.6	682	76.7	5,978,512	82.7	3,297,587	52.2
福　　島	149,920	88.6	692	77.8	4,572,919	63.3	3,558,430	56.4
大　　分	148,840	88.0	681	76.5	5,333,254	73.8	3,524,343	55.8
山　　形	145,480	86.0	682	76.7	4,400,755	60.9	3,477,296	55.1
愛　　媛	151,880	89.8	683	76.8	5,544,946	76.7	3,763,174	59.6
島　　根	149,400	88.3	682	76.7	3,935,847	54.5	3,598,481	57.0
鳥　　取	146,760	86.8	680	76.5	3,972,906	55.0	3,580,780	56.7
熊　　本	146,740	86.7	681	76.5	4,778,137	66.1	3,404,722	53.9
長　　崎	142,220	84.1	681	76.5	5,088,586	70.4	3,385,281	53.6
高　　知	145,660	86.1	680	76.5	3,555,665	49.2	3,267,453	51.7
岩　　手	142,180	84.1	681	76.6	4,448,974	61.6	3,131,445	49.6
鹿　児　島	143,220	84.7	681	76.6	4,313,510	59.7	3,322,803	52.6
佐　　賀	144,720	85.6	681	76.6	5,033,185	69.6	3,341,499	52.9
青　　森	139,360	82.4	682	76.7	4,406,077	61.0	3,141,930	49.8
秋　　田	140,660	83.2	682	76.7	3,439,531	47.6	3,209,255	50.8
宮　　崎	143,500	84.8	680	76.5	3,992,743	55.2	3,270,520	51.8
沖　　縄	132,760	78.5	680	76.5	3,042,329	42.1	3,473,321	55.0

資料出所　⑬厚生労働省「賃金構造基本統計調査」
　　　　　⑭厚生労働省調べ
　　　　　⑮総務省・経済産業省「経済センサス-活動調査」
　　　　　⑯総務省・経済産業省「経済センサス-活動調査」

都道府県	⑰-a 1事業従事者当たり付加価値額（卸売業）（平成24年）		⑰-b 1事業従事者当たり付加価値額（小売業）（平成24年）		⑰平均	⑱ 1事業従事者当たり付加価値額（飲食サービス業）（平成24年）		⑲ 1事業従事者当たり付加価値額（サービス業）（平成24年）	
	原数値	指数	原数値	指数	指数	原数値	指数	原数値	指数
東　京	10,173,229	100.0	4,288,500	100.0	100.0	2,038,094	100.0	7,827,435	100.0
神　奈　川	7,612,069	74.8	3,385,456	78.9	76.9	1,751,479	85.9	4,550,789	58.1
大　阪	8,529,074	83.8	3,377,494	78.8	81.3	1,763,829	86.5	4,034,357	51.5
愛　知	7,981,228	78.5	3,441,335	80.2	79.3	1,674,757	82.2	4,152,997	53.1
埼　玉	7,680,058	75.5	3,543,250	82.6	79.1	1,703,794	83.6	3,618,388	46.2
千　葉	7,332,244	72.1	3,337,010	77.8	74.9	1,645,531	80.7	3,993,592	51.0
京　都	5,755,557	56.6	3,191,067	74.4	65.5	1,845,778	90.6	3,424,905	43.8
兵　庫	7,321,979	72.0	3,844,096	89.6	80.8	1,602,216	78.6	3,528,474	45.1
静　岡	7,170,198	70.5	4,074,842	95.0	82.7	1,625,602	79.8	3,591,370	45.9
滋　賀	5,956,404	58.5	2,864,425	66.8	62.7	1,609,915	79.0	3,229,219	41.3
茨　城	7,119,466	70.0	3,455,929	80.6	75.3	1,568,071	76.9	4,003,597	51.1
栃　木	6,726,195	66.1	3,480,272	81.2	73.6	1,541,812	75.6	4,115,845	52.6
広　島	7,470,806	73.4	3,160,562	73.7	73.6	1,610,154	79.0	3,496,048	44.7
長　野	5,675,829	55.8	3,284,630	76.6	66.2	1,641,529	80.5	3,295,565	42.1
富　山	5,931,248	58.3	3,103,012	72.4	65.3	1,661,069	81.5	3,425,085	43.8
三　重	6,045,222	59.4	3,445,159	80.3	69.9	1,587,752	77.9	3,298,394	42.1
山　梨	5,342,616	52.5	3,205,722	74.8	63.6	1,508,461	74.0	3,356,757	42.9
群　馬	6,325,610	62.2	3,283,213	76.6	69.4	1,537,406	75.4	3,340,740	42.7
岡　山	5,744,666	56.5	3,361,189	78.4	67.4	1,646,407	80.8	3,623,320	46.3
石　川	6,264,994	61.6	3,047,267	71.1	66.3	1,618,299	79.4	3,328,951	42.5
香　川	6,732,253	66.2	3,017,514	70.4	68.3	1,549,784	76.0	3,482,186	44.5
奈　良	6,139,608	60.4	2,735,049	63.8	62.1	1,502,281	73.7	3,246,222	41.5
宮　城	8,590,953	84.4	4,020,192	93.7	89.1	1,677,791	82.3	3,469,374	44.3
福　岡	7,146,450	70.2	3,417,749	79.7	75.0	1,660,135	81.5	3,705,989	47.3
山　口	5,475,841	53.8	3,006,635	70.1	62.0	1,480,519	72.6	3,251,095	41.5
岐　阜	5,648,618	55.5	3,182,370	74.2	64.9	1,508,661	74.0	3,143,037	40.2
福　井	5,379,771	52.9	2,802,990	65.4	59.1	1,569,231	77.0	3,471,527	44.4
和　歌　山	4,938,474	48.5	3,106,879	72.4	60.5	1,525,101	74.8	3,070,137	39.2
北　海　道	6,627,475	65.1	3,140,704	73.2	69.2	1,641,571	80.5	3,259,318	41.6
新　潟	5,776,276	56.8	3,066,590	71.5	64.1	1,669,432	81.9	3,084,244	39.4
徳　島	5,108,247	50.2	2,916,326	68.0	59.1	1,486,987	73.0	3,173,221	40.5
福　島	5,248,660	51.6	3,139,485	73.2	62.4	1,478,616	72.5	3,032,092	38.7
大　分	5,591,865	55.0	2,799,424	65.3	60.1	1,457,514	71.5	3,074,624	39.3
山　形	6,312,230	62.0	3,449,006	80.4	71.2	1,493,776	73.3	3,342,120	42.7
愛　媛	5,503,601	54.1	2,936,511	68.5	61.3	1,410,592	69.2	3,182,559	40.7
島　根	4,834,373	47.5	3,034,425	70.8	59.1	1,659,021	81.4	3,180,512	40.6
鳥　取	5,122,681	50.4	3,089,175	72.0	61.2	1,569,105	77.0	3,284,075	42.0
熊　本	5,257,759	51.7	2,938,886	68.5	60.1	1,592,177	78.1	3,336,654	42.6
長　崎	5,159,414	50.7	2,805,884	65.4	58.1	1,642,782	80.6	3,086,647	39.4
高　知	5,988,079	58.9	2,904,982	67.7	63.3	1,426,974	70.0	3,000,387	38.3
岩　手	6,060,438	59.6	2,868,640	66.9	63.2	1,566,334	76.9	2,938,794	37.5
鹿　児　島	5,480,233	53.9	2,591,996	60.4	57.2	1,520,782	74.6	2,994,855	38.3
佐　賀	4,700,196	46.2	3,104,029	72.4	59.3	1,583,190	77.7	3,095,157	39.5
青　森	6,663,521	65.5	3,174,349	74.0	69.8	1,488,819	73.0	2,865,609	36.6
秋　田	6,366,676	62.6	2,763,593	64.4	63.5	1,590,199	78.0	2,974,924	38.0
宮　崎	4,246,748	41.7	2,908,784	67.8	54.8	1,513,002	74.2	2,922,984	37.3
沖　縄	5,359,552	52.7	2,935,063	68.4	60.6	1,304,717	64.0	2,882,395	36.8

資料出所　⑰総務省・経済産業省「経済センサス-活動調査」
　　　　　⑱総務省・経済産業省「経済センサス-活動調査」
　　　　　⑲総務省・経済産業省「経済センサス-活動調査」

別紙 4

諸指標による都道府県の総合指数

都道府県	総合指数
東京	100.0
神奈川	87.1
大阪	84.1
愛知	82.8
埼玉	81.3
千葉	81.0
京都	79.6
兵庫	79.5
静岡	79.3
滋賀	78.3
茨城	78.2
栃木	77.9
広島	77.3
長野	76.8
富山	76.8
三重	76.7
山梨	76.5
群馬	76.1
岡山	76.1
石川	76.0
香川	75.8
奈良	75.5
宮城	75.4
福岡	75.1
山口	75.1
岐阜	74.6
福井	74.2
和歌山	73.9
北海道	73.0
新潟	72.8
徳島	72.6
福島	70.7
大分	70.3
山形	70.1
愛媛	70.0
島根	69.6
鳥取	69.5
熊本	69.0
長崎	68.5
高知	68.4
岩手	67.8
鹿児島	67.7
佐賀	67.6
青森	67.0
秋田	66.8
宮崎	66.5
沖縄	63.1

別紙5

各都道府県に適用される目安のランク

ランク	都 道 府 県
A	埼玉（現行B）、千葉、東京、神奈川、愛知、大阪
B	茨城、栃木、富山、山梨（現行C）、長野、静岡、三重、滋賀、京都、兵庫、広島
C	北海道、宮城、群馬、新潟、石川、福井、岐阜、奈良、和歌山、岡山、山口、徳島（現行D）、香川、福岡
D	青森、岩手、秋田、山形、福島、鳥取、島根、愛媛、高知、佐賀、長崎、熊本、大分、宮崎、鹿児島、沖縄

7　早わかり産別最賃（産業別最低賃金）の歩み

①　終戦後から昭和30年代前半までの間、最賃制（最低賃金制）実施に向けて、政府、政党や労使団体の動きが漸次活発化し、32年には、「労働問題懇談会」（閣議決定により設置されたもの）が、「最賃制の基盤育成のため業者間協定による最賃を奨励する」旨を提言するに至りました。

②　こうした流れを受けて、34年には最賃法が単独法として制定され、いわゆる「業者間協定方式（業者間で協定した賃金の最低額を、申請に基づき法定の最低賃金として決定するもの）」による最賃が誕生し、その後、普及計画等により、急速に普及しました（この方式による最賃は、業種別であったことから、現在の新産別最賃の前身ともいえます）。

③　しかしこの方式は、決定に際し「労使平等参与（ILO第26号条約）」であるかが問題となったこと等から、43年の最賃法改正により廃止され、以後、現在の「審議会方式」により決定されることとなりました。

　　なお、それまでの業者間協定方式による最賃は、「審議会方式」の最賃に包摂され、いくつかの似通った業種がまとまった、「旧（大くくり）産別最賃」へ移行していきました。

④　45年に至り中賃（中央最低賃金審議会）は、「賃金の低い産業・職業、地域から、効率的・計画的に逐次適用を拡大し、最賃制をあまねく適用すべき」の旨を答申しました。そしてこの答申を受けて策定された「年次推進計画」に沿って、順次、地域最賃の設定も進められました。

　　なお、この計画では、「地域最賃が設定された場合は、産別最賃には、職種・年齢区分等の工夫を加え、基幹的労働者等について実効性ある設定となるよう努める」との旨が盛り込まれていました。

⑤　50年度までに全県で地域最賃が決定され、全国全産業に最賃制が適用された結果、最賃制普及の牽引車としての産別最賃の経過措置的な役割・機能を見直す必要があるとして、中賃において「地域最賃と産別最賃の性格と機能分担」が検討されることとなりました。

⑥　56年に至り中賃は、「地域最賃は（ナショナルミニマムとして）、全ての労働者（若年者・高齢者を含む）に適用するものとし、一方産別最賃は（団体交渉制の未成熟分野において団体交渉を補完するものとして）、i）関係労使が労働条件の向上または事業の公正競争の確保の観点から最賃を必要と認めるものであって、ii）小くくりで、iii）基幹的労働者を対象とするものに設定する」、「（適用対象を基幹的労働者に限定していない等の）旧産別最賃は、適用除外を行う等の改善を行い、その廃止の時期と方法は、この改善実績と（基幹的労働者を対象とした）新産別最賃の設定状況を勘案し、60年度に決定する」との旨を答申しました。

　　なお、57年の「56年答申の運用方針」では、「新産別最賃の趣旨に鑑み、決定等の必要性の審議では全会一致の議決に至るよう努力する」との旨の了解事項が付されていました。

⑦　しかし、60年度までの間には、結果として、旧産別最賃の改善も進まず、新産別最賃も設定されませんでした。

⑧　61年に至り中賃は、こうした状況を勘案し、「旧産別最賃は、i）年齢・業務・業種について計画的・段階的（60～63年度）に適用除外を行う、ii）適用除外後、一定の要件を満たし合理的理由

があると認められるものは、新産別最賃に転換させる」との旨を答申しました。

⑨　そして、この答申を受けて上記ⅰ）の適用除外を行った旧産別最賃のうち、上記ⅱ）の一定の
要件を満たした申出が行われたものについて、新産別最賃としての設定の必要性が地賃（地方最低
賃金審議会）において審議されました。この結果、平成3年度までの間に249件の新産別最賃が誕生
することとなりました（件数では旧産別最賃の約3／4、適用労働者数では同1／4）。

⑩　4年には、「公正競争の概念」を巡って検討が行われ、小委員会報告が出されました。

⑪　また、10年には、「産業別最低賃金に関する全員協議会報告」が出され、産業別最低賃金制度
の運用面について一定の改善を図ることとされました。

⑫　さらに、14年には、「産業別最低賃金制度全員協議会報告」が出されました。
　　報告では、産業別最低賃金設定の趣旨である関係労使のイニシアティブ発揮を中心とした改善
を図ることとし、法改正を伴う事項も含めた産業別最低賃金制度の在り方については、時機を見
て新たに検討の場を設け、中長期的な視点から更なる議論を深めることが適当であるとされまし
た。

◆中央最低賃金審議会の答申・報告◆　　　◎行政、労・使の対応など関連する諸事情◎

32年答申(32.12.18)のポイント　　　**最賃法の制定(34年)による推進**　　　**業者間協定方式の問題点の顕在化**

①最賃制は、労働条件の向上、公正競争の確保、雇用の質的改善、国際信用の維持向上、中小企業経営の合理化等に寄与するものであり、法制化に前進すべき。
②業者間協定方式に法的拘束力を付与。
③業種・職種・地域の実態に応じて設定し、漸次拡大すべし。

最低賃金普及計画(36～38年)同推進計画(39～41年)を策定し業者間協定方式を中心として普及拡大。

①普及状況が業種・地域で不均衡。
②改正されず、実効性に乏しいものの発生。
③労使平等参与（ILO26号条約）でないとの問題提起。

(※) 32年答申は労働基準法等に基づき設置された「中央賃金審議会」の答申である。

最賃法の改正(43年)による推進

業者間協定方式を廃止し、審議会方式の下で旧産別(大くくり)最賃を推進し、普及拡大。

45年答申(45.9.8)のポイント　　　**年次推進計画(46～50年度)のポイント**　　　**同左計画の推進**

①労働経済に即応し、なんらかの原因で、なんらかの形で存在する不公正な低賃金の改善に有効に作用させるために、相場賃金と関連した実効性ある最賃であるべき。
②今後は、企業経営の近代化、体質強化・改善の促進が要請されているが、最賃制は、この要請にも対応しうるもの。
③あまねく最賃制を適用するため、年次推進計画を策定し、産業別・職業別、地域別に最賃を設定すべき。

①低賃金労働者が多数存在する主要産業・職業への産業別・職業別最賃の設定を進め、並行的に、地域最賃の設定を進める。
②地域最賃が設定された場合には、従前の産業別・職業別最賃は、職種・年齢の区分を設けるなどの工夫により、基幹的労働者・一人前労働者などについても実効性のある設定となるように努める。

①卸売業・小売業を中心に産別最賃を設定する等、漸次、適用を拡大。
②低賃金産業への産別最賃の設定終了県から、地域最賃を漸次設定(47年3月岐阜県～51年1月宮城県。全県で設定を終了)。

最賃のあり方諮問(50.5.30)のポイント　　　**旧産別最賃の問題点の顕在化**

①安定成長へ転換しようとしているが、中小企業問題・賃金格差はなお存在。労働条件改善に果たす最賃の役割はさらに重要性を増している。
②「今後の最賃制のあり方」について、全国一律最賃制問題を含め、調査審議を求める。

①労働者構成や賃金実態の異なる多様な業種・業務を包括。
②低賃金労働者層を包含していたため、実効性に問題(一方には高水準、他方には労働条件の改善に機能しない)。
③業種が多岐にわたり、関係労使の意見が反映しにくい。

52年答申(52.12.15)のポイント　　　**労働団体等の動き**

①都道府県ごとの決定を原則とする現行の決定方式は今日なお地域間、産業間等の賃金格差がかなり大きく存在し、地域特殊性をもつ低賃金の改善に有効である。
②昭和53年度から目安を示す。
③地域最賃と産別最賃の性格と機能分担などの基本的事項について、できるだけ全国的に統一的処理が行われるよう、考え方を中賃が整理し、地賃に提示する必要がある。

①野党四党が、「全国一律最賃法案」を提出(50.3.25)。
②労働四団体は、「全国一律最賃制確立」を50年春闘の中心的制度要求とし、統一スト(3.27)を予定。
③「全国一律最賃制」を含め「最賃制のあり方」を諮問するとの政府見解(3.26)でスト回避。

◆中央最低賃金審議会の答申・報告◆

56年答申（56.7.29）のポイント

●基本的考え方●
① 「大くくり産別最賃」が果たしてきた、「最賃の効率的適用拡大」を図るという「経過措置的役割・機能」は見直す必要がある。
②新産別最賃は、11条最賃のほか、関係労使が労働条件の向上又は事業の公正競争の確保の観点から地域最賃より高い最賃を必要と認めるものに限定して設定すべき。

●具体的手法●
以下の条件に適合するもの。
イ 「くくり方」は、「小くくり」。
ロ 対象は、「基幹的労働者」。
ハ 契機は、「関係労使の申出」。
ニ 設定産業は、次のいずれか。
　a.同種の基幹的労働者の相当数に、最賃協約が適用されている産業（**労働協約ケース**）
　b.事業の公正競争の確保の観点から、同種の基幹的労働者に最賃を設定する必要の認められる産業（**公正競争ケース**）

●「大くくり産別最賃」の改善●
①大くくり産別最賃は、
　イ　低賃金業種・業務は適用除外
　ロ　18歳未満65歳以上は最賃額との関連において、必要に応じ適用除外する等の改善をすることができる。
②大くくり産別最賃の廃止の時期と方法は、新産別最賃の設定状況・①の改善実績を勘案し、昭和60年度に決定する。

57年答申（運用方針）（57.1.14）のポイント

56・57年答申による推進

●くくり方●
　原則として、日本標準産業分類の小分類、必要に応じ細分類。二以上の産業を併せて設定することも可。
●基幹的労働者●
①当該産業に特有又は主要な業務に従事する者。当該産業の生産工程・労働態様に即して決める。
②基幹的労働者の規定方法には、2方法ある。
　イ　ポジティブリスト方式（該当する職種・業務を規定する）
　ロ　ネガティブリスト方式（該当しない職種・業務を規定する）
●申出要件●
①申出のケースは、**労働協約・公正競争ケースの2タイプ。**
　イ　労働協約ケース：同種の基幹的労働者の概ね1／2以上に協約が適用されており、協約締結当事者である労又は使の全部の合意による申出。
　ロ　公正競争ケース：公正競争確保を理由とする申出であって、当該産別最賃が適用される労又は使の全部又は一部を代表する者による申出。
②申出書には、必要事項(代表する範囲、適用範囲、件名、申出内容、公正競争確保上最賃が必要な理由など申出理由)を記載。
●必要性の決定等●
①必要性の有無の決定は以下による。
　イ　形式的要件〔イ 適用範囲が明確、ロ 協約が1／2以上に適用(労働協約ケース)、ハ 労又は使の全部の合意による申出(労働協約ケース)等々〕を満たした申出は、決定等の必要性を原則諮問。
　ロ　公正競争ケースは、関連する諸条件を勘案の上、企業間、地域間、組織・未組織間に産別最賃の設定を必要とする程度の賃金格差が存在する場合に設定。
②必要性有りの場合に金額諮問。専門部会労使委員各3名のうち2名は、当該産業に直接関係する労使を代表する者。
●了解事項●
①必要性の有無は、新産別最賃の設定の趣旨にかんがみ、全会一致の議決に至るよう努力。
②本運用方針は、新産別最賃の設定状況等をみて昭和60年度に再検討。

　当初モデル県、その後全県において、原則小分類ごとに賃金実態調査が実施され、地賃で改善のための検討が行われた。
　数件の新設申出があったが、必要性が認められたものはなかった。
　結果として旧産別最賃の改善は進まず、新産別最賃の設定はされなかった。

◆中央最低賃金審議会の答申・報告◆

◎行政、労・使の対応
など関連する諸事情◎

61年答申(61.2.14)のポイント

◉基本的考え方◉
①新産別最賃の考え方については、昭和56年答申を踏襲する。
②旧産別最賃は速やかに整理する。しかし、賃金秩序に対する急激な変化を回避し、業種によっては新産別最賃への転換の準備期間を考慮する必要がある。このため、整理にあたっては、次の方針の下に行う。
◉整理にあたっての方針と具体的手法◉
①旧産別最賃は、年齢(18歳未満、65歳以上)・業務(a清掃・片付け、b雇入れ後一定期間以内の者で技能習得中のもの、c産業特有の軽易業務)・業種(当該業種の第1・十分位数が調査産業計のそれより低く、他の特性値も同様の傾向にあるなど平均的な賃金分布より低位な業種)**の適用除外を計画的・段階的**(年齢=60年度、業務=61年度、業種=62・63年度)**に行う。**
②①の計画的・段階的な適用除外（適用除外の方針決定でも可。業種は検討中でも可）が行われないものは、改正諮問を行わない。
③**新産別最賃へ転換することが適当なものは、転換のために必要な準備・調整作業等**(他の業種が適用除外され例外的に残る業種の適用除外の適否や、適用除外対象業種であるが主要産業であるものの取扱いなどを含む「くくり方」等の工夫)**を行っておく。**
④計画的・段階的適用除外や転換のための準備・調整を円滑に行うため、地賃に意見調整の場(小委員会等)を設ける。
⑤計画的・段階的適用除外、準備・調整を終えた旧産別最賃のうち、申出があり**新運用方針に適合する場合には新産別最賃としての合理的理由があるものとして、関係者は昭和64年度中に転換できるよう努力する。**
⑥転換できなかった旧産別最賃は、昭和64年度以降凍結する。
◉運用方針の一部改正◉
　新産別最賃の運用方針は、転換の場合の経過措置を設けるなどの一部改正を行う。

新運用方針のポイント

61年答申による推進

　計画的・段階的適用除外は総体として円滑に進み、一定の要件を満たした新産別最賃の申出が行われ、地賃での審議の結果、新産別最賃が各県で設定された（2〜10件／県）。

◉新運用方針の考え方◉
①旧運用方針(昭和57年答申)の考え方を踏襲(全会一致了解事項を含む)する。
②基幹的労働者の取扱いを拡大する。
③改正・廃止申出の要件を緩和する。
④転換の場合の経過措置として申出要件等を緩和する。
◉基幹的労働者の取扱い◉
　協約ケースによる申出の場合は、協約の適用労働者を基幹的労働者として取扱うことができる。
◉改廃申出の要件緩和◉
①協約ケースの場合は、概ね1／3以上に協約が適用されていること(新設は、57答申同様、1／2)。
　公正競争ケースの場合には、概ね1／3以上の合意がなされている場合が含まれること(57答申では、数値は明記されていなかった)。
◉転換(昭和64年度前の転換申出を含む)の場合の経過措置◉
①協約ケースの場合の申出要件緩和
　概ね1／3以上(通常は概ね1／2以上)に協約適用で申出可。
②**公正競争ケースの場合の必要性要件追補。**
　　イ　旧産別最賃と地域最賃との金額差が大きく、廃止による格差拡大が予想されるか等も参考とする。
　　ロ　概ね1／3以上の合意による申出があった場合は、要件該当として取扱う。
③「くくり方」の取扱い
　中分類以上のものは、適用除外状況・団体組織状況・基幹的業務の共通性等を勘案し、合理的なくくり方を地賃で決定。
④「基幹的労働者」の取扱い
　　イ　年齢・業務等の適用除外が適切に行われた後は、基幹的労働者として取扱って差し支えない。
　　ロ　対象数は、原則1,000人程度を基準に、地域の実情に応じて決定。

202

◆中央最低賃金審議会の答申・報告◆

◎行政、労・使の対応
など関連する諸事情◎
公正競争ケース検討小委員
会における検討

中賃公正競争検討小委員会報告(4.3.20)のポイント

●公正競争の概念●
①最低賃金法における公正競争の確保とは賃金の不当な切下げの防止によって達成されるもの。
②地域最賃で一定の公正競争は確保されており、公正競争ケースは「より高いレベルでの公正競争」の確保を目的。

●申出の要件●
①賃金格差の程度に定量的要件を一律に付することは適当でないが、新設申出に際し、格差存在の疎明は不可欠。
②申出にあたり、関係労使の合意形成が得られるよう努めることが重要。概ね1／3以上の合意による申出の受理・諮問は、円滑に行われるべきこと。
③必要性の諮問は、原則として行うべき(競争関係にないことが明らかなものを除く)。

●必要性の要件●
賃金格差の程度に一定基準を定めることは適当でない。「新産別最賃の設定を必要とする程度の賃金格差」の存否の判断は、競争関係の存在を前提とし、「より高いレベルの公正競争」の確保の必要性について、疎明の内容、関係労使間の合意形成の状況等を踏まえ、審議会において適切に判断。
なお、「全会一致」条項を再確認。

●特記事項●
①使側は、経済構造の急速な変化等もあり、産別最賃と地域最賃の役割分担について、なお、議論が必要との見解を表明。
②基幹的労働者の範囲は、業種・規模・地域で多種多様であり、審議会における適切な審議を期待する。
③労側は、申出手続きを簡略化(合意署名は3年に1度等)すべきとの見解を表明。

●経緯●
新設申出要件の必要性審議の過程において、次の事柄についての検討を行う合意が形成された。
イ 公正競争の概念
ロ 公正競争ケースの申出要件
ハ 「申出あれば原則諮問」の取り扱いについて
ニ 「設定を必要とする程度の賃金格差」の内容の明確化の必要性について

10年報告(10.12.10)のポイント

●基本的な考え方●
①産別最賃のあり方については今後時機を見てさらなる議論を深め、審議していくことが適当。
②産別最賃の運用面について一定の改善が図られることが適当。

●個々の産業別最低賃金についての審議の促進等●
①「産業別最低賃金(公正競争ケース)の審議に当たっての視点」「産業別最低賃金(公正競争ケース)の審議に当たっての審議参考資料」を参考として個々の産業別最低賃金について十分な審議を行うこと。
②必要に応じ、適用除外業務及び業種のくくり方について見直しを行うこと。
③公正競争ケースから労働協約ケースによる申出に向けての関係労使の努力を期待。

●産業別最低賃金の審議手続上の取扱いの改善●
①中小企業関係労使の意見の反映
イ 中小企業関係労使からの選任や当該産業の中小企業関係労使からの意見聴取に配慮すること。
ロ 合意の当事者に中小企業関係労使がより含まれるように努めることが望ましいこと。
②賃金格差疎明資料添付の徹底及び審議会の効率的運営
イ 申出者は公正競争ケースによる産業別最低賃金の決定等の申出の際の個別具体的な疎明に当たっては、賃金格差の存在の疎明のための資料の添付を徹底すること。
ロ 改正の必要性の審議に当たって、制度の趣旨を逸脱することがないと認められる場合には、一括して審議を行うこととする等、審議会の効率的運営に配慮すること。

◆中央最低賃金審議会の答申・報告◆

◎行政、労・使の対応
など関連する諸事情◎

14年報告（14.12.6）**のポイント**

●**基本的な考え方**●
①産別最賃設定の趣旨である関係労使のイニシアティブ発揮を中心とした改善の在り方について検討。
②法改正を伴う事項も含めた産別最賃の在り方については、時機を見て新たに検討の場を設け、中長期的な視点から更なる議論を深めることが適当。

●**関係労使のイニシアティブ発揮による改善**●
①申出の意向表明後速やかに、関係労使当事者間の意思疎通を図ること。
②「必要性審議」について、従来どおりの方法で行うか、当該産業の労使が入った場で行うかを、地域、産業の実情を踏まえつつ検討すること。
③「金額審議」については、全会一致の議決に至るよう努力することが望ましいこと。
④行政の役割とあいまって、当該産別最賃が適用される関係労使がその自主的な努力により、産別最賃の周知及び履行確保に努めることが望ましいこと。

●**その他の改善**●
①公正競争ケースから労働協約ケースによる申出に向けて一層努めること。賃金格差の存在を疎明するための資料の一層の充実を図ること。
②産別最賃における「相当数の労働者」の範囲についても、原則として1,000人程度とし、地域、産業の実情を踏まえ、1,000人程度を下回ったものについては、申出を受けて廃止等について調査審議を行うこと。
③申出の意向表明後速やかに、事務局から当該産別最賃の基幹的労働者である適用労働者数等を明示し、関係労使に通知すること。
④産別最賃の表示単位期間の時間額単独方式への移行についても、地域、産業の実情を踏まえつつ検討すること。

（注）　本表は、産別最賃に係る、昭和56年、57年、61年の各中賃答申を中心に取りまとめ、関連する行政、労使の対応等について付記したものである。

　　　スペースの関係上、答申文を要約したり、文言を省略（中賃は中央最低賃金審議会、地賃は地方最低賃金審議会など）したりしているので、詳しくは、本冊子に収録している答申原文を参照のこと。

1）最低賃金額の決定の前提となる基本的事項に関する考え方について

（昭和56年 7 月29日中央最低賃金審議会答申）

　本審議会は、昭和50年 5 月30日の労働大臣からの諮問（「今後の最低賃金制のあり方について」）に対する昭和52年12月15日の答申において、最低賃金額の決定の前提となる基本的事項について、できるだけ全国的に統一的な処理が行われるよう、その考え方を整理し、これを地方最低賃金審議会に提示することとしたところである。

　本審議会は、昭和55年 5 月15日に全員協議会を設け、この問題について鋭意審議を重ねてきたが、今般、別紙のとおりの結論を得たので答申する。

　なお、本答申中、今後の検討課題とされたものについては、引き続き検討を行うこととする。

（別紙）

最低賃金額の決定の前提となる基本的事項に関する考え方について

1　産業別最低賃金のあり方
　(1)　基本的考え方
　　①　現行の大くくりの産業別最低賃金は、最低賃金の適用の効率的拡大を図るという役割を果してきたが、地域のすべての労働者に適用される最低賃金である地域別最低賃金が定着し、低賃金労働者の労働条件の向上に実効をもつようになってきた現在においては、現行産業別最低賃金のこうした経過措置的な役割・機能の見直しを行うことが必要である。

　　　今後の産業別最低賃金は、最低賃金法第11条の規定に基づくもののほか、関係労使が労働条件の向上又は事業の公正競争の確保の観点から地域別最低賃金より金額水準の高い最低賃金を必要と認めるものに限定して設定すべきものと考える。この考え方に則り、今後、産業別最低賃金は、最低賃金法第11条の規定に基づくもののほか、次のいずれかの基準を満たす小くくりの産業であって、同法第16条の 4 の規定に基づき、関係労使の申出があったものに設定するものとする。

　　　(イ)　同種の基幹的労働者の相当数について、最低賃金に関する労働協約が適用されている産業

　　　(ロ)　事業の公正競争を確保する観点から、同種の基幹的労働者について最低賃金を設定する必要の認められる産業

　　②　上記の考え方に基づく産業別最低賃金の設定については、今後、本審議会において、昭和56年度中に成案を得ることを目途に、その具体的な運用方針を検討し、昭和57年度から着手するものとする。

　(2)　現行の産業別最低賃金の改善
　　　今後の産業別最低賃金は、上記(1)の考え方に基づき設定することとするが、現行の産業別最低賃金については、それぞれの都道府県の実情を踏まえ、地方最低賃金審議会は次のような運用を図るものとする。

　　①　地域別最低賃金の対象とすることを適当と認めた業種及び業務については、当該産業別最低賃金

は適用除外とすることができる。

② 当該産業に従事する労働者のうち、18歳未満及び65歳以上の者については、当該産業別最低賃金の金額との関連において必要と認めるときにこれを適用除外とすることができる。

(3) 現行の大くくり産業別最低賃金の廃止の時期及び方法の検討

現行の大くくり産業別最低賃金を廃止する時期及び方法については、上記(1)の考え方に基づく産業別最低賃金の設定状況及び（2）の改善の実績を勘案し、昭和60年度において決定するものとする。

2 高齢者の扱いその他適用労働者の範囲

(1) 上記1の(1)の考え方に基づく産業別最低賃金においては、その性格・機能にかんがみ18歳未満及び65歳以上の労働者は適用除外とすることができる。

(2) 地域別最低賃金は、高齢労働者、若年労働者を含むすべての労働者に適用する。

3 最低賃金額の表示単位期間のとり方

表示単位としては、賃金支払形態、所定労働時間などの異なる労働者についての最低賃金適用上の公平の点から、将来の方向としては時間額のみの表示が望ましいが、当面は、現行の日額、時間額併設方式を継続する。

２）新しい産業別最低賃金の運用方針について

（昭和57年１月14日中央最低賃金審議会答申）

　本審議会は、昭和56年７月29日「最低賃金額の決定の前提となる基本的事項に関する考え方について」の答申を提出したが、その後引き続いて、新しい産業別最低賃金の運用方針について鋭意審議を重ねた結果、別紙のとおりの結論に達したので答申する。

（別紙）

　　　　新しい産業別最低賃金の運用方針について

１　新しい産業別最低賃金の決定等の要件、手続等について
　(1) 新しい産業別最低賃金の決定等に関する申出の要件
　　イ　同種の基幹的労働者の相当数について最低賃金に関する労働協約が適用されている場合
　　　　一定の地域内の事業場で使用される同種の基幹的労働者の２分の１以上のものが賃金の最低額に関する定を含む一の労働協約の適用を受ける場合又は賃金の最低額について実質的に内容を同じくする定を含む二以上の労働協約のいずれかの適用を受ける場合において、当該労働協約の当事者である労働組合又は使用者（使用者の団体を含む。）の全部の合意により行われる申出であること。
　　ロ　事業の公正競争を確保する観点から設定される産業別最低賃金の場合
　　　　事業の公正競争を確保する観点から同種の基幹的労働者について最低賃金を設定することが必要であることを理由とする申出であって、最低賃金の決定の申出の場合にあっては当該最低賃金の適用を受けるべき労働者又は使用者の全部又は一部を代表する者、最低賃金の改正又は廃止の決定の申出の場合にあっては当該最低賃金の適用を受けている労働者又は使用者の全部又は一部を代表する者により行われるものであること。
　(2) 申出書の記載事項
　　　申出は、次の事項を記載した申出書を提出することによって行うものとする。
　　①　申出をする者が代表する基幹的労働者又は使用者の範囲
　　②　最低賃金の決定に関する申出にあっては、当該最低賃金の適用を受けるべき基幹的労働者又は使用者の範囲
　　③　最低賃金の改正又は廃止の決定に関する申出にあっては、当該最低賃金の件名
　　④　上記②及び③のほか、申出の内容
　　⑤　申出の理由（事業の公正競争を確保する観点から設定される産業別最低賃金に係る申出の場合にあっては、事業の公正競争を確保する観点から同種の基幹的労働者について最低賃金を設定することが必要である理由）
　(3) 申出に係る産業別最低賃金の決定等の必要性の有無の決定
　　イ　労働大臣又は都道府県労働基準局長は、最低賃金の決定等に関する申出を受けた場合には、原則として当該決定等の必要性の有無について最低賃金審議会に意見を求めるものとする。

　　　　ただし、最低賃金の決定等のために必要な要件（最低賃金の適用を受けるべき基幹的労働者又は
　　　使用者の範囲が明確なこと、労働協約に基づく産業別最低賃金に係る申出については当該労働協約
　　　が同種の基幹的労働者の2分の1以上のものに適用されていること及び当該申出が当該労働協約の
　　　当事者である労働組合又は使用者の全部の合意によるものであること等の形式的要件）に該当して
　　　いないものはこの限りでない。
　　ロ　なお、事業の公正競争を確保する観点からの産業別最低賃金は、同種の基幹的労働者について、
　　　関連する諸条件の勘案の上、企業間、地域間又は組織労働者と未組織労働者の間等に産業別最低賃
　　　金の設定を必要とする程度の賃金格差が存在する場合に設定するものとする。
　(4)　最低賃金の決定等
　　イ　最低賃金審議会が当該最低賃金の決定等が必要である旨の意見を提出した場合には、労働大臣又
　　　は都道府県労働基準局長は、最低賃金法第16条第1項の規定に基づき最低賃金審議会の調査審議を
　　　求めるものとする。
　　ロ　新しい産業別最低賃金の決定等について調査審議を行う専門部会は、労働者を代表する委員及び
　　　使用者を代表する委員の各3名のうち原則として少なくとも各2名は当該最低賃金を決定しようと
　　　する産業に直接関係する労働者及び使用者をそれぞれ代表するものをもって充てなければならない。

2　「小くくりの産業」の範囲について
　　原則として日本標準産業分類の小分類、又は必要に応じ細分類によるものとする。
　　ただし、同種の基幹的労働者をそれぞれ含む二以上の産業を併せて一の産業別最低賃金を設定するこ
　とができるものとする。

3　「基幹的労働者」の意義について
　(1)　基幹的労働者は、一般的には当該産業に特有の又は主要な業務に従事する労働者であるが、具体的
　　には当該産業の生産工程、労働態様などに即して個別に考えられるものである。
　　　また、最低賃金設定の目的にかんがみ、相当数の労働者に当該最低賃金の適用が見込まれるもので
　　なければならない。
　(2)　基幹的労働者の規定の仕方としては、次の方法がある。
　　①　基幹的労働者の職種、業務を規定する方法
　　②　基幹的労働者とみなされない労働者の職種、業務を規定する方法

了　解　事　項

前述の答申をとりまとめるに当たり、次の事項を了解した。
1　最低賃金法第16条の4の規定による関係労使の申出に基づく最低賃金の決定、改正又は廃止の必要性
　について労働大臣又は都道府県労働基準局長から意見を求められた場合は、新しい産業別最低賃金の設
　定の趣旨にかんがみ、最低賃金審議会は全会一致の議決に至るよう努力するものとする。
2　この運用方針については、新しい産業別最低賃金の設定状況等をみて昭和60年度に再検討を行うもの
　とする。

3）現行産業別最低賃金の廃止及び新産業別最低賃金への転換等について

（昭和61年 2 月14日中央最低賃金審議会答申）

　本審議会は、昭和50年 5 月30日に労働大臣から「今後の最低賃金制のあり方について」の諮問を受けて検討を行ってきた。産業別最低賃金の在り方についても、その重要な一環として検討を進め、昭和52年12月15日の答申においては、地域別最低賃金と産業別最低賃金のそれぞれの性格と機能分担等について、その考え方の整理に取り組むこととしたところである。これを受けて、本審議会は、具体的な検討を進め、昭和56年 7 月29日及び昭和57年 1 月14日の答申において、今後の産業別最低賃金は、最低賃金法第11条の規定に基づくもののほか、関係労使が労働条件の向上又は事業の公正競争の確保の観点から地域別最低賃金より金額水準の高い最低賃金を必要と認めるものに限定して設定すべきものであるという基本的な考え方を示し、その新産業別最低賃金の運用方針を明らかにするとともに、現行の大くくり産業別最低賃金を廃止する時期及び方法については、昭和60年度において決定することとした。

　本審議会は、以上の経緯を踏まえ、昭和60年 1 月18日に全員協議会を設け、この問題について鋭意審議を重ねてきた。この結果、別紙のとおりの結論に達したので答申する。

　なお、本答申をもって、産業別最低賃金の在り方に関する本審議会の一連の検討は一応完了するが、我が国の最低賃金制度の発展のために、本答申の着実な実施を強く望むものであり、行政当局をはじめ関係労使の積極的な努力を期待する。

（別　紙）

　　現行産業別最低賃金の廃止及び新産業別最低賃金への転換等について

1　基本的な考え方

　　今後の産業別最低賃金については、昭和56年 7 月29日の本審議会の答申「最低賃金額の決定の前提となる基本的事項に関する考え方について」に示された考え方に則り、最低賃金法（以下「法」という。）第11条の規定に基づくもののほか、法第16条の 4 の規定の手続による関係労使の申出を経て最低賃金審議会が地域別最低賃金より金額水準の高い最低賃金を必要と認めたものについて、新しい産業別最低賃金として設定することを基本とするものである。このため、現行の産業別最低賃金（以下「現行産業別最低賃金」という。）については、速やかに整理するものとするが、現在の賃金秩序に急激な変化を与えることを避けるとともに、業種によっては上記の新しい産業別最低賃金（以下「新産業別最低賃金」という。）への転換の準備期間を考慮する必要があることから、その整理に当たっては次のような方針によって行うこととする。

(1)　現行産業別最低賃金について、地域別最低賃金の対象とすることが適当と認められる年齢、業務及び業種に関し、当該産業別最低賃金は適用除外とする措置を計画的、段階的に行いつつ、昭和63年度までの間は、金額の改定を行うとともに、新産業別最低賃金へ転換することが適当なものについては、当該転換のために必要な準備又は調整を進めるものとする。

(2) 上記(1)に示した措置が行われ、かつ、地域別最低賃金よりも高い最低賃金を設定することについて合理的な理由があると認められるものの新産業別最低賃金への転換については、関係者は積極的に努力するものとする。

なお、昭和57年1月14日の本審議会の答申「新しい産業別最低賃金の運用方針について」（以下「新産業別最低賃金の運用方針」という。）は、経過措置として必要な見直しを行い、これに合致する場合は、ここでいう「合理的な理由」があるものとして取り扱うものとする。

(3) 昭和64年度においては、現行産業別最低賃金から新産業別最低賃金へ転換するものについて所要の手続を終了することとし、同年度以後は現行産業別最低賃金の改正諮問を行わないものとする。

2　現行産業別最低賃金の整理等

現行産業別最低賃金については、昭和61年度及び昭和62年度において、既に一部実施されている年齢に関する適用除外の措置のほか、業務及び業種に関する適用除外の措置を計画的、段階的に行うとともに、昭和63年度までの間において、見直し後の新産業別最低賃金の運用方針に照らし、必要な設定様式の変更等新産業別最低賃金への転換に向けての必要な準備又は調整を行うものとする。

(1) 現行産業別最低賃金についての適用除外の措置

イ　年齢に関する適用除外の措置

18歳未満及び65歳以上の者について、適用除外（適用除外の対象者を地域別最低賃金の適用とすることをいう。以下同じ。）とする措置が実施されていない現行産業別最低賃金に関する昭和61年度以後の改正諮問は、当該適用除外の措置を実施するという地方最低賃金審議会における方針の決定を待って、行うものとする。

ロ　業務に関する適用除外の措置

(イ) 昭和61年度において、地域別最低賃金の対象とすることが適当な業務に主として従事する者について、現行産業別最低賃金は適用除外とする措置を実施する。この場合、地域別最低賃金の対象とすることが適当な業務等に従事する者として、次のa及びbに掲げる基準（以下「一般的基準」という。）に該当する者について、当該適用除外の措置を実施するものとする。

a．次に掲げる業務に主として従事する者

(a) 清掃の業務

(b) 片付けの業務

b．雇入れ後一定期間未満の者であって技能習得中のもの

（この場合の一定期間の長さについては、地方最低賃金審議会において、業種ごとに決定するものとする。）

また、各産業に特有の軽易業務に従事する者についても、現に業務に関する適用除外の措置が実施されている産業別最低賃金の例を参考として、地方最低賃金審議会において地域の実情に応じて検討を進め、速やかに適用除外とする措置を実施するものとする。

(ロ) 一般的基準に基づく適用除外の措置が実施されていない現行産業別最低賃金に関する昭和62年度以後の改正諮問は、当該適用除外の措置を実施するという地方最低賃金審議会における方針の決定を待って、行うものとする。

ハ　業種に関する適用除外の措置

昭和62年度において、現行産業別最低賃金の適用される業種（原則として日本標準産業分類の小分類を単位とする。以下同じ。）のうち、各都道府県労働基準局が実施する小規模企業の賃金実態

　　調査の結果に基づき、当該業種の労働者の賃金分布が当該都道府県の労働者の平均的な賃金分布に比べて低位にあると認められる業種（以下「適用除外対象業種」という。）について、現行産業別最低賃金は適用除外とする措置を実施するものとする。この場合、上記調査の結果における賃金に関する特性値のうち、第1・十分位数について、全調査産業計の数値を100として当該業種の数値を指数化したときに、当該業種の指数が100未満となる業種であって、第1・十分位数以外の賃金に関する特性値についても同様な傾向があると認められるものを適用除外業種とするものとする。

　　なお、現行産業別最低賃金に関する昭和63年度における改正諮問は、業種に関する適用除外について検討中のものについても行うものとする。

(2) 新産業別最低賃金への転換に向けての措置

　　昭和63年度までの間において、上記(1)による適用除外の措置を実施した現行産業別最低賃金のうち、下記4の(2)による見直し後の新産業別最低賃金の運用方針等に照らし、新産業別最低賃金への転換を図るため、更に業種に関する適用除外、適用対象業種の範囲（くくり方）等に工夫が必要であるものについては、所要の設定様式の変更の検討等当該転換のために必要な準備又は調整を行っておくものとする。

　　また、類似の業種の大部分が適用除外されるにもかかわらず例外的に残される業種、適用除外される業種であって当該地域における主要産業であるもの等について、地方最低賃金審議会において、地域の実情や当該都道府県における今後の最低賃金の在り方等を勘案しつつ、新産業別最低賃金として設定することの是非等を検討するものとする。

(3) 検討体制の整備

　　地方最低賃金審査会においては、上記(1)及び(2)の措置を円滑に実施するため、小委員会等の意見調整の場を設置する等必要な体制整備を図るものとする。

3　新産業別最低賃金への転換及び現行産業別最低賃金の廃止に向けての措置

(1) 新産業別最低賃金への転換

　　上記2の(1)及び(2)の措置を実施した現行産業別最低賃金については、法第16条の4の規定の手続による関係労使の申出があり、かつ下記4の(2)による見直し後の新産業別最低賃金の運用方針に合致する場合には、地域別最低賃金とは別に産業別最低賃金を設定することについて合理的理由があるものとして、新産業別最低賃金への転換が図られるよう関係者は積極的に審議し、昭和64年度中に当該転換が実施されるよう努力するものとする。

(2) 現行産業別最低賃金の廃止に向けての措置

　　上記(1)により新産業別最低賃金への転換が実施されない現行産業別最低賃金については、昭和64年度以後の改正諮問を行わないものとする。

4　新産業別最低賃金の運用方針の改正等

(1) 新産業別最低賃金の運用方針の一部改正

　　新産業別最低賃金の運用方針については、下記(2)の経過措置及び次の事項を除き、昭和57年1月14日の本審議会の答申に付された了解事項の1を含めて、現行どおりとする。

　　なお、改正後の新産業別最低賃金の運用方針の全文は別添のとおりである。

　イ　別添「新産業別最低賃金の運用方針」の1の(1)のイの(イ)又はロの(イ)に掲げる場合の当該新産業別最低賃金の適用対象とする基幹的労働者は、当該労働協約の適用対象とされている労働者がこれに当たるものとして取り扱うことができること。

ロ　新産業別最低賃金の改正又は廃止に関する申出の要件を次のとおりとすること。

(イ)　当該新産業別最低賃金の適用を受ける労働者の概ね3分の1以上のものに賃金の最低額に関する労働協約が適用されている場合に行われるものであること。

(ロ)　公正競争を確保する観点から当該新産業別最低賃金の改正等が必要と認められる場合（当該新産業別最低賃金の適用を受ける労働者又は使用者の概ね3分の1以上の合意がある場合を含む。）に行われるものであること。

(2)　現行産業別最低賃金の転換に係る経過措置

上記3により、現行産業別最低賃金が新産業別最低賃金へ転換する場合には、経過措置として新産業別最低賃金の運用方針の一部について次のような取扱いをする。

なお、現行産業別最低賃金の適用対象業種について、昭和64年度前に法第16条の4の規定により新産業別最低賃金の決定に関する申出があった場合においても同様の取扱いをする。

イ　新産業別最低賃金の決定に関する申出等の要件についての経過措置

(イ)　最低賃金に関する労働協約が適用されている場合の要件

同種の基幹的労働者の概ね3分の1以上のものが賃金の最低額に関する労働協約の適用を受け、かつ、当該労働協約による賃金の最低額が当該産業に現に適用されている産業別最低賃金額より高いときには、同種の基幹的労働者の相当数について最低賃金に関する労働協約が適用されている場合に該当するものとして取り扱う。

(ロ)　事業の公正競争を確保する観点からの必要性に関する要件

事業の公正競争を確保する観点から、同種の基幹的労働者について最低賃金を設定する必要が認められるか否かの判断に当たっては、別添「新産業別最低賃金の運用方針」の1の(2)のなお書きに加え、当該産業別最低賃金と当該都道府県における地域別最低賃金との金額水準の差が大きいこと等の事情からみて、当該産業別最低賃金の廃止により、各種の賃金格差の拡大等が予想されるものであるかどうか等も参考とするものとする。

また、事業の公正競争を確保する観点から同種の基幹的労働者について最低賃金を設定することが必要であるとして、当該最低賃金の適用を受けるべき労働者又は使用者の概ね3分の1以上のものの合意による申出があったものは、この要件に該当するものとして取り扱う。

ロ　「小くくり産業」の範囲に関する経過措置

日本標準産業分類の小分類又は必要に応じ細分類によること（同種の基幹的労働者をそれぞれ含む2以上の産業を併せて1の産業別最低賃金として設定する場合を含む。）を原則とするが、現在、中分類以上の単位で設定されているものについては、上記2の(1)の適用除外の措置の実施状況、関係労使団体の組織状況、基幹的な業務の共通性等を勘案しつつ、地方最低賃金審議会において、適用対象業種の合理的な範囲（くくり方）を決定するものとする。

ハ　「基幹的労働者」の意義に関する経過措置

(イ)　当該産業の生産工程、労働態様などに即して、

　　a．基幹的労働者の職種、業務を規定する方法又は、

　　b．基幹的労働者とみなされない労働者の職種、業務を規定する方法

によって規定することを原則とするが、地域別最低賃金の対象とすることが適当と認められる年齢、業務等を適用除外とする措置が適切に行われているものについては、基幹的労働者を対象とした産業別最低賃金として取り扱うこととして差し支えないものとする。

　㈹　新産業別最低賃金は、相当数の労働者に適用が見込まれるものでなければならないとされているが、その「相当数の労働者」の範囲については、地方最低賃金審議会において、原則として1,000人程度を基準として、地域の実情に応じ決定するものとする。

（別　添）

新産業別最低賃金の運用方針

1　新産業別最低賃金の決定等の要件、手続等について
（1）新産業別最低賃金の決定等に関する申出の要件等
　イ　新産業別最低賃金の決定に関する申出の要件は次のとおりとする。
　　㈠　同種の基幹的労働者の相当数について最低賃金に関する労働協約が適用されている場合
　　　　一定の地域内の事業所で使用される同種の基幹的労働者の2分の1以上のものが賃金の最低額に関する定めを含む1の労働協約の適用を受ける場合又は賃金の最低額について実質的に内容を同じくする定めを含む2以上の労働協約のいずれかの適用を受ける場合において、当該労働協約の当事者である労働組合又は使用者（使用者の団体を含む。）の全部の合意により行われる申出であること。
　　㈡　事業の公正競争を確保する観点からの必要性を理由とする場合
　　　　事業の公正競争を確保する観点から同種の基幹的労働者について最低賃金を設定することが必要であることを理由とする申出であって、当該最低賃金の適用を受けるべき労働者又は使用者の全部又は一部を代表する者により行われるものであること。
　ロ　新産業別最低賃金の改正又は廃止に関する申出の要件は次のとおりとする。
　　㈠　同種の基幹的労働者の相当数について最低賃金に関する労働協約が適用されている場合
　　　　一定の地域内の事業所で使用される同種の基幹的労働者の概ね3分の1以上のものが賃金の最低額に関する定めを含む1の労働協約の適用を受ける場合又は賃金の最低額について実質的に内容を同じくする定めを含む2以上の労働協約のいずれかの適用を受ける場合において、当該労働協約の当事者である労働組合又は使用者（使用者の団体を含む。）の全部の合意により行われる申出であること。
　　㈡　事業の公正競争を確保する観点からの必要性を理由とする場合
　　　　事業の公正競争を確保する観点から同種の基幹的労働者について最低賃金を改正することが必要であること又は当該最低賃金を設定することが必要でなくなったことを理由とする申出（同種の基幹的労働者について最低賃金を改正又は廃止することが必要であることを理由とする申出であって、当該最低賃金の適用を受ける労働者又は使用者の概ね3分の1以上のものの合意により行われるものを含む。）であって、当該最低賃金の適用を受ける労働者又は使用者の全部又は一部を代表する者により行われるものであること。
　ハ　上記イ及びロの申出は、次に掲げる事項を記載した申出書を提出することによって行うものとする。
　　㈠　申出を行う者が代表する基幹的労働者又は使用者の範囲
　　㈡　新産業別最低賃金の決定に関する申出にあっては、当該新産業別最低賃金の適用を受けるべき

　　　基幹的労働者又は使用者の範囲

　(ハ)　新産業別最低賃金の改正又は廃止の決定に関する申出にあっては、当該新産業別最低賃金の件名

　(ニ)　上記(ロ)及び(ハ)のほか、申出の内容

　(ホ)　申出の理由（事業の公正競争を確保する観点から設定される新産業別最低賃金に係る申出の場合にあっては、事業の公正競争を確保する観点から同種の基幹的労働者について新産業別最低賃金を設定することが必要である理由）

(2)　申出に係る新産業別最低賃金の決定等の必要性の有無の決定

　　労働大臣又は都道府県労働基準局長は、新産業別最低賃金の決定、改正又は廃止（以下「決定等」という。）に関する申出を受けた場合には、原則として当該決定等の必要性の有無について最低賃金審議会に意見を求めるものとする。ただし、新産業別最低賃金の決定等のために必要な要件（新産業別最低賃金の適用を受けるべき基幹的労働者又は使用者の範囲が明確なこと、最低賃金に関する労働協約が適用されている場合の新産業別最低賃金に係る申出については当該労働協約が同種の基幹的労働者の2分の1（新産業別最低賃金の改正又は廃止に関する申出の場合にあっては概ね3分の1）以上のものに適用されていること及び当該申出が当該労働協約の当事者である労働組合又は使用者の全部の合意によるものであること等の形式的要件）に該当していないものはこの限りではない。

　　なお、事業の公正競争を確保する観点から設定される新産業別最低賃金は、同種の基幹的労働者について、関連する諸条件を勘案の上、企業間、地域間又は組織労働者と未組織労働者の間等に産業別最低賃金の設定を必要とする程度の賃金格差が存在する場合に設定するものとする。

(3)　新産業別最低賃金の決定等

　イ　最低賃金審議会が新産業別最低賃金の決定等が必要である旨の意見を提出した場合には、労働大臣又は都道府県労働基準局長は、最低賃金法第16条第1項の規定に基づき最低賃金審議会の調査審議を求めるものとする。

　ロ　新産業別最低賃金の決定等について調査審議を行う専門部会は、労働者を代表する委員及び使用者を代表する委員の各3名のうち原則として少なくとも各2名は当該決定等を行おうとする産業に直接関係する労働者及び使用者をそれぞれ代表するものをもって充てなければならないものとする。

2　「小くくりの産業」の範囲について

　　新産業別最低賃金の適用対象業種の範囲は、原則として日本標準産業分類の小分類又は必要に応じ細分類によるものとする。ただし、同種の基幹的労働者をそれぞれ含む2以上の産業を併せて1の産業別最低賃金を設定することができるものとする。

3　「基幹的労働者」の意義について

　　基幹的労働者は、一般的には当該産業に特有の又は主要な業務に従事する労働者であるが、具体的には当該産業の生産工程、労働態様などに即して個別に考えられるものである。

　　また、最低賃金設定の目的にかんがみ、相当数の労働者に当該新産業別最低賃金の適用が見込まれるものでなければならない。

　　なお、基幹的労働者の規定の仕方としては、次に掲げる方法があるが、上記1の(1)のイの(イ)又はロの(イ)に掲げる同種の基幹的労働者の相当数について最低賃金に関する労働協約が適用されている場合においては、当該労働協約の適用対象とされている労働者を当該新産業別最低賃金の適用対象とする基幹

的労働者として取り扱うことができるものとする。

(1) 基幹的労働者の職種、業務を規定する方法

(2) 基幹的労働者とみなされない労働者の職種、業務を規定する方法

4　現行産業別最低賃金の転換に係る経過措置

昭和61年2月14日の中央最低賃金審議会答申本文（以下「本文」という。）3により、現行産業別最低賃金が新産業別最低賃金へ転換する場合には、経過措置として新産業別最低賃金の運用方針の一部について次のような取扱いをする。

なお、現行産業別最低賃金の適用対象業種について、昭和64年度前に最低賃金法第16条の4の規定により新産業別最低賃金の決定に関する申出があった場合においても同様の取扱いをする。

(1)　新産業別最低賃金の決定に関する申出等の要件についての経過措置

イ　同種の基幹的労働者の相当数について最低賃金に関する労働協約が適用されている場合の要件

同種の基幹的労働者の概ね3分の1以上のものが賃金の最低額に関する労働協約の適用を受け、かつ、当該協約による賃金の最低額が当該産業に現に適用されている産業別最低賃金額より高いときには、同種の基幹的労働者の相当数について最低賃金に関する労働協約が適用されている場合に該当するものとして取り扱う。

ロ　事業の公正競争を確保する観点からの必要性に関する要件

事業の公正競争を確保する観点から同種の基幹的労働者について最低賃金を設定する必要が認められるか否かの判断に当たっては、上記1の(2)のなお書きに加え、産業別最低賃金と当該都道府県における地域別最低賃金との金額水準の差が大きいこと等の事情からみて、当該産業別最低賃金の廃止により、各種の賃金格差の拡大等が予想されるものであるかどうか等も参考とするものとする。

また、事業の公正競争を確保する観点から同種の基幹的労働者について最低賃金を設定することが必要であるとして、当該最低賃金の適用を受けるべき労働者又は使用者の概ね3分の1以上のものの合意による申出があったものは、この要件に該当するものとして取り扱う。

(2)　「小くくり産業」の範囲に関する経過措置

新産業別最低賃金の適用対象業種の範囲は、上記2を原則とするが、現在、中分類以上の単位で設定されているものについては、本文2の(1)の適用除外の実施状況、関係労使団体の組織状況、基幹的な業務の共通性等を勘案しつつ、最低賃金審議会において、適用対象業種の合理的な範囲（くくり方）を決定するものとする。

(3)　「基幹的労働者」の意義に関する経過措置

イ　「基幹的労働者」の意義は、上記3を原則とするが、地域別最低賃金の対象とすることが適当と認められる年齢、業務等を適用除外とする措置が適切に行われているものについては、基幹的労働者を対象とした産業別最低賃金として取り扱うこととして差し支えないものとする。

ロ　新産業別最低賃金は、相当数の労働者に適用が見込まれるものでなければならないとされているが、その「相当数の労働者」の範囲については、最低賃金審議会において、原則として1,000人程度を基準として、地域の実情に応じ決定するものとする。

（参　考）

昭和57年１月14日中央最低賃金審議会答申
「新しい産業別最低賃金の運用方針について」了解事項

　最低賃金法第16条の４の規定による関係労使の申出に基づく最低賃金の決定、改正又は廃止の必要性について労働大臣又は都道府県労働基準局長から意見を求められた場合は、新しい産業別最低賃金の設定の趣旨にかんがみ、最低賃金審議会は全会一致の議決に至るよう努力するものとする。

216

4）中央最低賃金審議会「公正競争ケース」検討小委員会報告

（平成4年5月15日中央最低賃金審議会了承）

　本小委員会は中央最低賃金審議会から「公正競争ケースの申出要件の意味するところ及びその取扱い方等」について検討する旨の付託を受け、平成3年4月12日から平成4年3月30日までの間計5回にわたり鋭意審議を重ね、公労使委員全員一致で下記のとおり報告を取りまとめた。

記

　本小委員会では、「現行産業別最低賃金の廃止及び新産業別最低賃金への転換等について（昭和61年2月14日中央最低賃金審議会答申）」（以下「61年答申」という。）における「事業の公正競争を確保する観点からの必要性を理由とする場合」（以下「公正競争ケース」という。）に関して、一層明確な解釈が求められている。

①　最低賃金法（以下「法」という。）等における「公正競争」の概念について
②　「公正競争ケース」による申出の要件について
③　原則諮問について
④　決定の必要性に関する要件について

の4点を中心に検討を行い、以下のとおり結論を得た。

　なお、検討の過程において

①　61年答申は慎重な審議を経て出されたものであり、現在は、61年答申を尊重し、その適切な運用により新産業別最低賃金の定着に向け関係者は努力が必要であること
②　新産業別最低賃金は61年答申の趣旨に鑑みれば、「同種の基幹的労働者の相当数について最低賃金に関する労働協約が適用される場合」（以下「労働協約ケース」という。）を中心に想定していたものと理解することが適当であることに加え、特に、61年答申前文にあるとおり「関係労使が労働条件の向上又は事業の公正競争の確保の観点から地域別最低賃金より金額水準の高い最低賃金を必要と認めるものに限定して設定すべき」とされていること

の2点を基本的前提とし、諸点を整備することとなった。

1　「公正競争」の概念と「公正競争ケース」に対する考え方

　種々の法律においていわゆる公正競争の規定がみられるが、公正競争の概念は幅の広いものであり、それぞれの法律の目的等によりその意味するところは当然に異なる。すなわち事業法等他の法律における公正競争概念と最低賃金法上のものは必ずしも同一概念ではない。

　最低賃金の目的は、法第1条にあるとおり「労働条件の改善を図り、もって、労働者の生活の安定、労働力の質的向上及び事業の公正な競争の確保に資するとともに、国民経済の健全な発展に寄与すること」であり、公正競争の確保は「労働条件の改善を図る」という第一義的な目的とは異なり、最低賃金の設定により達成される副次的な目的である。

　また、法における公正競争の確保とは賃金の不当な切下げの防止によって達成されるものであり、地

域別最低賃金が全都道府県において設定されている現在、賃金の不当な切下げの防止は一定の水準ですでに措置されており、"一定の公正競争"は確保されている。

　新産業別最低賃金は、61年答申前文に「関係労使が労働条件の向上又は事業の公正競争の確保の観点から地域別最低賃金より金額水準の高い最低賃金を必要と認めるものに限定して設定すべき」とあるとおり、目的を限定し、かつ、関係労使の合意を前提に、主として「労働協約ケース」は61年答申前文の「労働条件の向上」を、また「公正競争ケース」は「事業の公正競争の確保」を受けて設定されていると理解することが適当である。とりわけ、「公正競争ケース」で申出される新産業別最低賃金は"より高いレベルでの公正競争"の確保を主たる目的とすると理解することが適当である。

2　公正競争ケースの取扱い

(1)　申出の要件

　「公正競争ケース」は、設定方式として一定の定量的要件を付した「労働協約ケース」とは異なり、申出の内容は個別の事案により種々異なることが想定され、また賃金格差の程度についてもその生ずる要因は多様であり、申出の要件として定量的要件を一律に付すことは適当でない。

　定量的要件を付せないこともあり、審議会では地域別最低賃金がある以上"より高いレベルでの公正競争"の確保の必要性について、個別具体的な検討がなされることとなるが、申出者は申出に当たって、賃金格差の存在等個別具体的な疎明が不可欠な要件となる。したがって申出の受理に当たっては特に申出の背景も含め疎明の内容について十分審査すること。

　また、申出者は関係労使の合意が得られるよう労働協約の締結・機関決定等に努めることが重要である。

　なお、当該最低賃金の適用を受けるべき労働者又は使用者の概ね1／3以上のものの合意による申出があったものについては受理・審議会への諮問が円滑に行われることが望ましい。

(2)　原則諮問

　61年答申が原則諮問の例外を既に明記していることから、さらに例外を設けるのは適当ではない。また、61年答申により新産業別最低賃金の決定等の契機が法第16条の4に基づく申出に限定され、それに伴い申出の要件も示されており、法第16条の4に基づく申出はその重要性を増している。したがって、少なくとも必要性の諮問は「原則的」に行うことが適当である。

　しかし、法及び61年答申の趣旨から、競争関係が認められない事業等明らかに新産業別最低賃金の設定に無理があると判断でき得るものは原則諮問の対象外とすることが妥当である。

　その場合、個別の事案ごとにその理由を明らかにし直近の審議会に報告、了承を得ること。

(3)　決定の必要性に関する要件（「賃金格差が存在する場合」の考え方）

　61年答申に「企業間、地域間又は組織労働者と未組織労働者の間等に産業別最低賃金の設定を必要とする程度の賃金格差が存在する場合に設定するものとする」とあるが、一般の産業では企業間等に賃金格差は通常存在しており、またその生ずる要因は多様である。どの程度の賃金格差があれば、賃金の不当な切下げの防止のため新たに産別最賃の設定が必要であるかを明らかにすることは事実上不可能であり、賃金格差の程度について一定基準を定めることは適当でない。

　最低賃金の決定の審議に当たっては61年答申の趣旨を踏まえ当該事案について「産業別最低賃金の設定を必要とする程度の賃金格差が存在する場合」に該当するかどうか、すなわち競争関係の存在を前提にして"より高いレベルでの公正競争"確保の必要性について、疎明の内容、関係労使間の合意

　形成の状況等を踏まえ審議会において適切な判断がなされることを期待する。

　　なお、最低賃金の必要性の決定に当たっては「昭和57年1月14日中央最低賃金審議会答申（新しい産業別最低賃金の運用方針について）了解事項1」を改めてここに確認する。

（4）今後の取扱い

①　本報告による取扱いは平成4年度以降の新設申出事案から実施することとする。

　　なお、改正の申出事案についても本報告の趣旨を十分踏まえた対応がなされることが望まれる。事務局はもとより関係者は本報告を踏まえ適切な運営に努めることがなによりも重要である。

②　本報告を中央最低賃金審議会に報告し、了承を求めることとする。なお、了承が得られれば中央最低賃金審議会の会長から地方最低賃金審議会会長に文書で伝達されることを要望する。

（参　考）

なお、本小委員会の報告を取りまとめるに当たり、次の3項目を特記する。

1．61年答申で一定の結論は出されているものの、使用者側から経済構造等の急速な変化の中で中長期的な観点にも立って地域別最低賃金と新産業別最低賃金の役割分担等の問題について現段階においてもなお議論が必要であり、その結論を得て「公正競争ケース」についての検討をすべきとの意見が出されたこと。

2．基幹的労働者については種々の議論があったが、基幹的労働者の範囲は業種間及び規模、地域間等で多種多様であり、一律にその範囲を示すことは適当でなく、審議会における適切な審議に期待することとされたこと。

3．新産業別最低賃金の申出について、労働者側から新設を含め、手続き（例えば合意署名等については3年に一度とするなど）を簡略化すべきであるとの考え方が示されたこと。

5）中央最低賃金審議会産業別最低賃金に関する全員協議会報告

（平成10年12月10日中央最低賃金審議会了承）

　本全員協議会は、中央最低賃金審議会から産業別最低賃金について検討する旨の付託を受け、平成8年10月4日から平成10年2月12日まで計9回にわたり審議を行った後、運用上の具体的問題点を含めさらに詳しく審議するため、平成10年2月24日に産業別最低賃金とその運用上の問題点等に関する検討部会（以下「問題点等検討部会」という。）を設置することとし、以後7回にわたり鋭意審議を重ねてきたが、本日問題点等検討部会より別添報告書が全員協議会に提出されたので、これを受け審議した結果、この問題点等検討部会報告を本全員協議会報告とすることとした。

（別添）

産業別最低賃金制度とその運用上の問題点等に関する検討部会報告

平成10年12月10日

1　基本的な考え方

(1)　産業別最低賃金制度のあり方について

　イ　産業別最低賃金については、「最低賃金額の決定の前提となる具体的事項に関する考え方について（昭和56年7月29日中央最低賃金審議会答申）」及び「現行産業別最低賃金の廃止及び新産業別最低賃金への転換等について（昭和61年2月14日中央最低賃金審議会答申）」の考え方にのっとり、関係労使のイニシアティブにより地域別最低賃金より金額水準の高い最低賃金を必要と認めたものについて設定することを基本としてきているものである。こうした中で、産業別最低賃金制度の見直しに関する使用者側からの問題提起を踏まえ、平成8年10月より産業別最低賃金制度について、その必要性等を含め、累次にわたり審議が行われてきたところであるが、付記にあるように労使の意見には大きな隔たりがあり、現時点では現行の基本的考え方の変更に至るような一定の結論を得るには至らず、取りあえず今回の検討はいったん終了させることとするものである。

　ロ　しかしながら、最低賃金制度を取り巻く環境を見ると、経済の国際化等に伴う競争の激化、情報化・技術革新の進展等に伴う産業構造の変化、バブル崩壊後の長期にわたる経済の深刻化等の変化が進み、諸外国においても最低賃金制度につき新たな動きが見られるなど、大きく変化しつつある。最低賃金制度の運営に当たっては、関係者の合意を前提として、より望ましい最低賃金制度を目指していくことは当然のことであり、こうした環境変化等を踏まえ、今後の最低賃金制度のあり方について模索すべき時期が到来しつつあると考える。このため、産業別最低賃金制度のあり方については今後時機を見てさらなる議論を深め、審議していくことが適当である。

(2)　現行の産業別最低賃金制度の運用について

　上記により、中央最低賃金審議会での産業別最低賃金制度のあり方についてのさらなる議論は、今後の機会にゆだねることとするが、それまでの間、各地方最低賃金審議会（以下「審議会」という。）

においては、産業別最低賃金制度の運用面について一定の改善が図られることが適当である。すなわち、

① 現行の産業別最低賃金を取り巻く環境や、とりわけ公正競争ケースの運用の実態をみると、旧産業別最低賃金からの転換時から10年が経過し、その間産業構造、就業構造等の変化やバブル崩壊後の厳しい経済情勢等の変化が顕著になっている。こうした中で産業や企業の実態を十分に踏まえた対応が求められていること、審議会での賃金格差の疎明状況にばらつきが見られるなど審議状況に改善すべき面も見られること等から、審議会の関係者において、新たな分野に関する申出がなされる場合を含め、個々の産業別最低賃金について現行の運用方針に基づいた一層の審議が行われることが必要である。

② また、審議会における産業別最低賃金制度の運用に当たっては、労使の自主性発揮、審議会の効率的運営等の観点から審議手続面等についても所要の改善が図られることが必要である。

2　運用面の改善についての具体的な対応

運用方針を踏まえた産業別最低賃金制度の運用については、関係労使の自主的努力と審議会の関係者による適切な運営にゆだねられるべきことは当然であるが、上記1の（2）の基本的考え方を踏まえ、次によりその改善が図られることを強く期待するものである。

(1)　個々の産業別最低賃金についての審議の促進等

イ　審議会においては、個々の産業別最低賃金について、次により一層の審議が行われるように努めることとする。

① 審議会での審議に資するため、「産業別最低賃金（公正競争ケース）の審議に当たっての視点」（別紙1）及び「産業別最低賃金（公正競争ケース）の審議に当たっての審議参考資料」（別紙2）を提示するので、これを参考として個々の産業別最低賃金について十分な審議を行うこと。この場合、新分野における産業別最低賃金の設定に関する審議についても同様とすること。

② 産業構造の変化等に的確に対応するため、必要に応じ、適用除外業務及び業種のくくり方について見直しを行うこと。

ロ　公正競争ケースの場合においても、申出者は関係労使の合意が得られるよう労働協約の締結・機関決定等に努めることとされていることを踏まえ、公正競争ケースから労働協約ケースによる申出に向けての関係労使の努力を期待する。

(2)　産業別最低賃金の審議手続上の取扱いの改善

審議会での産業別最低賃金の審議（申出を含む。）の手続において、次の事項の改善が図られるように努めることとする。

① 中小企業関係労使の意見の反映

産業別最低賃金の設定による影響を受けやすい中小企業関係労使の意見が十分に反映されるようにするため、審議会委員の選任や参考人の意見聴取に当たって、中小企業関係労使からの選任や当該産業の中小企業関係労使からの意見聴取に配慮すること。

また、申出者は産業別最低賃金の決定等の申出に当たっても、合意の当事者に中小企業関係労使がより多く含まれるように努めることが望ましいこと。

② 賃金格差疎明資料添付の徹底及び審議会の効率的運営

審議会での適切な審議が行われるようにするため、申出者は公正競争ケースによる産業別最低賃

金の決定等の申出の際の個別具体的な疎明に当たっては、賃金格差の存在の疎明のための資料の添付を徹底すること。

また、産業別最低賃金の改正の必要性の審議に当たっては、上記（1）のイの①の審議が十分に行われており、かつ、特に事業の競争関係、賃金格差の存在の疎明の内容等の状況に変化がなく、制度の趣旨を逸脱することがないと認められる場合には、一括して審議を行うこととする等、審議会の効率的運営に配慮すること。

3　付記事項

今回の検討の過程で、労使各側から提出された主要な意見を次のとおり付記する。

イ　使用者側からは、以下の意見が表明された。

地域別最低賃金が47都道府県のすべてに設定され、その機能・役割を十分果たしてきている今日、屋上屋でかつ設定趣旨が極めて不透明な産業別最低賃金は廃止すべきである。現行産業別最低賃金の設定は56年、61年答申を踏まえ実施に移されたものであるが、従来から屋上屋の最低賃金は不必要である旨繰り返し主張してきたところである。

現在の経済情勢を見ると、低成長、グローバル経済化等による大競争時代の到来により、産業活動面や雇用創出面等から、規制の緩和、労使の自主性発揮が強く求められており、活力ある経済・経営システムをいかに導入するかが問われている。

産業別最低賃金は、これらの基本的な諸問題を抱えているとともに、地方最低賃金審議会における審議の内容も曖昧かつ不透明な部分が多く、使用者側委員からも不満の声が出ている中で、法律をもって強制的に適用させることは問題である。

産業別最低賃金の廃止に向けての議論は、当然今後とも継続するべきである。

ロ　これに対し、労働者側からは、以下の意見が表明された。

我が国の最低賃金制度は、その歴史的土壌、風土を踏まえ、労使関係や労働運動の歴史的な発展との関係で、公労使の合意の下で形成されてきたものである。

また、産業別最低賃金は労働条件の向上や事業の公正競争確保の観点から、地域別最低賃金より金額水準の高い最低賃金の必要性が認められた産業について基幹的労働者を対象に設定されてきたものであり、社会的なナショナルミニマムとしての地域別最低賃金とは性格を異にしており、最低賃金制度として屋上屋を重ねるものではない。

さらに、産業別最低賃金は低賃金労働者の労働条件の確保や地域における産業別労使協議の進展に大きく寄与してきており、産業構造の転換の中で経済の低迷が継続し、不安定雇用の労働者が増加していること等からも、今後とも継続・発展させていくべきものであり、その立場から運用に関する改善に前向きに対応していくものである。

（別紙1）

産業別最低賃金（公正競争ケース）の審議に当たっての視点

① 産業別最低賃金適用産業内において事業競争関係にあるか
・産業別最低賃金適用産業の産品、生産態様、サービス等が類似しているか
・産業別最低賃金適用産業の企業間競争はどうか
・産業別最低賃金適用産業の労働市場における需給関係はどうか
② 産業別最低賃金適用労働者数及び増減状況等はどうか
③ 産業別最低賃金適用産業の企業数、規模別構成、増減状況等はどうか
④ 産業別最低賃金適用労働者の企業間、地域間又は組織労働者未組織労働者の間等にどの程度の賃金格差があるか
⑤ 産業別最低賃金が廃止された場合に適用労働者間の賃金格差が拡大する可能性があるか

（別紙2）

産業別最低賃金（公正競争ケース）の審議に当たっての参考資料

① 事業の動向関係
・事業所・企業統計調査（総務庁）
・サービス業基本調査（総務庁）
・通商産業省企業活動基本調査（通商産業省）
・工業統計調査（通商産業省）
・商業統計（通商産業省）
・工業実態基本調査（通商産業省）
・商業実態基本調査（通商産業省）
・生産、出荷集中度調査（公正取引委員会）
・その他関係機関等が実施する調査
② 賃金関係
・賃金構造基本統計調査（労働省）
・毎月勤労統計調査（労働省）
・最低賃金に関する実態調査（労働省）
・賃金引上げ等の実態に関する調査（労働省）
・その他関係機関等が実施する調査
③ その他労働関係（賃金関係を除く）
・産業労働事情調査（労働省）
・労働経済動向調査（労働省）
・雇用動向調査（労働省）
・専門職種別労働力需給状況調査（労働省）
・その他関係機関が実施する調査

６）中央最低賃金審議会産業別最低賃金制度全員協議会報告

（平成14年12月６日中央最低賃金審議会了承）

　本全員協議会は、平成13年４月20日に中央最低賃金審議会から付託を受け、同年５月29日から平成14年12月６日までの間、計12回にわたり鋭意審議を重ねた結果、全会一致で別添のとおり報告を取りまとめた。
　本全員協議会は、地方最低賃金審議会がその自主性を発揮しつつ、今般の結論に沿った改善を行うことを期待する。

（別添）

　　　産業別最低賃金制度の改善について

1　基本的な考え方

　産業別最低賃金については、「現行産業別最低賃金の廃止及び新産業別最低賃金への転換等について（昭和61年２月14日中央最低賃金審議会答申）」（以下「昭和61年答申」という。）に基づき、旧産業別最低賃金から現行の産業別最低賃金への転換がなされ、その後、「中央最低賃金審議会「公正競争ケース」検討小委員会報告（平成４年５月15日中央最低賃金審議会了承）」及び「中央最低賃金審議会産業別最低賃金に関する全員協議会報告（平成10年12月10日中央最低賃金審議会了承）」（以下「平成10年報告」という。）等により逐次改善されてきたところである。

　一方、我が国の経済社会は、長引く景気の低迷、国際競争の激化、産業の空洞化、サービス産業化の動きが進展する中で産業構造が変化するとともに、パートタイム労働者、派遣労働者等の増加など雇用形態や就業形態も多様化し、産業別最低賃金を取り巻く環境は大きく変化しているところである。

　こうした中で、平成10年報告において、「産業別最低賃金制度のあり方については今後時機を見てさらなる議論を深め、審議していくことが適当である」とされたことを踏まえ、使用者側からの問題提起により、平成13年４月に中央最低賃金審議会に産業別最低賃金制度全員協議会が設置され、同年５月から産業別最低賃金制度の在り方について累次にわたり審議を行ってきたところである。

　審議においては、使用者側は廃止論を主張する一方、労働者側が継承・発展論を主張し、付記にあるように労使の意見には大きな隔たりがあった。

　しかしながら、産業別最低賃金が現実に制度として存在し、実際に関係者から運用面の課題に関する様々な指摘があることを踏まえると、労使それぞれの立場はあるものの、産業別最低賃金制度を改善することは重要であることから、産業別最低賃金設定の趣旨である関係労使のイニシアティブ発揮を中心とした改善の在り方について検討を行った結果、今般の結論に達したものである。

　今後、法改正を伴う事項も含めた産業別最低賃金制度の在り方については、時機を見て新たに検討の場を設け、中長期的な視点から更なる論議を深めることが適当である。

2　関係労使のイニシアティブの一層の発揮を中心とした改善

　産業別最低賃金は、関係労使のイニシアティブにより地域別最低賃金より金額水準の高い最低賃金を必要と認めたものについて設定することを基本としていることから、関係労使のイニシアティブをより発揮させるという観点を中心に、以下の改善が図られることが必要である。

　地方最低賃金審議会においては、関係労使がイニシアティブを十分に発揮することにより、一層円滑な審議と運用がなされることを期待するものである。

(1)　関係労使のイニシアティブ発揮による改善

　①　関係労使当事者間の意思疎通

　　産業別最低賃金の決定、改正又は廃止（以下「決定等」という。）に関する申出について、関係労使が双方の意向を了知しておくことは、その後の円滑な審議にとって重要であるため、当該申出の意向表明後速やかに、関係労使当事者間の意思疎通を図ることとする。この場合の意思疎通としては、関係労使当事者間において話合いを持つことが望ましい。

　　なお、関係労使当事者とは、主として、労働協約締結当事者の使用者（使用者団体を含む。）又は労働組合、都道府県内における当該産業の関係労使団体などを指すものである。

　②　関係労使の参加による必要性審議

　　産業別最低賃金の決定等の必要性の有無に関する調査審議（以下「必要性審議」という。）について、従来どおりの方法で行うか、当該産業の労使が入った場で行うかを、地方最低賃金審議会において、地域、産業の実情を踏まえつつ、検討することとする。

　　なお、必要性審議において、当該産業別最低賃金が適用される中小企業を含めた関係労使が参加することにより、より実質的な審議が行われることを期待するものである。

　③　金額審議における全会一致の議決に向けた努力

　　関係労使のイニシアティブ発揮により設定されるという産業別最低賃金の性格から、産業別最低賃金の決定又は改正の金額に関する調査審議については、全会一致の議決に至るよう努力することが望ましい。

　④　関係労使の自主的な努力による周知及び履行確保

　　産業別最低賃金の周知及び履行確保について、関係労使のイニシアティブ発揮により設定されるという産業別最低賃金の性格にかんがみ、行政の役割とあいまって、当該産業別最低賃金が適用される関係労使がその自主的な努力により、産業別最低賃金の周知及び履行確保に努めることが望ましい。

(2)　その他の改善

　①　労働協約ケースによる申出に向けた努力

　　平成10年報告を踏まえ、関係労使の努力により労働協約ケースが増加してきているところであるが、今後においても平成10年報告の再確認を通じ、公正競争ケースから労働協約ケースによる申出に向けて一層努めることとする。

　　なお、公正競争ケースによる申出において、申出者は平成10年報告を踏まえ、賃金格差の存在を疎明するための資料の一層の充実を図ることとする。

　②　適用労働者数の要件

　　「新しい産業別最低賃金の運用方針（昭和57年1月14日中央最低賃金審議会答申）」において、新しい産業別最低賃金については「相当数の労働者に当該最低賃金の適用が見込まれるものでなけれ

ばならない」とされていること、また、昭和61年答申における新産業別最低賃金への転換に係る経過措置として「「相当数の労働者」の範囲については、地方最低賃金審議会において、原則として1,000人程度を基準として、地域の実情に応じ決定するものとする」とされていることを考慮し、産業別最低賃金における「相当数の労働者」の範囲についても、原則として1,000人程度とし、地域、産業の実情を踏まえ、1,000人程度を下回ったものについては、申出を受けて、地方最低賃金審議会において、廃止等について調査審議を行うこととする。

③　適用労働者数等の通知

　産業別最低賃金の決定等に関する申出の意向表明があった場合には、適用労働者数等を労使双方で確認できるようにするため、当該申出の意向表明後速やかに、最低賃金審議会事務局から当該産業別最低賃金の基幹的労働者である適用労働者数等を明示し、関係労使に通知することとする。

④　産業別最低賃金の表示単位期間の時間額単独方式の検討

　地域別最低賃金の表示単位期間については、平成14年度からすべての都道府県で時間額単独方式に移行したところであり、産業別最低賃金の表示単位期間の時間額単独方式への移行についても、地方最低賃金審議会において、地域、産業の実情を踏まえつつ、検討することとする。

3　付記事項

　今回の検討の過程で、労使各側からの主要な意見を次のとおり付記する。

（1）使用者側意見

　産業別最低賃金は、「労働条件の向上又は公正競争の確保の観点から、その産業の基幹的労働者につき地域別最低賃金より高い最低賃金を必要と認めるときに設定」するものとされているが、「労働条件の向上」については、我が国の賃金水準は先進諸国の中でトップクラスであり、第三者の関与の下に継続すべき理由は乏しい。また、「公正競争の確保」についても経済のグローバル化が進展する中、国内における事業の公正競争の確保はほとんど意味を失っており、「基幹的労働者」について普通の労働者以上の最低賃金を設定することは地域別最低賃金がある以上、最低賃金法第1条に照らしてそぐわない。

　とりわけ、経済のグローバル化による産業空洞化が進む中で、産業別最低賃金が数多く設定されている「ものづくり産業」は、極めて厳しい状況にあり、国内における公正競争の確保の意義が薄らいでいるとともに、早急に産業別最低賃金を含めた既存のシステムを見直す構造改革を行わないと世界の中で取り残される状況にある。また、雇用・失業情勢への影響も極めて大きい。もはや産業別最低賃金は企業内労使以外の場で決定すべき必要性が高いものとして維持する時代ではない。

　さらに、地域別最低賃金において賃金の低廉な労働者の最低額は保障されており、産業別最低賃金は屋上屋を重ねるものであるとともに、セーフティネットの確保については、地域別最低賃金のみで最低保障を決める方が分かりやすい。

　したがって、産業別最低賃金制度は廃止すべきである。

　また、制度が廃止されない段階においては、地域、産業の実情を踏まえ、必要性の乏しい個別の産業別最低賃金については廃止、その他については引下げ又は凍結を含め柔軟に対応すべきである。

（2）労働者側意見

　地域別最低賃金がすべての労働者に適用される賃金の最低基準を、産業別最低賃金は産業別の基幹的労働者に適用される賃金の最低基準をそれぞれ決定するものであり、二つの制度が相互に補完しあ

いながら存在することで、最低賃金の実効性を高め賃金の下落の防止を図るとともに、賃金格差の是正を果たす役割を担っている。特に、最低賃金の対象者の賃金水準は、先進諸国の中でも決して十分ではないことを認識すべきである。

また、産業間格差がある以上、産業ごとの賃金実態を踏まえたセーフティネットとして産業別最低賃金の設定の意義があるほか、産業別最低賃金は、労働組合の組織化の進んでいない産業の中小企業の労働者にもその適用が及ぶなど、団体交渉の補完的な役割を果たしており、賃金の低廉な労働者の労働条件の向上に寄与しているところである。

さらに、経済のグローバル化の進展の下、国内における企業間競争は激化し、企業はコスト削減策の一つとして賃金引下げを始めとする人件費削減を行っており、賃金の下落の動きが拡大するとともに、パートタイム労働者等の増加などにみられるように、雇用形態が多様化しており、働き方の多様化に対応した公正処遇を確保する必要がある。特に、一般労働者とパートタイム労働者等との賃金格差が拡大しており、賃金の不当な引下げを防止し、事業の公正競争の確保を図る観点から、産業別最低賃金の機能強化が求められる。

このため、産業別最低賃金として現行申出要件を維持し、今後は介護・福祉や医療の分野、交通運輸分野など第三次産業分野へ拡大するとともに、労働力の流動化や雇用形態・就労形態の多様化に対応できるよう、現行制度の機能強化の視点に立って、産業別最低賃金を更に発展させるべきである。

8　今後の最低賃金制度の在り方について

（平成18年12月27日労働政策審議会答申及び同審議会労働条件分科会最低賃金部会報告）

（1）労働政策審議会答申

　　平成17年4月8日付け厚生労働省発基第0408001号をもって諮問のあった標記については、本審議会は、下記のとおり答申する。

記

別紙「記」のとおり。

（注　別紙「記」は、同日付け最低賃金部会報告の記と同じ。）

（2）労働政策審議会労働条件分科会最低賃金部会報告

　　本部会においては、厚生労働大臣から労働政策審議会への諮問を受け、今後の最低賃金制度の在り方について、昨年6月16日以降19回にわたり検討を行ってきたところである。

　　この間、産業別最低賃金の在り方については、使用者側から、すべての労働者を対象とする地域別最低賃金に屋上屋を架すものとして廃止すべきであるといった主張がなされる一方、労働者側からは、公正な賃金決定の確保、労使交渉の補完という観点から継承・発展を図るべきであるといった主張がなされ、また、地域別最低賃金の在り方については、労働者側から、実効ある機能と水準の確保のための有意な制度改善を行うべきであるといった主張がなされる一方、使用者側からは、現行制度のままで安全網として十分機能しているといった主張がなされたところである。

　　このように労使の主張が対立する中、昨年11月18日には、労働市場や賃金制度の変化も踏まえ、産業別最低賃金を廃止し、基幹的な職種について賃金の下限を定める民事的なルール（職種別設定賃金）を最低賃金法とは別の法律において措置するとともに、地域別最低賃金がすべての労働者の賃金の最低限を保障する安全網として十全に機能するよう見直すことを内容とする公益委員試案が提示されたところである。この公益委員試案については、使用者側からは、労働の対価である地域別最低賃金の決定に際して、国が社会保障として行う生活保護との整合性を考慮することは疑問であるといった主張がなされる一方、労働者側からは、地域別最低賃金は生活保護を下回らない水準とすべきであることは当然であるといった主張がなされたところである。また、職種別設定賃金については、その詳細について議論を行ったところ、部会としての合意を得ることができなかったところである。さらに、使用者側からは、産業別最低賃金は、今回の見直しによって廃止すべきであるとの主張がなされたところである。

　　しかしながら、さらに、今後の最低賃金制度の在り方について、関係者による真摯な審議を重ねた結果、今般、下記のとおりの結論に達したので報告する。

　　この報告を受けて、厚生労働省において、次期通常国会における最低賃金法の改正をはじめ所要の措置を講ずることが適当である。

記

1 　見直しの趣旨

　最低賃金制度については、今後とも賃金の低廉な労働者の労働条件の下支えとして十全に機能するようにすることが必要である。現在の最低賃金法においては、地域別、産業別など多元的な最低賃金の設定が可能な体系の下で、運用上すべての都道府県において、地域別最低賃金が整備されているが、就業形態の多様化、低賃金の労働者層の増大等の中で、地域別最低賃金がすべての労働者の賃金の最低限を保障する安全網として十全に機能するようにする必要がある。

　一方、安全網としての役割は地域別最低賃金が果たすことを前提に、産業別最低賃金等については、関係労使のイニシアティブにより設定するという観点から、その在り方を見直す必要がある。

2 　基本的考え方

(1) 最低賃金制度の第一義的な役割は、すべての労働者について賃金の最低限を保障する安全網であり、その役割は地域別最低賃金が果たすべきものであることから、すべての地域において地域別最低賃金を決定しなければならない旨を明確にする必要がある。

(2) 産業別最低賃金等は、企業内における賃金水準を設定する際の労使の取組みを補完し、公正な賃金決定にも資する面があることを評価しつつ、安全網とは別の役割を果たすものとして、民事的なルールに改める必要がある。

(3) 社会保障政策との整合性を考慮した政策が必要である。

(4) 地域の賃金実態との整合性の確保、派遣労働者の増加等就業形態の多様化への対応等といった観点からの見直しを行う必要がある。

3 　具体的内容

1 　地域別最低賃金の在り方について
(1) 必要的設定
・ 　国内の各地域ごとに、すべての労働者に適用される地域別最低賃金を決定しなければならないものとする。
(2) 決定基準の見直し
・ 　決定基準については、「地域における労働者の生計費及び賃金並びに通常の事業の賃金支払能力」に改めるものとする。
・ 　「地域における労働者の生計費」については、生活保護との整合性も考慮する必要があることを明確にする。
(3) 減額措置の導入
・ 　現在適用除外対象者について運用により講じられている減額措置を、法律に基づくものに改めるものとする。

（4）罰則の強化等
・　地域別最低賃金の実効性確保の観点から、地域別最低賃金違反に係る罰金額の上限を労働基準法第24条違反よりも高いものとする。
・　監督機関に対する申告及び申告に伴う不利益取扱いの禁止に係る規定を創設するとともに、申告に伴う不利益取扱いの禁止に係る罰則を整備するものとする。
・　その他の最低賃金法違反（周知義務違反（第19条）、報告の懈怠等（第35条）、臨検拒否等（第38条第１項））の罰金額の上限を引き上げるものとする。

2　産業別最低賃金等の在り方について
（1）産業別最低賃金
・　労働者又は使用者の全部又は一部を代表する者は、一定の事業又は職業について、厚生労働省令で定めるところにより、厚生労働大臣又は都道府県労働局長に対し、最低賃金の決定を申し出ることができる。
・　厚生労働大臣又は都道府県労働局長は、上述の申出があった場合において必要があると認めるときは、最低賃金審議会の意見を聴いて、一定の事業又は職業について、最低賃金の決定をすることができる。
・　一定の事業又は職業について決定された最低賃金については、最低賃金法の罰則の適用はないものとする。（民事効）
・　産業別最低賃金の運用については、これまでの中央最低賃金審議会の答申及び全員協議会報告を踏襲するものとする。
　　なお、使用者側の一部から、産業別最低賃金の廃止に向けての議論は継続すべきであるとの意見があった。
（2）労働協約拡張方式
・　労働協約拡張方式（最低賃金法第11条）は廃止するものとする。

3　その他
・　派遣労働者に係る最低賃金は、派遣先の最低賃金を適用するものとする。
・　最低賃金の表示単位を時間額に一本化し、併せて所定労働時間の特に短い者についての適用除外規定を削除するものとする。

II　日本標準産業分類

日本標準産業分類（平成 25 年 10 月第 13 回改定）

目　次

産業大分類一覧（中分類の範囲）

大分類　A－農業，林業

01　農業

010　管理，補助的経済活動を行う事業所（01農業）

0100　主として管理事務を行う本社等

0109　その他の管理，補助的経済活動を行う事業所

011　耕種農業

0111　米作農業

0112　米作以外の穀作農業

0113　野菜作農業（きのこ類の栽培を含む）

0114　果樹作農業

0115　花き作農業

0116　工芸農作物農業

0117　ばれいしょ・かんしょ作農業

0119　その他の耕種農業

012　畜産農業

0121　酪農業

0122　肉用牛生産業

0123　養豚業

0124　養鶏業

0125　畜産類似業

0126　養蚕農業

0129　その他の畜産農業

013　農業サービス業（園芸サービス業を除く）

0131　穀作サービス業

0132　野菜作・果樹作サービス業

0133　穀作，野菜作・果樹作以外の耕種サービス業

0134　畜産サービス業（獣医業を除く）

014　園芸サービス業

0141　園芸サービス業

02　林業

020　管理，補助的経済活動を行う事業所（02林業）

0200　主として管理事務を行う本社等

0209　その他の管理，補助的経済活動を行う事業所

021　育林業

0211　育林業

022　素材生産業

0221　素材生産業

023　特用林産物生産業（きのこ類の栽培を除く）

0231　製薪炭業

0239　その他の特用林産物生産業（きのこ類の栽培を除く）

024　林業サービス業

0241　育林サービス業

0242　素材生産サービス業

0243　山林種苗生産サービス業

0249　その他の林業サービス業

029　その他の林業

0299　その他の林業

大分類　B－漁業

03　漁業（水産養殖業を除く）

030　管理，補助的経済活動を行う事業所（03漁業）

0300　主として管理事務を行う本社等

0309　その他の管理，補助的経済活動を行う事業所

031　海面漁業

0311　底びき網漁業

0312　まき網漁業

0313　刺網漁業

0314　釣・はえ縄漁業

0315　定置網漁業

0316　地びき網・船びき網漁業

0317　採貝・採藻業

0318　捕鯨業

0319　その他の海面漁業

032　内水面漁業

0321　内水面漁業

04　水産養殖業

040　管理，補助的経済活動を行う事業所（04水産養殖業）

0400　主として管理事務を行う本社等

0409　その他の管理，補助的経済活動を行う事業所

041　海面養殖業

0411　魚類養殖業

0412　貝類養殖業

0413　藻類養殖業

0414　真珠養殖業

0415　種苗養殖業

0419　その他の海面養殖業

042　内水面養殖業

0421　内水面養殖業

大分類　C－鉱業，採石業，砂利採取業

05　鉱業，採石業，砂利採取業

050　管理，補助的経済活動を行う事業所（05鉱業，採石業，砂利採取業）

0500　主として管理事務を行う本社等

0509　その他の管理，補助的経済活動を行う事業所

051　金属鉱業

0511　金・銀鉱業

0512　鉛・亜鉛鉱業

0513　鉄鉱業

0519　その他の金属鉱業

052　石炭・亜炭鉱業

0521　石炭鉱業（石炭選別業を含む）

0522　亜炭鉱業

053　原油・天然ガス鉱業

0531　原油鉱業

0532　天然ガス鉱業

054　採石業，砂・砂利・玉石採取業

0541　花こう岩・同類似岩石採石業

0542　石英粗面岩・同類似岩石採石業

0543　安山岩・同類似岩石採石業

0544　大理石採石業

0545　ぎょう灰岩採石業

0546　砂岩採石業

0547　粘板岩採石業

0548　砂・砂利・玉石採取業

0549　その他の採石業，砂・砂利・玉石採取業

055　窯業原料用鉱物鉱業（耐火物・陶磁器・ガラス・セメント原料用に限る）

0551　耐火粘土鉱業

0552　ろう石鉱業

0553　ドロマイト鉱業

0554　長石鉱業

0555　けい石鉱業

0556　天然けい砂鉱業

0557　石灰石鉱業

0559　その他の窯業原料用鉱物鉱業

059　その他の鉱業

0591　酸性白土鉱業

0592　ベントナイト鉱業

0593　けいそう土鉱業

0594　滑石鉱業

0599　他に分類されない鉱業

大分類　D－建設業

06　総合工事業

060　管理，補助的経済活動を行う事業所（06総合工事業）

0600　主として管理事務を行う本社等

0609　その他の管理，補助的経済活動を行う事業所

061　一般土木建築工事業

0611　一般土木建築工事業

062　土木工事業（舗装工事業を除く）

0621　土木工事業（別掲を除く）

0622　造園工事業

0623　しゅんせつ工事業

063　舗装工事業

0631　舗装工事業

064　建築工事業（木造建築工事業を除く）

0641　建築工事業（木造建築工事業を除く）

065　木造建築工事業

0651　木造建築工事業

066　建築リフォーム工事業

0661　建築リフォーム工事業

07　職別工事業（設備工事業を除く）

070　管理，補助的経済活動を行う事業所（07職別工事業）

0700　主として管理事務を行う本社等

0709　その他の管理，補助的経済活動を行う事業所

071　大工工事業

0711　大工工事業（型枠大工工事業を除く）

0712　型枠大工工事業

072　とび・土工・コンクリート工事業

0721　とび工事業

0722　土工・コンクリート工事業

0723　特殊コンクリート工事業

073　鉄骨・鉄筋工事業

　0731　鉄骨工事業

　0732　鉄筋工事業

074　石工・れんが・タイル・ブロック工事業

　0741　石工工事業

　0742　れんが工事業

　0743　タイル工事業

　0744　コンクリートブロック工事業

075　左官工事業

　0751　左官工事業

076　板金・金物工事業

　0761　金属製屋根工事業

　0762　板金工事業

　0763　建築金物工事業

077　塗装工事業

　0771　塗装工事業（道路標示・区画線工事業を除く）

　0772　道路標示・区画線工事業

078　床・内装工事業

　0781　床工事業

　0782　内装工事業

079　その他の職別工事業

　0791　ガラス工事業

　0792　金属製建具工事業

　0793　木製建具工事業

　0794　屋根工事業（金属製屋根工事業を除く）

　0795　防水工事業

　0796　はつり・解体工事業

　0799　他に分類されない職別工事業

08　設備工事業

080　管理，補助的経済活動を行う事業所（08設備工事業）

　0800　主として管理事務を行う本社等

　0809　その他の管理，補助的経済活動を行う事業所

081　電気工事業

　0811　一般電気工事業

　0812　電気配線工事業

082　電気通信・信号装置工事業

　0821　電気通信工事業（有線テレビジョン放送設備設置工事業を除く）

　0822　有線テレビジョン放送設備設置工事業

　0823　信号装置工事業

083　管工事業（さく井工事業を除く）

　0831　一般管工事業

　0832　冷暖房設備工事業

　0833　給排水・衛生設備工事業

　0839　その他の管工事業

084　機械器具設置工事業

　0841　機械器具設置工事業（昇降設備工事業を除く）

　0842　昇降設備工事業

089　その他の設備工事業

　0891　築炉工事業

　0892　熱絶縁工事業

　0893　道路標識設置工事業

　0894　さく井工事業

大分類　Ｅ－製造業

09　食料品製造業

090　管理，補助的経済活動を行う事業所（09食料品製造業）

- 0900　主として管理事務を行う本社等
- 0909　その他の管理，補助的経済活動を行う事業所

091　畜産食料品製造業

- 0911　部分肉・冷凍肉製造業
- 0912　肉加工品製造業
- 0913　処理牛乳・乳飲料製造業
- 0914　乳製品製造業（処理牛乳，乳飲料を除く）
- 0919　その他の畜産食料品製造業

092　水産食料品製造業

- 0921　水産缶詰・瓶詰製造業
- 0922　海藻加工業
- 0923　水産練製品製造業
- 0924　塩干・塩蔵品製造業
- 0925　冷凍水産物製造業
- 0926　冷凍水産食品製造業
- 0929　その他の水産食料品製造業

093　野菜缶詰・果実缶詰・農産保存食料品製造業

- 0931　野菜缶詰・果実缶詰・農産保存食料品製造業（野菜漬物を除く）
- 0932　野菜漬物製造業（缶詰，瓶詰，つぼ詰を除く）

094　調味料製造業

- 0941　味そ製造業
- 0942　しょう油・食用アミノ酸製造業
- 0943　ソース製造業
- 0944　食酢製造業
- 0949　その他の調味料製造業

095　糖類製造業

- 0951　砂糖製造業（砂糖精製業を除く）
- 0952　砂糖精製業
- 0953　ぶどう糖・水あめ・異性化糖製造業

096　精穀・製粉業

- 0961　精米・精麦業
- 0962　小麦粉製造業
- 0969　その他の精穀・製粉業

097　パン・菓子製造業

- 0971　パン製造業
- 0972　生菓子製造業
- 0973　ビスケット類・干菓子製造業
- 0974　米菓製造業
- 0979　その他のパン・菓子製造業

098　動植物油脂製造業

- 0981　動植物油脂製造業（食用油脂加工業を除く）
- 0982　食用油脂加工業

099　その他の食料品製造業

- 0991　でんぷん製造業
- 0992　めん類製造業
- 0993　豆腐・油揚製造業
- 0994　あん類製造業
- 0995　冷凍調理食品製造業
- 0996　そう（惣）菜製造業
- 0997　すし・弁当・調理パン製造業
- 0998　レトルト食品製造業
- 0999　他に分類されない食料品製造業

10　飲料・たばこ・飼料製造業

100　管理，補助的経済活動を行う事業所（10飲料・たばこ・飼料製造業）

- 1000　主として管理事務を行う本社等
- 1009　その他の管理，補助的経済活動を行う事業所

101　清涼飲料製造業

- 1011　清涼飲料製造業

102　酒類製造業

- 1021　果実酒製造業

1022　ビール類製造業

1023　清酒製造業

1024　蒸留酒・混成酒製造業

103　茶・コーヒー製造業（清涼飲料を除く）

1031　製茶業

1032　コーヒー製造業

104　製氷業

1041　製氷業

105　たばこ製造業

1051　たばこ製造業（葉たばこ処理業を除く）

1052　葉たばこ処理業

106　飼料・有機質肥料製造業

1061　配合飼料製造業

1062　単体飼料製造業

1063　有機質肥料製造業

11　繊維工業

110　管理，補助的経済活動を行う事業所（11繊維工業）

1100　主として管理事務を行う本社等

1109　その他の管理，補助的経済活動を行う事業所

111　製糸業，紡績業，化学繊維・ねん糸等製造業

1111　製糸業

1112　化学繊維製造業

1113　炭素繊維製造業

1114　綿紡績業

1115　化学繊維紡績業

1116　毛紡績業

1117　ねん糸製造業（かさ高加工糸を除く）

1118　かさ高加工糸製造業

1119　その他の紡績業

112　織物業

1121　綿・スフ織物業

1122　絹・人絹織物業

1123　毛織物業

1124　麻織物業

1125　細幅織物業

1129　その他の織物業

113　ニット生地製造業

1131　丸編ニット生地製造業

1132　たて編ニット生地製造業

1133　横編ニット生地製造業

114　染色整理業

1141　綿・スフ・麻織物機械染色業

1142　絹・人絹織物機械染色業

1143　毛織物機械染色整理業

1144　織物整理業

1145　織物手加工染色整理業

1146　綿状繊維・糸染色整理業

1147　ニット・レース染色整理業

1148　繊維雑品染色整理業

115　綱・網・レース・繊維粗製品製造業

1151　綱製造業

1152　漁網製造業

1153　網地製造業（漁網を除く）

1154　レース製造業

1155　組ひも製造業

1156　整毛業

1157　フェルト・不織布製造業

1158　上塗りした織物・防水した織物製造業

1159　その他の繊維粗製品製造業

116　外衣・シャツ製造業（和式を除く）

1161　織物製成人男子・少年服製造業（不織布製及びレース製を含む）

1162　織物製成人女子・少女服製造業（不織布製及びレース製を含む）

1163　織物製乳幼児服製造業（不織布製及びレース製を含む）

1611　窒素質・りん酸質肥料製造業

1612　複合肥料製造業

1619　その他の化学肥料製造業

162　無機化学工業製品製造業

1621　ソーダ工業

1622　無機顔料製造業

1623　圧縮ガス・液化ガス製造業

1624　塩製造業

1629　その他の無機化学工業製品製造業

163　有機化学工業製品製造業

1631　石油化学系基礎製品製造業（一貫して生産される誘導品を含む）

1632　脂肪族系中間物製造業（脂肪族系溶剤を含む）

1633　発酵工業

1634　環式中間物・合成染料・有機顔料製造業

1635　プラスチック製造業

1636　合成ゴム製造業

1639　その他の有機化学工業製品製造業

164　油脂加工製品・石けん・合成洗剤・界面活性剤・塗料製造業

1641　脂肪酸・硬化油・グリセリン製造業

1642　石けん・合成洗剤製造業

1643　界面活性剤製造業（石けん，合成洗剤を除く）

1644　塗料製造業

1645　印刷インキ製造業

1646　洗浄剤・磨用剤製造業

1647　ろうそく製造業

165　医薬品製造業

1651　医薬品原薬製造業

1652　医薬品製剤製造業

1653　生物学的製剤製造業

1654　生薬・漢方製剤製造業

1655　動物用医薬品製造業

166　化粧品・歯磨・その他の化粧用調整品製造業

1661　仕上用・皮膚用化粧品製造業（香水，オーデコロンを含む）

1662　頭髪用化粧品製造業

1669　その他の化粧品・歯磨・化粧用調整品製造業

169　その他の化学工業

1691　火薬類製造業

1692　農薬製造業

1693　香料製造業

1694　ゼラチン・接着剤製造業

1695　写真感光材料製造業

1696　天然樹脂製品・木材化学製品製造業

1697　試薬製造業

1699　他に分類されない化学工業製品製造業

17　石油製品・石炭製品製造業

170　管理，補助的経済活動を行う事業所（17石油製品・石炭製品製造業）

1700　主として管理事務を行う本社等

1709　その他の管理，補助的経済活動を行う事業所

171　石油精製業

1711　石油精製業

172　潤滑油・グリース製造業（石油精製業によらないもの）

1721　潤滑油・グリース製造業（石油精製業によらないもの）

173　コークス製造業

1731　コークス製造業

174　舗装材料製造業

1741　舗装材料製造業

179　その他の石油製品・石炭製品製造業

1799　その他の石油製品・石炭製品製造業

18　プラスチック製品製造業（別掲を除く）

180　管理，補助的経済活動を行う事業所（18プラス

チック製品製造業）

1800　主として管理事務を行う本社等

1809　その他の管理，補助的経済活動を行う事業所

181　プラスチック板・棒・管・継手・異形押出製品製造業

1811　プラスチック板・棒製造業

1812　プラスチック管製造業

1813　プラスチック継手製造業

1814　プラスチック異形押出製品製造業

1815　プラスチック板・棒・管・継手・異形押出製品加工業

182　プラスチックフィルム・シート・床材・合成皮革製造業

1821　プラスチックフィルム製造業

1822　プラスチックシート製造業

1823　プラスチック床材製造業

1824　合成皮革製造業

1825　プラスチックフィルム・シート・床材・合成皮革加工業

183　工業用プラスチック製品製造業

1831　電気機械器具用プラスチック製品製造業（加工業を除く）

1832　輸送機械器具用プラスチック製品製造業（加工業を除く）

1833　その他の工業用プラスチック製品製造業（加工業を除く）

1834　工業用プラスチック製品加工業

184　発泡・強化プラスチック製品製造業

1841　軟質プラスチック発泡製品製造業（半硬質性を含む）

1842　硬質プラスチック発泡製品製造業

1843　強化プラスチック製板・棒・管・継手製造業

1844　強化プラスチック製容器・浴槽等製造業

1845　発泡・強化プラスチック製品加工業

185　プラスチック成形材料製造業（廃プラスチックを含む）

1851　プラスチック成形材料製造業

1852　廃プラスチック製品製造業

189　その他のプラスチック製品製造業

1891　プラスチック製日用雑貨・食卓用品製造業

1892　プラスチック製容器製造業

1897　他に分類されないプラスチック製品製造業

1898　他に分類されないプラスチック製品加工業

19　ゴム製品製造業

190　管理，補助的経済活動を行う事業所（19ゴム製品製造業）

1900　主として管理事務を行う本社等

1909　その他の管理，補助的経済活動を行う事業所

191　タイヤ・チューブ製造業

1911　自動車タイヤ・チューブ製造業

1919　その他のタイヤ・チューブ製造業

192　ゴム製・プラスチック製履物・同附属品製造業

1921　ゴム製履物・同附属品製造業

1922　プラスチック製履物・同附属品製造業

193　ゴムベルト・ゴムホース・工業用ゴム製品製造業

1931　ゴムベルト製造業

1932　ゴムホース製造業

1933　工業用ゴム製品製造業

199　その他のゴム製品製造業

1991　ゴム引布・同製品製造業

1992　医療・衛生用ゴム製品製造業

1993　ゴム練生地製造業

1994　更生タイヤ製造業

1995　再生ゴム製造業

1999　他に分類されないゴム製品製造業

金属合金製造業を含む）

233　非鉄金属・同合金圧延業（抽伸，押出しを含む）

2331　伸銅品製造業

2332　アルミニウム・同合金圧延業（抽伸，押出しを含む）

2339　その他の非鉄金属・同合金圧延業（抽伸，押出しを含む）

234　電線・ケーブル製造業

2341　電線・ケーブル製造業（光ファイバケーブルを除く）

2342　光ファイバケーブル製造業（通信複合ケーブルを含む）

235　非鉄金属素形材製造業

2351　銅・同合金鋳物製造業（ダイカストを除く）

2352　非鉄金属鋳物製造業（銅・同合金鋳物及びダイカストを除く）

2353　アルミニウム・同合金ダイカスト製造業

2354　非鉄金属ダイカスト製造業（アルミニウム・同合金ダイカストを除く）

2355　非鉄金属鍛造品製造業

239　その他の非鉄金属製造業

2391　核燃料製造業

2399　他に分類されない非鉄金属製造業

24　金属製品製造業

240　管理，補助的経済活動を行う事業所（24金属製品製造業）

2400　主として管理事務を行う本社等

2409　その他の管理，補助的経済活動を行う事業所

241　ブリキ缶・その他のめっき板等製品製造業

2411　ブリキ缶・その他のめっき板等製品製造業

242　洋食器・刃物・手道具・金物類製造業

2421　洋食器製造業

2422　機械刃物製造業

2423　利器工匠具・手道具製造業（やすり，のこぎり，食卓用刃物を除く）

2424　作業工具製造業

2425　手引のこぎり・のこ刃製造業

2426　農業用器具製造業（農業用機械を除く）

2429　その他の金物類製造業

243　暖房・調理等装置・配管工事用附属品製造業

2431　配管工事用附属品製造業（バルブ，コックを除く）

2432　ガス機器・石油機器製造業

2433　温風・温水暖房装置製造業

2439　その他の暖房・調理装置製造業（電気機械器具，ガス機器，石油機器を除く）

244　建設用・建築用金属製品製造業（製缶板金業を含む）

2441　鉄骨製造業

2442　建設用金属製品製造業（鉄骨を除く）

2443　金属製サッシ・ドア製造業

2444　鉄骨系プレハブ住宅製造業

2445　建築用金属製品製造業（サッシ，ドア，建築用金物を除く）

2446　製缶板金業

245　金属素形材製品製造業

2451　アルミニウム・同合金プレス製品製造業

2452　金属プレス製品製造業（アルミニウム・同合金を除く）

2453　粉末や金製品製造業

246　金属被覆・彫刻業，熱処理業（ほうろう鉄器を除く）

2461　金属製品塗装業

2462　溶融めっき業（表面処理鋼材製造業を除く）

2463　金属彫刻業

2464　電気めっき業（表面処理鋼材製造業を除く）

2465　金属熱処理業

2469　その他の金属表面処理業

247　金属線製品製造業（ねじ類を除く）

2471　くぎ製造業

2479　その他の金属線製品製造業

248　ボルト・ナット・リベット・小ねじ・木ねじ等製造業

2481　ボルト・ナット・リベット・小ねじ・木ねじ等製造業

249　その他の金属製品製造業

2491　金庫製造業

2492　金属製スプリング製造業

2499　他に分類されない金属製品製造業

25　はん用機械器具製造業

250　管理，補助的経済活動を行う事業所（25はん用機械器具製造業）

2500　主として管理事務を行う本社等

2509　その他の管理，補助的経済活動を行う事業所

251　ボイラ・原動機製造業

2511　ボイラ製造業

2512　蒸気機関・タービン・水力タービン製造業（舶用を除く）

2513　はん用内燃機関製造業

2519　その他の原動機製造業

252　ポンプ・圧縮機器製造業

2521　ポンプ・同装置製造業

2522　空気圧縮機・ガス圧縮機・送風機製造業

2523　油圧・空圧機器製造業

253　一般産業用機械・装置製造業

2531　動力伝導装置製造業（玉軸受，ころ軸受を除く）

2532　エレベータ・エスカレータ製造業

2533　物流運搬設備製造業

2534　工業窯炉製造業

2535　冷凍機・温湿調整装置製造業

259　その他のはん用機械・同部分品製造業

2591　消火器具・消火装置製造業

2592　弁・同附属品製造業

2593　パイプ加工・パイプ附属品加工業

2594　玉軸受・ころ軸受製造業

2595　ピストンリング製造業

2596　他に分類されないはん用機械・装置製造業

2599　各種機械・同部分品製造修理業（注文製造・修理）

26　生産用機械器具製造業

260　管理，補助的経済活動を行う事業所（26生産用機械器具製造業）

2600　主として管理事務を行う本社等

2609　その他の管理，補助的経済活動を行う事業所

261　農業用機械製造業（農業用器具を除く）

2611　農業用機械製造業（農業用器具を除く）

262　建設機械・鉱山機械製造業

2621　建設機械・鉱山機械製造業

263　繊維機械製造業

2631　化学繊維機械・紡績機械製造業

2632　製織機械・編組機械製造業

2633　染色整理仕上機械製造業

2634　繊維機械部分品・取付具・附属品製造業

2635　縫製機械製造業

264　生活関連産業用機械製造業

2641　食品機械・同装置製造業

2642　木材加工機械製造業

2643　パルプ装置・製紙機械製造業

2644　印刷・製本・紙工機械製造業

2645　包装・荷造機械製造業

265　基礎素材産業用機械製造業

2651　鋳造装置製造業

2652　化学機械・同装置製造業

2653　プラスチック加工機械・同附属装置製造業

266　金属加工機械製造業

2661　金属工作機械製造業

2662　金属加工機械製造業（金属工作機械を除く）

2663　金属工作機械用・金属加工機械用部分品・附属品製造業（機械工具，金型を除く）

2664　機械工具製造業（粉末や金業を除く）

267　半導体・フラットパネルディスプレイ製造装置製造業

2671　半導体製造装置製造業

2672　フラットパネルディスプレイ製造装置製造業

269　その他の生産用機械・同部分品製造業

2691　金属用金型・同部分品・附属品製造業

2692　非金属用金型・同部分品・附属品製造業

2693　真空装置・真空機器製造業

2694　ロボット製造業

2699　他に分類されない生産用機械・同部分品製造業

27　業務用機械器具製造業

270　管理，補助的経済活動を行う事業所（27業務用機械器具製造業）

2700　主として管理事務を行う本社等

2709　その他の管理，補助的経済活動を行う事業所

271　事務用機械器具製造業

2711　複写機製造業

2719　その他の事務用機械器具製造業

272　サービス用・娯楽用機械器具製造業

2721　サービス用機械器具製造業

2722　娯楽用機械製造業

2723　自動販売機製造業

2729　その他のサービス用・娯楽用機械器具製造業

273　計量器・測定器・分析機器・試験機・測量機械

器具・理化学機械器具製造業

2731　体積計製造業

2732　はかり製造業

2733　圧力計・流量計・液面計等製造業

2734　精密測定器製造業

2735　分析機器製造業

2736　試験機製造業

2737　測量機械器具製造業

2738　理化学機械器具製造業

2739　その他の計量器・測定器・分析機器・試験機・測量機械器具・理化学機械器具製造業

274　医療用機械器具・医療用品製造業

2741　医療用機械器具製造業

2742　歯科用機械器具製造業

2743　医療用品製造業（動物用医療機械器具を含む）

2744　歯科材料製造業

275　光学機械器具・レンズ製造業

2751　顕微鏡・望遠鏡等製造業

2752　写真機・映画用機械・同附属品製造業

2753　光学機械用レンズ・プリズム製造業

276　武器製造業

2761　武器製造業

28　電子部品・デバイス・電子回路製造業

280　管理，補助的経済活動を行う事業所（28電子部品・デバイス・電子回路製造業）

2800　主として管理事務を行う本社等

2809　その他の管理，補助的経済活動を行う事業所

281　電子デバイス製造業

2811　電子管製造業

2812　光電変換素子製造業

2813　半導体素子製造業（光電変換素子を除く）

2814　集積回路製造業

2815　液晶パネル・フラットパネル製造業

282 電子部品製造業

2821 抵抗器・コンデンサ・変成器・複合部品製造業

2822 音響部品・磁気ヘッド・小形モータ製造業

2823 コネクタ・スイッチ・リレー製造業

283 記録メディア製造業

2831 半導体メモリメディア製造業

2832 光ディスク・磁気ディスク・磁気テープ製造業

284 電子回路製造業

2841 電子回路基板製造業

2842 電子回路実装基板製造業

285 ユニット部品製造業

2851 電源ユニット・高周波ユニット・コントロールユニット製造業

2859 その他のユニット部品製造業

289 その他の電子部品・デバイス・電子回路製造業

2899 その他の電子部品・デバイス・電子回路製造業

29 電気機械器具製造業

290 管理，補助的経済活動を行う事業所（29電気機械器具製造業）

2900 主として管理事務を行う本社等

2909 その他の管理，補助的経済活動を行う事業所

291 発電用・送電用・配電用電気機械器具製造業

2911 発電機・電動機・その他の回転電気機械製造業

2912 変圧器類製造業（電子機器用を除く）

2913 電力開閉装置製造業

2914 配電盤・電力制御装置製造業

2915 配線器具・配線附属品製造業

292 産業用電気機械器具製造業

2921 電気溶接機製造業

2922 内燃機関電装品製造業

2929 その他の産業用電気機械器具製造業（車両用，船舶用を含む）

293 民生用電気機械器具製造業

2931 ちゅう房機器製造業

2932 空調・住宅関連機器製造業

2933 衣料衛生関連機器製造業

2939 その他の民生用電気機械器具製造業

294 電球・電気照明器具製造業

2941 電球製造業

2942 電気照明器具製造業

295 電池製造業

2951 蓄電池製造業

2952 一次電池（乾電池，湿電池）製造業

296 電子応用装置製造業

2961 Ｘ線装置製造業

2962 医療用電子応用装置製造業

2969 その他の電子応用装置製造業

297 電気計測器製造業

2971 電気計測器製造業（別掲を除く）

2972 工業計器製造業

2973 医療用計測器製造業

299 その他の電気機械器具製造業

2999 その他の電気機械器具製造業

30 情報通信機械器具製造業

300 管理，補助的経済活動を行う事業所（30情報通信機械器具製造業）

3000 主として管理事務を行う本社等

3009 その他の管理，補助的経済活動を行う事業所

301 通信機械器具・同関連機械器具製造業

3011 有線通信機械器具製造業

3012 携帯電話機・ＰＨＳ電話機製造業

3013 無線通信機械器具製造業

3014　ラジオ受信機・テレビジョン受信機製造業

3015　交通信号保安装置製造業

3019　その他の通信機械器具・同関連機械器具製造業

302　映像・音響機械器具製造業

3021　ビデオ機器製造業

3022　デジタルカメラ製造業

3023　電気音響機械器具製造業

303　電子計算機・同附属装置製造業

3031　電子計算機製造業（パーソナルコンピュータを除く）

3032　パーソナルコンピュータ製造業

3033　外部記憶装置製造業

3034　印刷装置製造業

3035　表示装置製造業

3039　その他の附属装置製造業

31　輸送用機械器具製造業

310　管理，補助的経済活動を行う事業所（31輸送用機械器具製造業）

3100　主として管理事務を行う本社等

3109　その他の管理，補助的経済活動を行う事業所

311　自動車・同附属品製造業

3111　自動車製造業（二輪自動車を含む）

3112　自動車車体・附随車製造業

3113　自動車部分品・附属品製造業

312　鉄道車両・同部分品製造業

3121　鉄道車両製造業

3122　鉄道車両用部分品製造業

313　船舶製造・修理業，舶用機関製造業

3131　船舶製造・修理業

3132　船体ブロック製造業

3133　舟艇製造・修理業

3134　舶用機関製造業

314　航空機・同附属品製造業

3141　航空機製造業

3142　航空機用原動機製造業

3149　その他の航空機部分品・補助装置製造業

315　産業用運搬車両・同部分品・附属品製造業

3151　フォークリフトトラック・同部分品・附属品製造業

3159　その他の産業用運搬車両・同部分品・附属品製造業

319　その他の輸送用機械器具製造業

3191　自転車・同部分品製造業

3199　他に分類されない輸送用機械器具製造業

32　その他の製造業

320　管理，補助的経済活動を行う事業所（32その他の製造業）

3200　主として管理事務を行う本社等

3209　その他の管理，補助的経済活動を行う事業所

321　貴金属・宝石製品製造業

3211　貴金属・宝石製装身具（ジュエリー）製品製造業

3212　貴金属・宝石製装身具（ジュエリー）附属品・同材料加工業

3219　その他の貴金属製品製造業

322　装身具・装飾品・ボタン・同関連品製造業（貴金属・宝石製を除く）

3221　装身具・装飾品製造業（貴金属・宝石製を除く）

3222　造花・装飾用羽毛製造業

3223　ボタン製造業

3224　針・ピン・ホック・スナップ・同関連品製造業

3229　その他の装身具・装飾品製造業

323　時計・同部分品製造業

3231　時計・同部分品製造業

324 **楽器製造業**

  3241 ピアノ製造業

  3249 その他の楽器・楽器部品・同材料製造業

325 **がん具・運動用具製造業**

  3251 娯楽用具・がん具製造業（人形を除く）

  3252 人形製造業

  3253 運動用具製造業

326 **ペン・鉛筆・絵画用品・その他の事務用品製造業**

  3261 万年筆・ペン類・鉛筆製造業

  3262 毛筆・絵画用品製造業（鉛筆を除く）

  3269 その他の事務用品製造業

327 **漆器製造業**

  3271 漆器製造業

328 **畳等生活雑貨製品製造業**

  3281 麦わら・パナマ類帽子・わら工品製造業

  3282 畳製造業

  3283 うちわ・扇子・ちょうちん製造業

  3284 ほうき・ブラシ製造業

  3285 喫煙用具製造業（貴金属・宝石製を除く）

  3289 その他の生活雑貨製品製造業

329 **他に分類されない製造業**

  3291 煙火製造業

  3292 看板・標識機製造業

  3293 パレット製造業

  3294 モデル・模型製造業

  3295 工業用模型製造業

  3296 情報記録物製造業（新聞，書籍等の印刷物を除く）

  3297 眼鏡製造業（枠を含む）

  3299 他に分類されないその他の製造業

大分類　Ｆ－電気・ガス・熱供給・水道業

33 **電気業**

330 **管理，補助的経済活動を行う事業所（33電気業）**

  3300 主として管理事務を行う本社等

  3309 その他の管理，補助的経済活動を行う事業所

331 **電気業**

  3311 発電所

  3312 変電所

34 **ガス業**

340 **管理，補助的経済活動を行う事業所（34ガス業）**

  3400 主として管理事務を行う本社等

  3409 その他の管理，補助的経済活動を行う事業所

341 **ガス業**

  3411 ガス製造工場

  3412 ガス供給所

35 **熱供給業**

350 **管理，補助的経済活動を行う事業所（35熱供給業）**

  3500 主として管理事務を行う本社等

  3509 その他の管理，補助的経済活動を行う事業所

351 **熱供給業**

  3511 熱供給業

36 **水道業**

360 **管理，補助的経済活動を行う事業所（36水道業）**

  3600 主として管理事務を行う本社等

  3609 その他の管理，補助的経済活動を行う事業所

361 **上水道業**

  3611 上水道業

362 **工業用水道業**

  3621 工業用水道業

3900 主として管理事務を行う本社等

3909 その他の管理，補助的経済活動を行う事業所

391 ソフトウェア業

3911 受託開発ソフトウェア業

3912 組込みソフトウェア業

3913 パッケージソフトウェア業

3914 ゲームソフトウェア業

392 情報処理・提供サービス業

3921 情報処理サービス業

3922 情報提供サービス業

3923 市場調査・世論調査・社会調査業

3929 その他の情報処理・提供サービス業

40 インターネット附随サービス業

400 管理，補助的経済活動を行う事業所（40インターネット附随サービス業）

4000 主として管理事務を行う本社等

4009 その他の管理，補助的経済活動を行う事業所

401 インターネット附随サービス業

4011 ポータルサイト・サーバ運営業

4012 アプリケーション・サービス・コンテンツ・プロバイダ

4013 インターネット利用サポート業

41 映像・音声・文字情報制作業

410 管理，補助的経済活動を行う事業所（41映像・音声・文字情報制作業）

4100 主として管理事務を行う本社等

4109 その他の管理，補助的経済活動を行う事業所

411 映像情報制作・配給業

4111 映画・ビデオ制作業（テレビジョン番組制作業，アニメーション制作業を除く）

4112 テレビジョン番組制作業（アニメーション制作業を除く）

4113 アニメーション制作業

4114 映画・ビデオ・テレビジョン番組配給業

412 音声情報制作業

4121 レコード制作業

4122 ラジオ番組制作業

413 新聞業

4131 新聞業

414 出版業

4141 出版業

415 広告制作業

4151 広告制作業

416 映像・音声・文字情報制作に附帯するサービス業

4161 ニュース供給業

4169 その他の映像・音声・文字情報制作に附帯するサービス業

大分類　H－運輸業，郵便業

42　鉄道業

420　管理，補助的経済活動を行う事業所（42鉄道業）

4200　主として管理事務を行う本社等

4209　その他の管理，補助的経済活動を行う事業所

421　鉄道業

4211　普通鉄道業

4212　軌道業

4213　地下鉄道業

4214　モノレール鉄道業（地下鉄道業を除く）

4215　案内軌条式鉄道業（地下鉄道業を除く）

4216　鋼索鉄道業

4217　索道業

4219　その他の鉄道業

43　道路旅客運送業

430　管理，補助的経済活動を行う事業所（43道路旅客運送業）

4300　主として管理事務を行う本社等

4309　その他の管理，補助的経済活動を行う事業所

431　一般乗合旅客自動車運送業

4311　一般乗合旅客自動車運送業

432　一般乗用旅客自動車運送業

4321　一般乗用旅客自動車運送業

433　一般貸切旅客自動車運送業

4331　一般貸切旅客自動車運送業

439　その他の道路旅客運送業

4391　特定旅客自動車運送業

4399　他に分類されない道路旅客運送業

44　道路貨物運送業

440　管理，補助的経済活動を行う事業所（44道路貨物運送業）

4400　主として管理事務を行う本社等

4409　その他の管理，補助的経済活動を行う事業所

441　一般貨物自動車運送業

4411　一般貨物自動車運送業（特別積合せ貨物運送業を除く）

4412　特別積合せ貨物運送業

442　特定貨物自動車運送業

4421　特定貨物自動車運送業

443　貨物軽自動車運送業

4431　貨物軽自動車運送業

444　集配利用運送業

4441　集配利用運送業

449　その他の道路貨物運送業

4499　その他の道路貨物運送業

45　水運業

450　管理，補助的経済活動を行う事業所（45水運業）

4500　主として管理事務を行う本社等

4509　その他の管理，補助的経済活動を行う事業所

451　外航海運業

4511　外航旅客海運業

4512　外航貨物海運業

452　沿海海運業

4521　沿海旅客海運業

4522　沿海貨物海運業

453　内陸水運業

4531　港湾旅客海運業

4532　河川水運業

4533　湖沼水運業

454　船舶貸渡業

4541　船舶貸渡業（内航船舶貸渡業を除く）

4542　内航船舶貸渡業

46 航空運輸業

460 管理，補助的経済活動を行う事業所（46航空運輸業）

4600 主として管理事務を行う本社等

4609 その他の管理，補助的経済活動を行う事業所

461 航空運送業

4611 航空運送業

462 航空機使用業（航空運送業を除く）

4621 航空機使用業（航空運送業を除く）

47 倉庫業

470 管理，補助的経済活動を行う事業所（47倉庫業）

4700 主として管理事務を行う本社等

4709 その他の管理，補助的経済活動を行う事業所

471 倉庫業（冷蔵倉庫業を除く）

4711 倉庫業（冷蔵倉庫業を除く）

472 冷蔵倉庫業

4721 冷蔵倉庫業

48 運輸に附帯するサービス業

480 管理，補助的経済活動を行う事業所（48運輸に附帯するサービス業）

4800 主として管理事務を行う本社等

4809 その他の管理，補助的経済活動を行う事業所

481 港湾運送業

4811 港湾運送業

482 貨物運送取扱業（集配利用運送業を除く）

4821 利用運送業（集配利用運送業を除く）

4822 運送取次業

483 運送代理店

4831 運送代理店

484 こん包業

4841 こん包業（組立こん包業を除く）

4842 組立こん包業

485 運輸施設提供業

4851 鉄道施設提供業

4852 道路運送固定施設業

4853 自動車ターミナル業

4854 貨物荷扱固定施設業

4855 桟橋泊きょ業

4856 飛行場業

489 その他の運輸に附帯するサービス業

4891 海運仲立業

4899 他に分類されない運輸に附帯するサービス業

49 郵便業（信書便事業を含む）

490 管理，補助的経済活動を行う事業所（49郵便業）

4901 管理，補助的経済活動を行う事業所

491 郵便業（信書便事業を含む）

4911 郵便業（信書便事業を含む）

大分類　I－卸売業，小売業

50　各種商品卸売業

500　管理，補助的経済活動を行う事業所（50各種商品卸売業）

5000　主として管理事務を行う本社等

5008　自家用倉庫

5009　その他の管理，補助的経済活動を行う事業所

501　各種商品卸売業

5011　各種商品卸売業（従業者が常時100人以上のもの）

5019　その他の各種商品卸売業

51　繊維・衣服等卸売業

510　管理，補助的経済活動を行う事業所（51繊維・衣服等卸売業）

5100　主として管理事務を行う本社等

5108　自家用倉庫

5109　その他の管理，補助的経済活動を行う事業所

511　繊維品卸売業（衣服，身の回り品を除く）

5111　繊維原料卸売業

5112　糸卸売業

5113　織物卸売業（室内装飾繊維品を除く）

512　衣服卸売業

5121　男子服卸売業

5122　婦人・子供服卸売業

5123　下着類卸売業

5129　その他の衣服卸売業

513　身の回り品卸売業

5131　寝具類卸売業

5132　靴・履物卸売業

5133　かばん・袋物卸売業

5139　その他の身の回り品卸売業

52　飲食料品卸売業

520　管理，補助的経済活動を行う事業所（52飲食料品卸売業）

5200　主として管理事務を行う本社等

5208　自家用倉庫

5209　その他の管理，補助的経済活動を行う事業所

521　農畜産物・水産物卸売業

5211　米麦卸売業

5212　雑穀・豆類卸売業

5213　野菜卸売業

5214　果実卸売業

5215　食肉卸売業

5216　生鮮魚介卸売業

5219　その他の農畜産物・水産物卸売業

522　食料・飲料卸売業

5221　砂糖・味そ・しょう油卸売業

5222　酒類卸売業

5223　乾物卸売業

5224　菓子・パン類卸売業

5225　飲料卸売業（別掲を除く）

5226　茶類卸売業

5227　牛乳・乳製品卸売業

5229　その他の食料・飲料卸売業

53　建築材料，鉱物・金属材料等卸売業

530　管理，補助的経済活動を行う事業所（53建築材料，鉱物・金属材料等卸売業）

5300　主として管理事務を行う本社等

5308　自家用倉庫

5309　その他の管理，補助的経済活動を行う事業所

531　建築材料卸売業

5311　木材・竹材卸売業

5312　セメント卸売業

5313　板ガラス卸売業

5314 建築用金属製品卸売業（建築用金物を除く）

5319 その他の建築材料卸売業

532 化学製品卸売業

5321 塗料卸売業

5322 プラスチック卸売業

5329 その他の化学製品卸売業

533 石油・鉱物卸売業

5331 石油卸売業

5332 鉱物卸売業（石油を除く）

534 鉄鋼製品卸売業

5341 鉄鋼粗製品卸売業

5342 鉄鋼一次製品卸売業

5349 その他の鉄鋼製品卸売業

535 非鉄金属卸売業

5351 非鉄金属地金卸売業

5352 非鉄金属製品卸売業

536 再生資源卸売業

5361 空瓶・空缶等空容器卸売業

5362 鉄スクラップ卸売業

5363 非鉄金属スクラップ卸売業

5364 古紙卸売業

5369 その他の再生資源卸売業

54 機械器具卸売業

540 管理，補助的経済活動を行う事業所（54機械器具卸売業）

5400 主として管理事務を行う本社等

5408 自家用倉庫

5409 その他の管理，補助的経済活動を行う事業所

541 産業機械器具卸売業

5411 農業用機械器具卸売業

5412 建設機械・鉱山機械卸売業

5413 金属加工機械卸売業

5414 事務用機械器具卸売業

5419 その他の産業機械器具卸売業

542 自動車卸売業

5421 自動車卸売業（二輪自動車を含む）

5422 自動車部分品・附属品卸売業（中古品を除く）

5423 自動車中古部品卸売業

543 電気機械器具卸売業

5431 家庭用電気機械器具卸売業

5432 電気機械器具卸売業（家庭用電気機械器具を除く）

549 その他の機械器具卸売業

5491 輸送用機械器具卸売業（自動車を除く）

5492 計量器・理化学機械器具・光学機械器具等卸売業

5493 医療用機械器具卸売業（歯科用機械器具を含む）

55 その他の卸売業

550 管理，補助的経済活動を行う事業所（55その他の卸売業）

5500 主として管理事務を行う本社等

5508 自家用倉庫

5509 その他の管理，補助的経済活動を行う事業所

551 家具・建具・じゅう器等卸売業

5511 家具・建具卸売業

5512 荒物卸売業

5513 畳卸売業

5514 室内装飾繊維品卸売業

5515 陶磁器・ガラス器卸売業

5519 その他のじゅう器卸売業

552 医薬品・化粧品等卸売業

5521 医薬品卸売業

5522 医療用品卸売業

5523 化粧品卸売業

5524 合成洗剤卸売業

553　紙・紙製品卸売業

5531　紙卸売業

5532　紙製品卸売業

559　他に分類されない卸売業

5591　金物卸売業

5592　肥料・飼料卸売業

5593　スポーツ用品卸売業

5594　娯楽用品・がん具卸売業

5595　たばこ卸売業

5596　ジュエリー製品卸売業

5597　書籍・雑誌卸売業

5598　代理商，仲立業

5599　他に分類されないその他の卸売業

56　各種商品小売業

560　管理，補助的経済活動を行う事業所（56各種商品小売業）

5600　主として管理事務を行う本社等

5608　自家用倉庫

5609　その他の管理，補助的経済活動を行う事業所

561　百貨店，総合スーパー

5611　百貨店，総合スーパー

569　その他の各種商品小売業（従業者が常時50人未満のもの）

5699　その他の各種商品小売業（従業者が常時50人未満のもの）

57　織物・衣服・身の回り品小売業

570　管理，補助的経済活動を行う事業所（57織物・衣服・身の回り品小売業）

5700　主として管理事務を行う本社等

5708　自家用倉庫

5709　その他の管理，補助的経済活動を行う事業所

571　呉服・服地・寝具小売業

5711　呉服・服地小売業

5712　寝具小売業

572　男子服小売業

5721　男子服小売業

573　婦人・子供服小売業

5731　婦人服小売業

5732　子供服小売業

574　靴・履物小売業

5741　靴小売業

5742　履物小売業（靴を除く）

579　その他の織物・衣服・身の回り品小売業

5791　かばん・袋物小売業

5792　下着類小売業

5793　洋品雑貨・小間物小売業

5799　他に分類されない織物・衣服・身の回り品小売業

58　飲食料品小売業

580　管理，補助的経済活動を行う事業所（58飲食料品小売業）

5800　主として管理事務を行う本社等

5808　自家用倉庫

5809　その他の管理，補助的経済活動を行う事業所

581　各種食料品小売業

5811　各種食料品小売業

582　野菜・果実小売業

5821　野菜小売業

5822　果実小売業

583　食肉小売業

5831　食肉小売業（卵，鳥肉を除く）

5832　卵・鳥肉小売業

584　鮮魚小売業

5841　鮮魚小売業

585　酒小売業

5851　酒小売業

586　菓子・パン小売業

5861　菓子小売業（製造小売）

5862　菓子小売業（製造小売でないもの）

5863　パン小売業（製造小売）

5864　パン小売業（製造小売でないもの）

589　その他の飲食料品小売業

5891　コンビニエンスストア（飲食料品を中心とするものに限る）

5892　牛乳小売業

5893　飲料小売業（別掲を除く）

5894　茶類小売業

5895　料理品小売業

5896　米穀類小売業

5897　豆腐・かまぼこ等加工食品小売業

5898　乾物小売業

5899　他に分類されない飲食料品小売業

59　機械器具小売業

590　管理，補助的経済活動を行う事業所（59機械器具小売業）

5900　主として管理事務を行う本社等

5908　自家用倉庫

5909　その他の管理，補助的経済活動を行う事業所

591　自動車小売業

5911　自動車（新車）小売業

5912　中古自動車小売業

5913　自動車部分品・附属品小売業

5914　二輪自動車小売業（原動機付自転車を含む）

592　自転車小売業

5921　自転車小売業

593　機械器具小売業（自動車，自転車を除く）

5931　電気機械器具小売業（中古品を除く）

5932　電気事務機械器具小売業（中古品を除く）

5933　中古電気製品小売業

5939　その他の機械器具小売業

60　その他の小売業

600　管理，補助的経済活動を行う事業所（60その他の小売業）

6000　主として管理事務を行う本社等

6008　自家用倉庫

6009　その他の管理，補助的経済活動を行う事業所

601　家具・建具・畳小売業

6011　家具小売業

6012　建具小売業

6013　畳小売業

6014　宗教用具小売業

602　じゅう器小売業

6021　金物小売業

6022　荒物小売業

6023　陶磁器・ガラス器小売業

6029　他に分類されないじゅう器小売業

603　医薬品・化粧品小売業

6031　ドラッグストア

6032　医薬品小売業（調剤薬局を除く）

6033　調剤薬局

6034　化粧品小売業

604　農耕用品小売業

6041　農業用機械器具小売業

6042　苗・種子小売業

6043　肥料・飼料小売業

605　燃料小売業

6051　ガソリンスタンド

6052　燃料小売業（ガソリンスタンドを除く）

606　書籍・文房具小売業

6061　書籍・雑誌小売業（古本を除く）

6062　古本小売業

258

大分類　J －金融業，保険業

62　銀行業

620　管理，補助的経済活動を行う事業所（62銀行業）

6200　主として管理事務を行う本社等

6209　その他の管理，補助的経済活動を行う事業所

621　中央銀行

6211　中央銀行

622　銀行（中央銀行を除く）

6221　普通銀行

6222　郵便貯金銀行

6223　信託銀行

6229　その他の銀行

63　協同組織金融業

630　管理，補助的経済活動を行う事業所（63協同組織金融業）

6300　主として管理事務を行う本社等

6309　その他の管理，補助的経済活動を行う事業所

631　中小企業等金融業

6311　信用金庫・同連合会

6312　信用協同組合・同連合会

6313　商工組合中央金庫

6314　労働金庫・同連合会

632　農林水産金融業

6321　農林中央金庫

6322　信用農業協同組合連合会

6323　信用漁業協同組合連合会，信用水産加工業協同組合連合会

6324　農業協同組合

6325　漁業協同組合，水産加工業協同組合

64　貸金業，クレジットカード業等非預金信用機関

640　管理，補助的経済活動を行う事業所（64貸金業，クレジットカード業等非預金信用機関）

6400　主として管理事務を行う本社等

6409　その他の管理，補助的経済活動を行う事業所

641　貸金業

6411　消費者向け貸金業

6412　事業者向け貸金業

642　質屋

6421　質屋

643　クレジットカード業，割賦金融業

6431　クレジットカード業

6432　割賦金融業

649　その他の非預金信用機関

6491　政府関係金融機関

6492　住宅専門金融業

6493　証券金融業

6499　他に分類されない非預金信用機関

65　金融商品取引業，商品先物取引業

650　管理，補助的経済活動を行う事業所（65金融商品取引業，商品先物取引業）

6500　主として管理事務を行う本社等

6509　その他の管理，補助的経済活動を行う事業所

651　金融商品取引業

6511　金融商品取引業（投資助言・代理・運用業，補助的金融商品取引業を除く）

6512　投資助言・代理業

6513　投資運用業

6514　補助的金融商品取引業

652　商品先物取引業，商品投資顧問業

6521　商品先物取引業

6522　商品投資顧問業

6529　その他の商品先物取引業，商品投資顧問業

66　補助的金融業等

660　管理，補助的経済活動を行う事業所（66補助的金融業等）

6600　主として管理事務を行う本社等

6609　その他の管理，補助的経済活動を行う事業所

661　補助的金融業，金融附帯業

6611　短資業

6612　手形交換所

6613　両替業

6614　信用保証機関

6615　信用保証再保険機関

6616　預・貯金等保険機関

6617　金融商品取引所

6618　商品取引所

6619　その他の補助的金融業，金融附帯業

662　信託業

6621　運用型信託業

6622　管理型信託業

663　金融代理業

6631　金融商品仲介業

6632　信託契約代理業

6639　その他の金融代理業

67　保険業（保険媒介代理業，保険サービス業を含む）

670　管理，補助的経済活動を行う事業所（67保険業）

6700　主として管理事務を行う本社等

6709　その他の管理，補助的経済活動を行う事業所

671　生命保険業

6711　生命保険業（郵便保険業，生命保険再保険業を除く）

6712　郵便保険業

6713　生命保険再保険業

6719　その他の生命保険業

672　損害保険業

6721　損害保険業（損害保険再保険業を除く）

6722　損害保険再保険業

6729　その他の損害保険業

673　共済事業，少額短期保険業

6731　共済事業（各種災害補償法によるもの）

6732　共済事業（各種協同組合法等によるもの）

6733　少額短期保険業

674　保険媒介代理業

6741　生命保険媒介業

6742　損害保険代理業

6743　共済事業媒介代理業・少額短期保険代理業

675　保険サービス業

6751　保険料率算出団体

6752　損害査定業

6759　その他の保険サービス業

260

大分類　K－不動産業，物品賃貸業

68　不動産取引業

　680　管理，補助的経済活動を行う事業所（68不動産取引業）

　　6800　主として管理事務を行う本社等

　　6809　その他の管理，補助的経済活動を行う事業所

　681　建物売買業，土地売買業

　　6811　建物売買業

　　6812　土地売買業

　682　不動産代理業・仲介業

　　6821　不動産代理業・仲介業

69　不動産賃貸業・管理業

　690　管理，補助的経済活動を行う事業所（69不動産賃貸業・管理業）

　　6900　主として管理事務を行う本社等

　　6909　その他の管理，補助的経済活動を行う事業所

　691　不動産賃貸業（貸家業，貸間業を除く）

　　6911　貸事務所業

　　6912　土地賃貸業

　　6919　その他の不動産賃貸業

　692　貸家業，貸間業

　　6921　貸家業

　　6922　貸間業

　693　駐車場業

　　6931　駐車場業

　694　不動産管理業

　　6941　不動産管理業

70　物品賃貸業

　700　管理，補助的経済活動を行う事業所（70物品賃貸業）

　　7000　主として管理事務を行う本社等

　　7009　その他の管理，補助的経済活動を行う事業所

　701　各種物品賃貸業

　　7011　総合リース業

　　7019　その他の各種物品賃貸業

　702　産業用機械器具賃貸業

　　7021　産業用機械器具賃貸業（建設機械器具を除く）

　　7022　建設機械器具賃貸業

　703　事務用機械器具賃貸業

　　7031　事務用機械器具賃貸業（電子計算機を除く）

　　7032　電子計算機・同関連機器賃貸業

　704　自動車賃貸業

　　7041　自動車賃貸業

　705　スポーツ・娯楽用品賃貸業

　　7051　スポーツ・娯楽用品賃貸業

　709　その他の物品賃貸業

　　7091　映画・演劇用品賃貸業

　　7092　音楽・映像記録物賃貸業（別掲を除く）

　　7093　貸衣しょう業（別掲を除く）

　　7099　他に分類されない物品賃貸業

大分類　L － 学術研究，専門・技術サービス業

71　学術・開発研究機関

710　管理，補助的経済活動を行う事業所（71学術・開発研究機関）

7101　管理，補助的経済活動を行う事業所

711　自然科学研究所

7111　理学研究所

7112　工学研究所

7113　農学研究所

7114　医学・薬学研究所

712　人文・社会科学研究所

7121　人文・社会科学研究所

72　専門サービス業（他に分類されないもの）

720　管理，補助的経済活動を行う事業所（72専門サービス業）

7201　管理，補助的経済活動を行う事業所

721　法律事務所，特許事務所

7211　法律事務所

7212　特許事務所

722　公証人役場，司法書士事務所，土地家屋調査士事務所

7221　公証人役場，司法書士事務所

7222　土地家屋調査士事務所

723　行政書士事務所

7231　行政書士事務所

724　公認会計士事務所，税理士事務所

7241　公認会計士事務所

7242　税理士事務所

725　社会保険労務士事務所

7251　社会保険労務士事務所

726　デザイン業

7261　デザイン業

727　著述・芸術家業

7271　著述家業

7272　芸術家業

728　経営コンサルタント業，純粋持株会社

7281　経営コンサルタント業

7282　純粋持株会社

729　その他の専門サービス業

7291　興信所

7292　翻訳業（著述家業を除く）

7293　通訳業，通訳案内業

7294　不動産鑑定業

7299　他に分類されない専門サービス業

73　広告業

730　管理，補助的経済活動を行う事業所（73広告業）

7300　主として管理事務を行う本社等

7309　その他の管理，補助的経済活動を行う事業所

731　広告業

7311　広告業

74　技術サービス業（他に分類されないもの）

740　管理，補助的経済活動を行う事業所（74技術サービス業）

7401　管理，補助的経済活動を行う事業所

741　獣医業

7411　獣医業

742　土木建築サービス業

7421　建築設計業

7422　測量業

7429　その他の土木建築サービス業

743　機械設計業

7431　機械設計業

744　商品・非破壊検査業

7441　商品検査業

7442　非破壊検査業

745　計量証明業

7451　一般計量証明業

7452　環境計量証明業

7459　その他の計量証明業

746　写真業

7461　写真業（商業写真業を除く）

7462　商業写真業

749　その他の技術サービス業

7499　その他の技術サービス業

大分類　M－宿泊業，飲食サービス業

75　宿泊業

750　管理，補助的経済活動を行う事業所（75宿泊業）

7500　主として管理事務を行う本社等

7509　その他の管理，補助的経済活動を行う事業所

751　旅館，ホテル

7511　旅館，ホテル

752　簡易宿所

7521　簡易宿所

753　下宿業

7531　下宿業

759　その他の宿泊業

7591　会社・団体の宿泊所

7592　リゾートクラブ

7599　他に分類されない宿泊業

76　飲食店

760　管理，補助的経済活動を行う事業所（76飲食店）

7600　主として管理事務を行う本社等

7609　その他の管理，補助的経済活動を行う事業所

761　食堂，レストラン（専門料理店を除く）

7611　食堂，レストラン（専門料理店を除く）

762　専門料理店

7621　日本料理店

7622　料亭

7623　中華料理店

7624　ラーメン店

7625　焼肉店

7629　その他の専門料理店

763　そば・うどん店

7631　そば・うどん店

764　すし店

7641　すし店

765　酒場，ビヤホール

7651　酒場，ビヤホール

766　バー，キャバレー，ナイトクラブ

7661　バー，キャバレー，ナイトクラブ

767　喫茶店

7671　喫茶店

769　その他の飲食店

7691　ハンバーガー店

7692　お好み焼き・焼きそば・たこ焼店

7699　他に分類されない飲食店

77　持ち帰り・配達飲食サービス業

770　管理，補助的経済活動を行う事業所（77持ち帰り・配達飲食サービス業）

7700　主として管理事務を行う本社等

7709　その他の管理，補助的経済活動を行う事業所

771　持ち帰り飲食サービス業

7711　持ち帰り飲食サービス業

772　配達飲食サービス業

7721　配達飲食サービス業

大分類　Ｎ－生活関連サービス業，娯楽業

78　洗濯・理容・美容・浴場業

780　管理，補助的経済活動を行う事業所（78洗濯・理容・美容・浴場業）

7800　主として管理事務を行う本社等

7809　その他の管理，補助的経済活動を行う事業所

781　洗濯業

7811　普通洗濯業

7812　洗濯物取次業

7813　リネンサプライ業

782　理容業

7821　理容業

783　美容業

7831　美容業

784　一般公衆浴場業

7841　一般公衆浴場業

785　その他の公衆浴場業

7851　その他の公衆浴場業

789　その他の洗濯・理容・美容・浴場業

7891　洗張・染物業

7892　エステティック業

7893　リラクゼーション業（手技を用いるもの）

7894　ネイルサービス業

7899　他に分類されない洗濯・理容・美容・浴場業

79　その他の生活関連サービス業

790　管理，補助的経済活動を行う事業所（79その他の生活関連サービス業）

7900　主として管理事務を行う本社等

7909　その他の管理，補助的経済活動を行う事業所

791　旅行業

7911　旅行業（旅行業者代理業を除く）

7912　旅行業者代理業

792　家事サービス業

　7921　家事サービス業（住込みのもの）

　7922　家事サービス業（住込みでないもの）

793　衣服裁縫修理業

　7931　衣服裁縫修理業

794　物品預り業

　7941　物品預り業

795　火葬・墓地管理業

　7951　火葬業

　7952　墓地管理業

796　冠婚葬祭業

　7961　葬儀業

　7962　結婚式場業

　7963　冠婚葬祭互助会

799　他に分類されない生活関連サービス業

　7991　食品賃加工業

　7992　結婚相談業，結婚式場紹介業

　7993　写真プリント，現像・焼付業

　7999　他に分類されないその他の生活関連サービス
　　　　業

80　娯楽業

800　管理，補助的経済活動を行う事業所（80娯楽業）

　8000　主として管理事務を行う本社等

　8009　その他の管理，補助的経済活動を行う事業所

801　映画館

　8011　映画館

802　興行場（別掲を除く），興行団

　8021　劇場

　8022　興行場

　8023　劇団

　8024　楽団，舞踏団

　8025　演芸・スポーツ等興行団

803　競輪・競馬等の競走場，競技団

　8031　競輪場

　8032　競馬場

　8033　自動車・モータボートの競走場

　8034　競輪競技団

　8035　競馬競技団

　8036　自動車・モータボートの競技団

804　スポーツ施設提供業

　8041　スポーツ施設提供業（別掲を除く）

　8042　体育館

　8043　ゴルフ場

　8044　ゴルフ練習場

　8045　ボウリング場

　8046　テニス場

　8047　バッティング・テニス練習場

　8048　フィットネスクラブ

805　公園，遊園地

　8051　公園

　8052　遊園地（テーマパークを除く）

　8053　テーマパーク

806　遊戯場

　8061　ビリヤード場

　8062　囲碁・将棋所

　8063　マージャンクラブ

　8064　パチンコホール

　8065　ゲームセンター

　8069　その他の遊戯場

809　その他の娯楽業

　8091　ダンスホール

　8092　マリーナ業

　8093　遊漁船業

　8094　芸ぎ業

　8095　カラオケボックス業

　8096　娯楽に附帯するサービス業

　8099　他に分類されない娯楽業

大分類　Ｏ－教育，学習支援業

81　学校教育

810　管理，補助的経済活動を行う事業所（81学校教育）

8101　管理，補助的経済活動を行う事業所

811　幼稚園

8111　幼稚園

812　小学校

8121　小学校

813　中学校

8131　中学校

814　高等学校，中等教育学校

8141　高等学校

8142　中等教育学校

815　特別支援学校

8151　特別支援学校

816　高等教育機関

8161　大学

8162　短期大学

8163　高等専門学校

817　専修学校，各種学校

8171　専修学校

8172　各種学校

818　学校教育支援機関

8181　学校教育支援機関

819　幼保連携型認定こども園

8191　幼保連携型認定こども園

82　その他の教育，学習支援業

820　管理，補助的経済活動を行う事業所（82その他の教育，学習支援業）

8200　主として管理事務を行う本社等

8209　その他の管理，補助的経済活動を行う事業所

821　社会教育

8211　公民館

8212　図書館

8213　博物館，美術館

8214　動物園，植物園，水族館

8215　青少年教育施設

8216　社会通信教育

8219　その他の社会教育

822　職業・教育支援施設

8221　職員教育施設・支援業

8222　職業訓練施設

8229　その他の職業・教育支援施設

823　学習塾

8231　学習塾

824　教養・技能教授業

8241　音楽教授業

8242　書道教授業

8243　生花・茶道教授業

8244　そろばん教授業

8245　外国語会話教授業

8246　スポーツ・健康教授業

8249　その他の教養・技能教授業

829　他に分類されない教育，学習支援業

8299　他に分類されない教育，学習支援業

大分類　Ｐ－医療，福祉

83　医療業

830　管理，補助的経済活動を行う事業所（83医療業）
8300　主として管理事務を行う本社等

8309　その他の管理，補助的経済活動を行う事業所

831　病院
8311　一般病院

8312　精神科病院

832　一般診療所
8321　有床診療所

8322　無床診療所

833　歯科診療所
8331　歯科診療所

834　助産・看護業
8341　助産所

8342　看護業

835　療術業
8351　あん摩マッサージ指圧師・はり師・きゅう師・柔道整復師の施術所

8359　その他の療術業

836　医療に附帯するサービス業
8361　歯科技工所

8369　その他の医療に附帯するサービス業

84　保健衛生

840　管理，補助的経済活動を行う事業所（84保健衛生）
8400　主として管理事務を行う本社等

8409　その他の管理，補助的経済活動を行う事業所

841　保健所
8411　保健所

842　健康相談施設
8421　結核健康相談施設

8422　精神保健相談施設

8423　母子健康相談施設

8429　その他の健康相談施設

849　その他の保健衛生
8491　検疫所（動物検疫所，植物防疫所を除く）

8492　検査業

8493　消毒業

8499　他に分類されない保健衛生

85　社会保険・社会福祉・介護事業

850　管理，補助的経済活動を行う事業所（85社会保険・社会福祉・介護事業）
8500　主として管理事務を行う本社等

8509　その他の管理，補助的経済活動を行う事業所

851　社会保険事業団体
8511　社会保険事業団体

852　福祉事務所
8521　福祉事務所

853　児童福祉事業
8531　保育所

8539　その他の児童福祉事業

854　老人福祉・介護事業
8541　特別養護老人ホーム

8542　介護老人保健施設

8543　通所・短期入所介護事業

8544　訪問介護事業

8545　認知症老人グループホーム

8546　有料老人ホーム

8549　その他の老人福祉・介護事業

855　障害者福祉事業
8551　居住支援事業

8559　その他の障害者福祉事業

859　その他の社会保険・社会福祉・介護事業
8591　更生保護事業

8599　他に分類されない社会保険・社会福祉・介護
　　　事業

大分類　Q－複合サービス事業

86　郵便局

　860　管理，補助的経済活動を行う事業所（86郵便局）

　　8601　管理，補助的経済活動を行う事業所

　861　郵便局

　　8611　郵便局

　862　郵便局受託業

　　8621　簡易郵便局

　　8629　その他の郵便局受託業

87　協同組合（他に分類されないもの）

　870　管理，補助的経済活動を行う事業所（87協同組合）

　　8701　管理，補助的経済活動を行う事業所

　871　農林水産業協同組合（他に分類されないもの）

　　8711　農業協同組合（他に分類されないもの）

　　8712　漁業協同組合（他に分類されないもの）

　　8713　水産加工業協同組合（他に分類されないもの）

　　8714　森林組合（他に分類されないもの）

　872　事業協同組合（他に分類されないもの）

　　8721　事業協同組合（他に分類されないもの）

268

大分類　R－サービス業（他に分類されないもの）

88　廃棄物処理業

880　管理，補助的経済活動を行う事業所（88廃棄物処理業）

8800　主として管理事務を行う本社等

8809　その他の管理，補助的経済活動を行う事業所

881　一般廃棄物処理業

8811　し尿収集運搬業

8812　し尿処分業

8813　浄化槽清掃業

8814　浄化槽保守点検業

8815　ごみ収集運搬業

8816　ごみ処分業

8817　清掃事務所

882　産業廃棄物処理業

8821　産業廃棄物収集運搬業

8822　産業廃棄物処分業

8823　特別管理産業廃棄物収集運搬業

8824　特別管理産業廃棄物処分業

889　その他の廃棄物処理業

8891　死亡獣畜取扱業

8899　他に分類されない廃棄物処理業

89　自動車整備業

890　管理，補助的経済活動を行う事業所（89自動車整備業）

8901　管理，補助的経済活動を行う事業所

891　自動車整備業

8911　自動車一般整備業

8919　その他の自動車整備業

90　機械等修理業（別掲を除く）

900　管理，補助的経済活動を行う事業所（90機械等修理業）

9000　主として管理事務を行う本社等

9009　その他の管理，補助的経済活動を行う事業所

901　機械修理業（電気機械器具を除く）

9011　一般機械修理業（建設・鉱山機械を除く）

9012　建設・鉱山機械整備業

902　電気機械器具修理業

9021　電気機械器具修理業

903　表具業

9031　表具業

909　その他の修理業

9091　家具修理業

9092　時計修理業

9093　履物修理業

9094　かじ業

9099　他に分類されない修理業

91　職業紹介・労働者派遣業

910　管理，補助的経済活動を行う事業所（91職業紹介・労働者派遣業）

9100　主として管理事務を行う本社等

9109　その他の管理，補助的経済活動を行う事業所

911　職業紹介業

9111　職業紹介業

912　労働者派遣業

9121　労働者派遣業

92　その他の事業サービス業

920　管理，補助的経済活動を行う事業所（92その他の事業サービス業）

9200　主として管理事務を行う本社等

9209　その他の管理，補助的経済活動を行う事業所

921　速記・ワープロ入力・複写業

9211　速記・ワープロ入力業

9212　複写業

922　建物サービス業

9221　ビルメンテナンス業

9229　その他の建物サービス業

923　警備業

9231　警備業

929　他に分類されない事業サービス業

9291　ディスプレイ業

9292　産業用設備洗浄業

9293　看板書き業

9294　コールセンター業

9299　他に分類されないその他の事業サービス業

93　政治・経済・文化団体

931　経済団体

9311　実業団体

9312　同業団体

932　労働団体

9321　労働団体

933　学術・文化団体

9331　学術団体

9332　文化団体

934　政治団体

9341　政治団体

939　他に分類されない非営利的団体

9399　他に分類されない非営利的団体

94　宗教

941　神道系宗教

9411　神社，神道教会

9412　教派事務所

942　仏教系宗教

9421　寺院，仏教教会

9422　宗派事務所

943　キリスト教系宗教

9431　キリスト教教会，修道院

9432　教団事務所

949　その他の宗教

9491　その他の宗教の教会

9499　その他の宗教の教団事務所

95　その他のサービス業

950　管理，補助的経済活動を行う事業所（95その他のサービス業）

9501　管理，補助的経済活動を行う事業所

951　集会場

9511　集会場

952　と畜場

9521　と畜場

959　他に分類されないサービス業

9599　他に分類されないサービス業

96　外国公務

961　外国公館

9611　外国公館

969　その他の外国公務

9699　その他の外国公務

270

大分類　S－公務（他に分類されるものを除く）

97　国家公務

971　立法機関

9711　立法機関

972　司法機関

9721　司法機関

973　行政機関

9731　行政機関

98　地方公務

981　都道府県機関

9811　都道府県機関

982　市町村機関

9821　市町村機関

大分類　T－分類不能の産業

99　分類不能の産業

999　分類不能の産業

9999　分類不能の産業

令和3年度版　最低賃金決定要覧

令和3年3月30日　初版発行

　編　者　労働調査会出版局
　発行人　藤澤　直明
　発行所　労働調査会
　　　　　〒170-0004 東京都豊島区北大塚 2-4-5
　　　　　TEL　03-3915-6401
　　　　　FAX　03-3918-8618
　　　　　http://www.chosakai.co.jp/

ISBN978-4-86319-843-2 C3033